Der Staat im dritten Jahrtausend

AF706727

# Der Staat im dritten Jahrtausend

Fürst Hans-Adam II.
von Liechtenstein

**Studienausgabe**

van Eck Verlag

Die Deutsche Nationalbibliothek verzeichnet diese Publikation in der Deutschen Nationalbibliografie; detaillierte bibliografische Daten sind im Internet über http://dnb.d-nb.de abrufbar.

1. Auflage 2010
2. korrigierte und verbesserte Auflage 2014
Studienausgabe 2024

Copyright © Fürst Hans-Adam II. von Liechtenstein 2010
Lektorat: TransWrite – Erika Krammer
Index: ISB&Index
Gestaltung und Satz: Herbert Hofer
Druck: BVD Druck + Verlag AG, Schaan
Printed in Liechtenstein
ISBN: 978-3-905881-77-6

# INHALTSVERZEICHNIS

# 1. Einleitung

Zuerst bedanke ich mich bei all jenen, die sich die Mühe gemacht haben, mein Manuskript durchzulesen, und die mich zu mancher Korrektur oder Ergänzung angeregt haben. Dieses Buch ist das Ergebnis einer jahrzehntelangen kritischen Auseinandersetzung über Sinn und Zweck des Staates. Ein Prozess, der – wie im Kapitel 2 erwähnt – während meiner Zeit als Gymnasiast begonnen hat und der heute, nach meinem Rückzug aus der aktiven Politik, noch nicht abgeschlossen ist.

Ein befreundeter Professor für Rechtsphilosophie, mit dem ich des Öfteren über mein Manuskript diskutiert habe, hat mich gefragt, in welche Kategorie dieses Buch einzuordnen wäre: eine verfassungsrechtliche Abhandlung, ein politisches Manifest, Memoiren, ein Geschichtsbuch? Je länger ich darüber nachdenke, desto mehr scheint es mir einfach ein Kochbuch mit politischen Rezepten zu sein, die meine Familie über Jahrhunderte und ich in den vergangenen Jahrzehnten gesammelt haben. Diese Rezepte sollen dazu dienen, den Staat im dritten Jahrtausend möglichst für alle Menschen genießbar zu gestalten. Wie immer diese politischen Rezepte für den Staat im dritten Jahrtausend aussehen mögen, eines kann man heute schon mit Sicherheit sagen: Aus den politischen Rezepten früherer Jahrhunderte und Jahrtausende kann man zweifellos viel lernen, aber für das dritte Jahrtausend braucht es neue Rezepte, um den Wünschen und Bedürfnissen der Menschheit zu entsprechen. Am Ende des zweiten Jahrtausends hat für einen Teil der Menschheit das demokratische Zeitalter begonnen. Hoffentlich wird die Demokratie das dritte Jahrtausend und die weitere Zukunft der Menschheitsgeschichte prägen und nicht wie in früheren Jahrtausenden ein zeitlich und geografisch beschränktes Ereignis bleiben – eine Fußnote der Menschheitsgeschichte.

Welchen Staat will die Menschheit im dritten Jahrtausend? Präsident Kennedy, den ich die Ehre hatte, als junger Mensch persönlich kennen zu lernen, hat in seiner Antrittsrede 1961 gesagt: „Frage nicht, was der Staat für dich tun kann, sondern was du für den Staat tun kannst." Damals war ich als junger, idealistischer Mensch von diesem Ausspruch überzeugt. Heute habe ich zwar nicht alle meine Ideale verloren, aber jahrzehntelange Erfahrungen mit nationaler und internationaler Politik, davon viele Jahre als Staatsoberhaupt eines kleinen, aber modernen demokratischen Staates, haben mich vom Gegenteil überzeugt: „Frage nicht, was der Bürger für den Staat tun kann, sondern was kann der Staat besser als irgendeine andere Organisation für den Bürger tun?" Diese Organisation kann eine Gemeinde, eine internationale Organisation oder ein privates Unternehmen sein. Warum der traditionelle Staat als Monopolunternehmen nicht nur ein ineffizientes Unternehmen mit schlechtem Preis-Leistungs-Verhältnis ist, sondern darüber hinaus immer mehr eine Gefahr für die Menschheit darstellt, möchte ich in diesem Buch darlegen.

Wer die Menschheitsgeschichte – besonders des 20. Jahrhunderts – kritisch betrachtet, kann den Staat als reale Bedrohung für die Freiheit und das Leben des einzelnen Menschen empfinden. Die Ablehnung jeder staatlichen Ordnung ist vor diesem Hintergrund verständlich. Will die Menschheit überhaupt noch einen Staat im dritten Jahrtausend? Lässt sich nicht endlich die alte Utopie einer staatenlosen Gesellschaft verwirklichen? Die Ablehnung jeder staatlichen Ordnung wurde unter dem griechischen Begriff Anarchie bekannt und war lange Zeit eine friedliche Bewegung, die sich auf das Privateigentum stützte. Was die Anarchisten vielleicht zu wenig bedacht haben, ist, dass Privateigentum eine Rechtsordnung voraussetzt. Ohne Staat lässt sich eine Rechtsordnung, die alle erfassen soll, nur sehr schwer verwirklichen und ist auf Dauer kaum aufrechtzuerhalten.

Am Ende des 19. Jahrhunderts kam ein Teil der anarchistischen Bewegung unter den Einfluss der sozialistisch-kommunistischen Ideologie, die das Privateigentum ablehnte und die Gewalt befürwortete. Das Ziel des Kommunismus war die klassenlose Gesellschaft ohne Staat. In einer Übergangsphase sollte dieses Ziel durch die Diktatur des Proletariates erreicht werden. Das Ergebnis war der totalitäre Staat, in dessen Konzentrationslagern noch sehr viel mehr Menschen umgebracht wurden als in den bekannteren Konzentrationslagern der Nationalsozialisten. Es gibt Schätzungen, dass allein in der Sowjetunion aus politischen Gründen bis zu 20 Millionen Menschen ermordet wurden. Für China werden noch höhere Zahlen genannt. Das Experiment in Kambodscha mit dem sogenannten Steinzeitkommunismus soll ungefähr einem Drittel der Bevölkerung das Leben gekostet haben. Selbst wenn diese Zahlen zu hoch sind, übertreffen sie in Summe bei Weitem die schätzungsweise 6 Millionen Opfer in den Konzentrationslagern der Nationalsozialisten.

Dagegen kann man einwenden, dass es zwischen Nationalsozialismus und Kommunismus zumindest einen theoretischen Unterschied gab: Wer als Jude geboren wurde, blieb ein Jude und wurde von den Nationalsozialisten im Konzentrationslager ermordet. Wer dagegen als Klassenfeind geboren wurde, hatte zumindest die theoretische Möglichkeit, sich zum Sozialismus und Kommunismus zu bekennen oder bekehren zu lassen. Damit stehen Sozialismus und Kommunismus den traditionellen Weltreligionen ideologisch näher als der Nationalsozialismus, aber in der politischen Praxis gab es keinen großen Unterschied. Wer als Klassenfeind geboren wurde, dem wurde nur selten die Möglichkeit der Bekehrung geboten. Aber selbst eine Bekehrung zum Sozialismus und Kommunismus bot unter Stalin, Mao Tse-tung, Pol Pot und anderen Diktatoren keinen Schutz vor der Vernichtung im Konzentrationslager.

Es wäre ein schöner Erfolg, wenn es der Menschheit im dritten Jahrtausend gelingt, alle Staaten in Dienstleistungsunternehmen zu verwandeln, die den Menschen auf der Basis der direkten und indirekten Demokratie sowie des Selbstbestimmungsrechtes auf Gemeindeebene dienen. Aktionäre des Dienstleistungsunternehmens „Staat" wären die eigenen Bürger, denen der Staat in der einen oder anderen Form, wie in Kapitel 11 dargestellt, seinen Gewinn ausschütten würde.

Natürlich könnte mir ein Anarchist vorwerfen, dass ein Monarch aus einer Familie, die über Jahrhunderte regiert hat, gar nicht für die Abschaffung des Staates sein kann. Dazu möchte ich jedoch bemerken, dass die Fürsten von Liechtenstein für ihre Tätigkeit als Staatsoberhaupt nicht vom Staat und Steuerzahler bezahlt werden, sondern sämtliche Kosten der Monarchie werden im Unterschied zu fast allen anderen Monarchien aus dem Privatvermögen des Fürsten beziehungsweise des Fürstenhauses bezahlt. Zwar bietet das Amt des Staatsoberhauptes oft schöne Momente und gewisse Vorteile, aber um ein glücklicher Mensch zu sein, ist es wohl mehr ein Hindernis als eine Notwendigkeit, nicht zuletzt wegen der Verantwortung, die man zu tragen hat, und Erwartungen, die man nicht erfüllen kann.

Als überzeugter Demokrat, mit einem Demokratieverständnis, das sehr viel weiter geht als das heute übliche, richtet sich mein Buch an all jene, die weder die Zeit noch die Lust haben, ein wissenschaftliches Werk zu lesen, das mehrere hundert Seiten umfasst. Politiker haben ebenfalls selten die Zeit dazu, es sei denn, sie haben gerade die Wahlen verloren. Deshalb habe ich mich bemüht, dieses Buch kurz und verständlich zu schreiben, auf Fußnoten zu verzichten und nicht allzu viel Wissen vorauszusetzen.

Ein weiterer Grund liegt darin, dass es mir heute schwerfallen würde, im Einzelnen nachzuvollziehen, woher die Informationen stammen, die mir im Lauf der Jahrzehnte zugeflossen sind. Es war eine Unzahl von Büchern und Artikeln, die man gelesen, von Gesprächen, die man geführt hat, sei es mit Wissenschaftlern aus den verschiedensten Forschungsgebieten, sei es mit Politikern auf nationaler und internationaler Ebene sowie bedeutenden Persönlichkeiten, die einem im Lauf der Zeit begegnet sind. Deshalb habe ich mich in Kapitel 2 darauf beschränkt, für den Leser die persönlichen Erfahrungen darzulegen, die meine Einstellung zum Staat geprägt haben. Es war mir vergönnt, den Staat aus vielen verschiedenen Blickwinkeln zu betrachten: als Staatsoberhaupt; als Politiker, der in einer direkten Demokratie Volksabstimmungen gewinnen muss; als Geschäftsmann, der nicht nur im eigenen Staat aktiv ist, sondern auch auf anderen Kontinenten; als Amateurhistoriker, der von der Evolution der Menschheit fasziniert ist und sich mit dem Einfluss der Militärtechnologie, des Verkehrswesens und der Wirtschaft auf die Größe der Staaten auseinandergesetzt hat. In den Kapiteln 3 bis 10 versuche ich jene Elemente herauszuschälen, welche die Menschheitsgeschichte in der Vergangenheit beeinflusst haben und die dies voraussichtlich in Zukunft tun werden. Es sind dies unter anderem religiöse und ideologische Vorstellungen, Wirtschafts- und Verkehrssysteme sowie die Militärtechnologie. Dem einen Leser werden diese etwa 70 Seiten Menschheitsgeschichte zu kurz und dem anderen zu lang sein.

Jener Leser, den die Geschichte weniger interessiert, kann die Kapitel 2 bis 10 überspringen und sich auf die Kapitel 11 bis 14 konzentrieren. Dort sind jene Vorschläge dargelegt, die dazu dienen, den traditionellen demokratischen Rechtsstaat demokratischer und effizienter zu gestalten. Angesprochen werden auch mögliche Strategien, um schrittweise im dritten Jahrtausend den modernen demokratischen Rechtsstaat zu verwirklichen. Das Ziel für das dritte Jahrtausend muss sein, alle Staaten in friedliche Dienstleistungsunternehmen zu verwandeln, die im Dienst der Menschen stehen. Die Menschen sollen nicht mehr den Staaten dienen und durch Kriege oder andere staatliche Maßnahmen in ihrer Existenz bedroht werden. Dazu dient der Verfassungsentwurf für den Staat des dritten Jahrtausends, der sich im Anhang befindet und im Kapitel 12 kommentiert wird.

Im Sinne der flüssigen Lesbarkeit wurde auf die Hinzufügung der jeweiligen weiblichen Formulierung verzichtet. Es werden jedoch überall gleichermaßen Männer wie Frauen angesprochen.

# 2. Das Selbstbestimmungsrecht – eine persönliche Überzeugung

Als Gymnasiast habe ich mich Ende der 1950er-Jahre für die Gründe interessiert, die damals zum Algerienkrieg geführt hatten. Ich konnte beim besten Willen nicht einsehen, weshalb knapp 20.000 Liechtensteiner über das Selbstbestimmungsrecht verfügen, während es den verschiedenen Volksgruppen in Algerien, mit mehreren Millionen Mitgliedern, nicht zustehen sollte.

Mit dem gleichen Problem wurde ich 1966 zur Franco-Zeit, als Wirtschaftsstudent bei einem Bankpraktikum im spanischen Baskenland, konfrontiert. Diplomatie war wohl nie meine Stärke und ich konnte in Diskussionen nicht der Versuchung widerstehen, darzulegen, dass, wenn den wenigen Liechtensteinern das Selbstbestimmungsrecht zustehe, dieses natürlich auch den Basken zustehen müsse. Die baskischen Freunde haben sich gefreut und die spanischen Freunde waren diplomatischer als ich. Sie hätten mir wohl mit einigem Recht entgegenhalten können, dass, wenn das Selbstbestimmungsrecht schon den Basken nicht zustehe, dieses erst recht nicht den Liechtensteinern zusteht.

Wird man in eine Familie wie die meinige hineingeboren, so ist man in der Regel historisch interessiert und international geprägt. Geschichte und Weltpolitik wurden innerhalb der Familie intensiv diskutiert und kritisiert und von einem gewissen Alter an war man in der Lage, diesen Diskussionen nicht nur zu folgen, sondern auch daran teilzunehmen. Dass die religiöse Legitimation beziehungsweise „Gottes Gnadentum“ als Legitimation für eine Erbmonarchie und für eine staatliche Autorität ausgedient hatte, war allen Beteiligten klar. Verschiedene Ansichten gab es nur hinsichtlich der Frage, ob das Modell erst im 19. Jahrhundert am Ende war, oder schon früher. Einigkeit herrschte innerhalb der Familie darüber, dass alle ideologischen Legitimationen wie Nationalismus oder Sozialismus Sackgassen der menschlichen Entwicklung waren. Die Demokratie erschien trotz ihrer grundsätzlichen Probleme als die einzige glaubwürdige Alternative zu „Gottes Gnadentum". Über die Frage, welches Demokratiemodell das richtige sei, gab es allerdings während meiner Jugend in der Familie keine Einigkeit.

Für mich als jungen Menschen war es hochinteressant, den Entkolonialisierungsprozess über Jahrzehnte als Zeitzeuge mitzuerleben. Leider haben sich fast alle Modelle für Demokratie und wirtschaftliche Entwicklung, ob sie nun aus der britischen, französischen oder amerikanischen „Küche" kamen, politisch und wirtschaftlich früher oder später als Fehlschlag erwiesen. Singapur oder Südkorea erscheinen – zumindest wirtschaftlich – mehr als die Ausnahmen, welche die Regel bestätigen. Fachleute aus Politik und Wirtschaft hatten ziemlich einhellig Singapur bei der Unabhängigkeit politisch und wirtschaftlich eine düstere Zukunft prophezeit. Südkorea galt lange Zeit nach dem Koreakrieg nur als Problemfall ohne Zukunft. Den rohstoffreichen Staaten Asiens, Afrikas oder Lateinamerikas sagten die Experten in den 1960er-Jahren eine blühende Zukunft voraus. Leider haben Nationalismus und Sozialismus in diesen Staaten nicht nur jedes Demokratiemodell zerstört, sondern in der Regel auch noch die Wirtschaft.

Ein weiteres Problem war, dass die aus der Kolonialherrschaft entlassenen Staaten fast ausnahmslos künstliche Gebilde waren. Die Grenzen wurden von den Kolonialherren gezogen, ohne dass die betroffene Bevölkerung gefragt wurde. Das Ergebnis waren Staaten mit einer sehr heterogenen Bevölkerung, sogenannte Vielvölkerstaaten. In diesem Zusammenhang waren die Erfahrungen eines klassischen Vielvölkerstaates wie die Habsburgermonarchie von Interesse. Die Durchmischung nach Sprachen, Rassen und Religionen fand dort auf engstem Raum statt. In einem Dorf sprach man diese Sprache, im nächsten eine andere, ein Dorf war katholisch, das andere protestantisch oder orthodox und dazwischen gab es jüdische Minoritäten. So wie der Nationalismus die Habsburgermonarchie zerstörte und Europa in die politischen Katastrophen des 20. Jahrhunderts führte, so übt er in und außerhalb Europas weiterhin seine zerstörerische Wirkung aus. Minderheiten werden unterdrückt, vertrieben oder vernichtet.

Die intensive Auseinandersetzung meiner Familie mit den Problemen des Habsburgerreiches und damit verbunden das Interesse an anderen multikulturellen und multireligiösen Reichen oder Staaten der Weltgeschichte ist leichter verständlich, wenn man berücksichtigt, dass wir über Jahrhunderte enge und gute Beziehungen zu den Habsburgern hatten. Meine Familie hatte schon unter den Vorgängern der Habsburger, den Babenberger Herzögen im

Gebiet des heutigen Ostösterreich und im mährischen Teil der Tschechischen Republik eine starke Stellung und unterstützte nach dem Aussterben der Babenberger Herzöge im 13. Jahrhundert die Habsburger. Es gab nur eine kurze Zeitperiode im 15. und 16. Jahrhundert, in der man politisch und religiös unterschiedlichen Lagern angehörte. Neben den politischen gab es auch familiäre Beziehungen. So war zum Beispiel meine Großmutter eine jüngere Schwester des in Sarajevo ermordeten Thronfolgers Franz Ferdinand. In der Familie wurde häufig die Frage diskutiert, welche politischen Reformen die Habsburgermonarchie vor dem Untergang gerettet hätten. Mit dem Beispiel der Schweiz vor der Haustür waren Lösungen naheliegend – mit stark ausgebauter lokaler Demokratie und politischer Dezentralisierung. Die politische Dezentralisierung der Habsburgermonarchie wurde nach dem Tod von Kaiser Franz Joseph während des Ersten Weltkriegs vom jungen Kaiser Karl vorgeschlagen, als es leider schon zu spät war.

In der zweiten Hälfte des 20. Jahrhunderts hatte selbst die Schweiz ein Minderheitenproblem, und zwar im Kanton Bern, in dem die Hauptstadt der Schweiz liegt. Der Kanton Bern ist einer der größten und bedeutendsten Kantone der Schweiz. Neben der deutschsprachigen und protestantischen Mehrheit gab es im Juragebiet des Kantons Bern eine französischsprachige katholische Minderheit, die sich politisch und wirtschaftlich benachteiligt fühlte. Die Bestrebungen nach mehr Autonomie für den französischen Teil des Kantons Bern stießen bei der deutschsprachigen Mehrheit zuerst auf Ablehnung. Der Streit eskalierte, es gab Bombenattentate und radikale Kräfte wollten einen Anschluss des französischsprachigen Jura an Frankreich. Die schweizerische Bundesregierung schaltete sich in den innerkantonalen Konflikt ein und versuchte zu vermitteln. 1974 konnte schließlich eine Lösung gefunden werden. Der französischsprachige Teil des Kantons stimmte über die Bildung eines eigenen Kantons Jura ab. Diese Lösung wurde mit deutlicher Mehrheit angenommen, wobei einige französischsprachige Gemeinden es vorzogen, beim Kanton Bern zu bleiben. Als der Kanton Jura sich im Lauf der Jahre politisch und wirtschaftlich besser entwickelte, als so mancher erwartet hatte, entschied sich eine Reihe von Gemeinden, die vorher beim Kanton Bern bleiben wollten, für eine Mitgliedschaft im Kanton Jura. Für mich war diese friedliche und demokratische Lösung nach den gewalttätigen Auseinandersetzungen ein eindrückliches Beispiel für die Durchführbarkeit des Selbstbestimmungsrechtes auf Gemeindeebene.

Neben dem familiär bedingten historischen und politischen Interesse hat mein Wirtschafts- und Rechtsstudium an der Universität St. Gallen dazu geführt, dass ich mich intensiv mit der kommunistischen Planwirtschaft

Osteuropas auseinandergesetzt habe. In unserer Familie war man sich weitgehend einig, dass der Kommunismus in Osteuropa früher oder später zusammenbrechen würde. Die Frage war nur, wann und wie. Mein Vater Fürst Franz Josef II. war überzeugt, dass der Zusammenbruch des sowjetischen Imperiums noch vor der Jahrtausendwende erfolgen und friedlich verlaufen werde. Aufgrund der hohen Ölpreise seit Anfang der 1970er-Jahre, von denen die Sowjetunion stark profitierte, war ich der Meinung, dass der wirtschaftliche Zusammenbruch voraussichtlich erst nach der Jahrtausendwende erfolgt und möglicherweise mit einem größeren Krieg verbunden ist, der mit Atomwaffen ausgetragen wird. Mein Vater sollte Recht behalten, 1989 begann der Zusammenbruch des sowjetischen Imperiums und die Völker Osteuropas konnten sich von der sozialistischen Diktatur befreien.

Geprägt vom Zusammenbruch der Habsburgermonarchie und seinen leider negativen Folgen, habe ich damals darüber nachgedacht, wie man das sowjetische Imperium reformieren könnte, um einen Zusammenbruch zu verhindern. Meine Schlussfolgerung war, dass große Vielvölkerstaaten, die auseinanderzubrechen drohen, nur durch radikale Reformen vor einem Zusammenbruch bewahrt werden können.

Im Unterschied zur Habsburgermonarchie hätte im sowjetischen Imperium eine Reform durch die Einführung der Marktwirtschaft den totalen Umbau der Wirtschaft erfordert. Trotzdem gab es Parallelen. Beide Staaten waren Vielvölkerstaaten mit einer starken Durchmischung von Minoritäten. Ein Auseinanderbrechen entlang oft recht zufällig gezogener Grenzen, zwischen Provinzen oder lokalen Republiken, musste zu neuen Minoritätsproblemen führen, mit der Gefahr von ethnischen Säuberungen und Bürgerkriegen. Solange allerdings Minoritäten nicht von der Krankheit des Nationalismus befallen oder von religiösen Fanatikern aufgehetzt werden, können Minoritäten friedlich über Jahrhunderte zusammenleben. Diese Durchmischung von Minoritäten kann sogar eine große Bereicherung für Kultur und Wirtschaft sein, wie Erfahrungen in verschiedenen Weltregionen gezeigt haben.

Als in den 1980er-Jahren die Krise des sowjetischen Imperiums offensichtlich wurde, schien mir das Selbstbestimmungsrecht auf Gemeindeebene, der Rückzug des Staates auf die Außen- und Verteidigungspolitik sowie die innere Sicherheit und Justiz, ein radikales Privatisierungsprogramm und die rasche Integration in die Weltwirtschaft die einzige Möglichkeit, das sowjetische Imperium noch zu retten. Präsident Gorbatschow war dazu nicht in der Lage, weil er die Notwendigkeit einer so radikalen Reorganisation nicht erkannt hatte. Aber selbst wenn er sie erkannt hätte, wären seine Erfolgschancen wahrscheinlich minimal gewesen. Er hätte mit Unterstützung des Militärs und des KGB (Geheimpolizei) zuerst die kommunistische Partei ausschalten müssen, um dann mit Hilfe des KGB und gegen den Willen des Militärs die Rüstungsausgaben drastisch zu senken. Danach einen Rechtsstaat aufzubauen wäre wohl nur nach einer Entmachtung des KGB möglich gewesen. Es war aber schon eine große historische Leistung von Präsident Gorbatschow, das Auseinanderbrechen des sowjetischen Imperiums einigermaßen friedlich zu gestalten und zu verhindern, dass es zu einem großen Bürgerkrieg gekommen ist, womöglich unter Einsatz von Atomwaffen. Ich hoffe, dass Historiker in Zukunft einmal diese große staatsmännische Leistung von Präsident Gorbatschow und anderen führenden Politikern der damaligen Sowjetunion entsprechend würdigen werden.

In der zweiten Hälfte des 20. Jahrhunderts hatte Kanada mit der französischsprachigen Minderheit in Québec ein politisches Problem. Fast die Hälfte der Bevölkerung in Québec wollte die Unabhängigkeit, was wiederum Minoritätenprobleme mit dem Englisch sprechenden Teil der Bevölkerung und der indianischen Urbevölkerung bedeutet hätte, welche bei Kanada bleiben wollten. Damals hatte ich Gelegenheit, mit Kanadiern einen Lösungsansatz auf der Basis des Selbstbestimmungsrechtes auf Gemeindeebene zu diskutieren. Dies hätte dazu geführt, dass der flächenmäßig sehr viel größere und rohstoffreichere Teil Québecs mit der Hauptstadt Montréal bei Kanada geblieben wäre. Jener Teil der Bevölkerung, der die Unabhängigkeit befürwortete, wohnt in einem relativ schmalen Landstrich entlang des St.-Lorenz-Stroms. Unter diesen Umständen hätte die Unabhängigkeit für die französischsprachige Minorität viel von ihrer Attraktivität verloren. In der Zwischenzeit scheint das Problem, mit einigen Konzessionen an die französischsprachige Minorität, einigermaßen gelöst zu sein.

Das Gegenbeispiel konnte man fast gleichzeitig in Jugoslawien miterleben, wo besonders in Serbien und Kroatien die Führung vollkommen versagt hat. Jugoslawien ist in einem langen, blutigen Bürgerkrieg mit ethnischen Säuberungen auseinandergebrochen. Politisch und wirtschaftlich war Jugoslawien den westeuropäischen Demokratien und der Marktwirtschaft sehr viel näher als das sowjetische Imperium und doch ist es dort zur Katastrophe gekommen.

Die internationale Gemeinschaft hat in Jugoslawien von Anfang an unglücklich agiert. Zuerst standen die Nichteinmischung und die Unverletzlichkeit jeder Grenze im Vordergrund, ohne dass es ein klares Konzept gab, wie man den drohenden Bürgerkrieg verhindern könnte. Als die ersten

Schüsse fielen, begann die internationale Gemeinschaft einzelne Teilrepubliken innerhalb ihrer bestehenden Grenzen als souverän anzuerkennen, wohl wissend, dass abgesehen von Slowenien alle diese Republiksgrenzen künstlich und äußerst problematisch waren. Hätte sich die internationale Gemeinschaft dazu durchgerungen, die Souveränität Jugoslawiens und die Unverletzlichkeit seiner Grenzen nur unter der Bedingung anzuerkennen, dass Jugoslawien innerhalb seiner Grenzen das Selbstbestimmungsrecht auf Gemeindeebene respektiert, so hätte man möglicherweise Jugoslawien retten und einen Bürgerkrieg verhindern können. Unter dem Druck und mit Unterstützung der internationalen Gemeinschaft wären die Funktionen des jugoslawischen Staates auf seine Kernkompetenzen zu reduzieren gewesen und am Ende des Prozesses hätte die EU diesem grundlegend reformierten Jugoslawien die Mitgliedschaft in der EU in Aussicht stellen können. Innerhalb Jugoslawiens wäre es zu einer Neuordnung der Republikgrenzen gekommen, die wohl stärker den Bedürfnissen und Wünschen der lokalen Bevölkerung entsprochen hätte. Diese Teilrepubliken hätten dann in sozialen, wirtschaftlichen oder in gewissen Rechtsbereichen wichtige Teilfunktionen übernehmen können, die bis dahin auf Bundesebene wahrgenommen wurden. Die internationale Gemeinschaft hätte immer noch Teilrepubliken von Jugoslawien als souveräne Staaten anerkennen können, wären ihre Vorschläge bezüglich eines Selbstbestimmungsrechtes auf Gemeindeebene von der jugoslawischen Bundesregierung missachtet worden. Die Anerkennung der Teilrepubliken wäre von einer Respektierung des Selbstbestimmungsrechtes auf Gemeindeebene abhängig gewesen. Leider ist es wieder einmal zu ethnischen Säuberungen auf europäischem Boden gekommen und Europa hat zugeschaut, was seinem Ansehen weltweit geschadet hat.

Ein weiterer Umstand ließ mich früh erkennen, dass die Staaten in den nächsten hundert Jahren weltweit stärker als in den vergangenen hundert Jahren zentrifugalen Kräften ausgesetzt sein werden und Gefahr laufen, auseinanderzubrechen, entweder friedlich oder in einem Bürgerkrieg. Als ich in den 1960er-Jahren mein Studium in St. Gallen absolvierte, war die vorherrschende Meinung sowohl für Unternehmen als auch für Staaten „the bigger, the better", d. h. „je größer, desto besser". Kleinstaaten wie Liechtenstein, noch dazu eine Monarchie, wurden als kuriose Relikte aus längst vergangenen Zeiten betrachtet, ohne jede Zukunftschance. Europa könne politisch und wirtschaftlich nur überleben, wenn es sich zusammenschließe. Da von mir erwartet wurde, dass ich Staatsoberhaupt eines solchen Kleinstaates werde, habe ich mir Gedanken gemacht, ob es sinnvoll ist, wenn ich mich auf einen Job vorbereite, der keine Zukunft hat. Deshalb habe ich mich intensiv mit der Kleinstaatenfrage auseinandergesetzt.

In der Geschichte hat es Perioden und Regionen gegeben, in denen Kleinstaaten dominiert haben, und solche, in denen große Staaten vorherrschend waren. In Europa haben vor dem römischen Imperium Kleinstaaten wie die Stadtstaaten Griechenlands die politische Landschaft beherrscht und nach dem Zusammenbruch des römischen Imperiums war Europa bis zum Ende des Mittelalters von Kleinstaaten geprägt. Danach setzte wiederum ein Trend in Richtung größerer und zentralisierter Staaten ein, der mit dem Aufgehen der europäischen Staaten in der EU seinen abschließenden Höhepunkt erreichen soll.

Als Wirtschaftsstudent fiel mir allerdings auf, dass der wirtschaftliche Erfolg Liechtensteins nach dem Zweiten Weltkrieg im krassen Widerspruch zur vorherrschenden Meinung „the bigger, the better" stand. Machte ich Experten auf diesen Widerspruch von Theorie und Praxis aufmerksam, bekam ich zur Antwort, dass der wirtschaftliche Aufschwung Liechtensteins auf den Finanzplatz, den Tourismus und die Briefmarken zurückzuführen sei. Der Tourismus hatte zwar vor dem Zweiten Weltkrieg eine gewisse Bedeutung für die Wirtschaft des kleinen Landes, kam aber durch den Zweiten Weltkrieg zum Erliegen und spielte danach nur mehr eine untergeordnete Rolle. Die Briefmarken leisteten, verglichen mit größeren Staaten, einen überproportionalen Beitrag zum Staatsbudget und halfen dadurch die Steuern niedrig zu halten, konnten aber den wirtschaftlichen Aufschwung nach dem Zweiten Weltkrieg nicht erklären. Schon nach dem Ersten Weltkrieg hatte man versucht, den Finanzplatz durch niedrige Steuern und günstige Rechtsvorschriften zu fördern, allerdings mit geringem Erfolg, angesichts der restriktiven Devisenvorschriften im Europa der Zwischenkriegszeit. Der Anschluss Österreichs 1938 an das Dritte Reich führte dann zum Abzug der meisten Auslandsgelder, da allgemein eine militärische Besetzung Liechtensteins durch das Dritte Reich befürchtet wurde.

Wer in den 1960er-Jahren die liechtensteinischen Statistiken etwas genauer studierte, konnte schnell feststellen, dass die liechtensteinische Industrie der Motor des Wirtschaftsaufschwunges nach dem Zweiten Weltkrieg war. Die liechtensteinische Industrie hatte ihre Ursprünge in der zweiten Hälfte des 19. Jahrhunderts, als es gelang, mit der Habsburgermonarchie einen Zollvertrag abzuschließen. Durch die niedrigen Steuern sowie billige und gut ausgebildete Arbeitskräfte wurde Liechtenstein für die benachbarte schweizerische Textilindustrie ein relativ attraktiver Standort, von dem man den großen Markt des Habsburgerreiches beliefern konnte. Mit dem Ersten Weltkrieg und dem Untergang der Habsburgermonarchie brachen die Märkte für die kleine liechtensteinische Industrie weg und sie musste sich neu auf den

Schweizer Markt hin umstrukturieren, da hohe Zölle und Devisenvorschriften den Export in das übrige Europa sehr erschwerten. Diese Umorientierung auf den Schweizer Markt war nur möglich, weil die Schweiz bereit war, mit dem kleinen Liechtenstein einen ähnlich günstigen Zollvertrag abzuschließen, wie ihn Liechtenstein vorher mit der Habsburgermonarchie hatte.

Nach dem Zweiten Weltkrieg wiederholte Westeuropa nicht den Fehler, der nach dem Ersten Weltkrieg gemacht wurde, als die einzelnen Staaten mit nationalistischen Vorschriften ihre Märkte abschotteten. Nicht zuletzt auf Druck der Amerikaner wurde der Handel besonders im industriellen Bereich innerhalb Westeuropas und mit den USA und Kanada liberalisiert.

Die sich öffnenden Weltmärkte im industriellen Bereich boten dem kleinen Liechtenstein, das auf eine bescheidene, aber immerhin fast hundertjährige Industrieerfahrung zurückblicken konnte, ungeahnte Möglichkeiten. Eine gut ausgebildete Bevölkerung, niedrige Steuern, so gut wie keine staatliche Bürokratie, weil sich der Staat dies gar nicht leisten konnte, aber ein doch einigermaßen funktionierender Rechtsstaat zogen ausländische Investoren an und gaben einheimischen Unternehmertalenten die Möglichkeit, sich zu entwickeln. Liechtenstein war außerdem für hoch qualifizierte Fachkräfte aus Deutschland und Österreich attraktiv, deren politische und wirtschaftliche Zukunft nach dem Zweiten Weltkrieg unsicher war. Gingen bis 1945 die Liechtensteiner als Gastarbeiter in die Schweiz, wurde Liechtenstein bald für Schweizer Gastarbeiter attraktiv.

Je intensiver ich mich mit dem wirtschaftlichen Aufschwung Liechtensteins und den vielen erfolgreichen kleinen Firmen auseinandersetzte, die in Liechtenstein, aber auch anderswo nach dem Zweiten Weltkrieg entstanden sind, desto mehr war ich davon überzeugt, dass die vorherrschende Meinung „the bigger, the better“ in wesentlichen Bereichen falsch war.

Vor dem Zweiten Weltkrieg war der Handel über größere Distanzen teuer und schwierig, aufgrund der hohen Transportkosten, der unsicheren Handelsrouten, der schlechten Kommunikationsmöglichkeiten, der Handelsbarrieren durch Zölle und technische Vorschriften. Große Staaten, die auf den Handel nicht angewiesen waren, weil sie fast alles innerhalb ihrer eigenen Grenzen produzieren konnten, hatten gegenüber kleineren Staaten, die dazu nicht in der Lage waren, einen entscheidenden Wettbewerbsvorteil. Innerhalb der eigenen Grenzen konnten die Handelsbarrieren beseitigt werden, und bei begehrten Rohstoffen oder anderen Produkten, deren Produktion aus verschiedenen Gründen regional beschränkt war, konnten Monopolgewinne erzielt werden. Der Transport über Wasser war sehr viel billiger als über Land. Staaten wie Frankreich bauten deshalb ihre Wasserwege unter großem Aufwand aus und überzogen einen Teil des Staates mit einem raffiniert konstruierten Kanalsystem. Andere Staaten wie Großbritannien waren, ähnlich dem antiken Griechenland, von Natur aus bevorzugt, da alle ihre wirtschaftlich wichtigen Regionen vom Meer aus leicht erreichbar waren. Die Seefahrernationen waren beim Aufbau der Kolonialreiche meist die erfolgreichsten. Die Kolonialreiche verfügten innerhalb ihrer Grenzen über fast alle Rohstoffe und über jene großen Absatzgebiete, die ihnen den Aufbau einer Industrie ermöglichten.

Kleinere Staaten, besonders jene, die keinen Zugang zum Meer hatten, waren zu Beginn der Industrialisierung doppelt benachteiligt. Sie mussten einerseits die Rohstoffe zum größten Teil unter hohen Kosten importieren und andererseits erforderte die industrielle Massenproduktion große Absatzgebiete, die der Heimmarkt in der Regel nicht bieten konnte. Die Exporte, welche die Importe hätten finanzieren müssen, waren aufgrund der Handelshindernisse und hoher Transportkosten auf den Absatzmärkten der Großstaaten kaum konkurrenzfähig. Je stärker billige, oft bessere und in großen Mengen hergestellte Industrieprodukte die alte Handwerksproduktion verdrängten, desto kritischer wurde die wirtschaftliche, soziale, politische und militärische Lage der kleinen Staaten. Vom Ende des Mittelalters bis zum Ende des Zweiten Weltkrieges schien der Trend aus wirtschaftlichen und militärischen Gründen unaufhaltsam in Richtung größere Staaten zu gehen.

Soweit ich es beurteilen kann, wurde dieser Trend in Richtung größere Staaten nach dem Zweiten Weltkrieg nicht nur unterbrochen, sondern hat wiederum in Richtung Kleinstaaten umgeschlagen, und zwar nicht nur aus wirtschaftlichen, sondern, wie ich später versuchen werde darzulegen, auch aus militärischen Gründen. Der aus Österreich stammende Professor Leopold Kohr (1909 – 1994) und einige seiner Freunde haben dies frühzeitig erkannt und den Ausdruck geprägt: „small is beautiful“, d. h. „klein ist schön“. Zu dieser Überzeugung führten aber weniger wirtschaftliche oder militärische Überlegungen, sondern die menschliche Dimension, die ihrer Meinung nach in den großen Staaten und Unternehmen verloren gegangen war. Professor Leopold Kohr war ein Liechtenstein-Fan und nach dem Zweiten Weltkrieg einige Male im Land auf Besuch. Ich hatte damals die Freude und Ehre, ihn kennen zu lernen, und die Möglichkeit, mit ihm diese Fragen zu diskutieren.

Mit dem weitgehenden Wegfall der Handelshindernisse in der sogenannten westlichen Welt und der drastischen Senkung der Transportkosten am

Landweg durch den Ausbau des Straßen- und Schienennetzes waren selbst für so ein kleines Land wie Liechtenstein zum Wohl des Konsumenten billige Importe möglich und zum Wohl der Arbeitskräfte der Aufbau einer konkurrenzfähigen Exportindustrie. Dabei kam uns in Liechtenstein noch ein weiterer Umstand entgegen: Die industrielle Entwicklung verlagerte sich weg von der billigen Massenproduktion in Richtung kleinere, flexiblere und innovativere Produktionseinheiten, in denen Waren hergestellt wurden, die höhere Gewinnspannen zuließen. Liechtenstein bot nach dem Zweiten Weltkrieg fast ideale Voraussetzungen, um diese Chancen zu nützen und sich rasch zu industrialisieren.

Größere Staaten hatten nun gegenüber kleinen Staaten wie Liechtenstein keinen wirtschaftlichen Vorteil mehr, sondern waren sogar im Nachteil. Ihre Industrie war, was den Einkauf und den Verkauf betraf, auf den Inlandsmarkt beziehungsweise die Kolonien ausgerichtet. Dies führte gewöhnlich dazu, dass man erstens zu teuer einkaufte, zweitens bei Vorprodukten die neuesten Entwicklungen verpasste, drittens im Verkauf von einem geschützten Markt abhängig war und viertens die weltweite Entwicklung der Konkurrenz zu wenig beachtete.

Wer heute noch glaubt, er kann mit Zöllen und anderen Handelshemmnissen seinen Heimmarkt schützen, schadet seiner Heimat gleich zweifach:

1. Der Konsument muss höhere Preise und schlechtere Qualitäten in Kauf nehmen.

2. Die Arbeitsplätze sind gefährdet, da nicht nur der Konsument, sondern auch der Produzent höhere Preise bezahlen muss und gegenüber der ausländischen Konkurrenz benachteiligt wird.

Da Liechtenstein seinen Unternehmen im Bereich Industrie keinen Heimmarkt bieten konnte, mussten diese sich von Anfang an auf den europäischen oder gleich auf den Weltmarkt konzentrieren. Die Exporte der liechtensteinischen Industrie gehen heute zu über 40 Prozent außerhalb Europas, zu gut 10 Prozent in die Schweiz, die man fast als Heimmarkt bezeichnen kann, und zu etwas über 40 Prozent in das übrige Europa.

Eine weitere Entwicklung zwang die erfolgreichen liechtensteinischen Unternehmer recht bald, im Ausland mit Tochtergesellschaften aktiv zu werden – und zwar der Mangel an Arbeitskräften in Liechtenstein. Das Reservoir an Arbeitskräften in Liechtenstein und in den benachbarten Regionen der

Schweiz und Österreich war bald ausgeschöpft, sodass die Wirtschaft früh begann, ausländische Gastarbeiter ins Land zu holen. Schon in den 1960er-Jahren stieg der Anteil der Ausländer auf gut 30 Prozent der Bevölkerung, was zu einem Politikum wurde und zu Vorschriften führte, die den Zuzug von ausländischen Arbeitskräften beschränken. Die Lohn- und Gehaltskosten stiegen dadurch schnell an. Ein Teil konnte durch Automation und Rationalisierungen aufgefangen werden, aber ein Unternehmen, das weiter wachsen wollte, musste Teile der Produktion, des Vertriebes, der Forschung und der Administration ins Ausland verlegen. Bald beschäftigten die liechtensteinischen Unternehmen mehr Arbeitskräfte im Ausland als im Inland.

Diese Entwicklung konnte ich aus nächster Nähe mitverfolgen und mit jener in größeren Staaten innerhalb und außerhalb Europas vergleichen, die ich aufgrund meiner unternehmerischen Tätigkeit kannte. Ende der 1970er-Jahre war ich von dieser Trendwende in Richtung kleine Staaten, zumindest im wirtschaftlichen Bereich, überzeugt. Der Zusammenbruch der Kolonialreiche war nicht nur politisch bedingt. Es war vor allem die Liberalisierung des Welthandels, welche die wirtschaftliche Wettbewerbsfähigkeit der Kolonialreiche stark reduzierte. Staaten, die sich nicht in die Weltwirtschaft integrierten, und waren sie noch so groß, hatten keine Zukunft mehr. Die Kolonien waren zunehmend eine wirtschaftliche und politische Belastung. Mit der Globalisierung der Weltwirtschaft wurden Kräfte freigesetzt, welche die Existenz vieler Staaten in Frage stellen sollten.

So positiv diese Entwicklung für einen Kleinstaat wie Liechtenstein war, solange er an dieser erfolgreichen Politik festhielt, so gefährlich erschien mir damals die Entwicklung für den Weltfrieden. Wie erwähnt, betrachtete ich die Sowjetunion als besonders gefährdet. Als Liechtenstein 1990 Mitglied der UNO wurde, zeichnete sich der Zerfall des sowjetischen Reiches ebenso ab wie der von Jugoslawien. Der Zeitpunkt erschien günstig, meine erste Rede vor der UNO-Vollversammlung mit einer Initiative für das Selbstbestimmungsrecht zu verbinden. An der „Woodrow Wilson School of Public and International Affairs“ an der Princeton University in Princeton N.J. hielt ich 1992 einen Vortrag, in dem ich die Möglichkeit darlegte, über eine Neuinterpretation des Selbstbestimmungsrechtes Konflikte und Blutvergießen zu vermeiden. In der Folge gründete ich an der Princeton University ein Forschungsprogramm, das schließlich im Jahr 2000 zum „Liechtenstein Institute on Self-Determination“ wurde. Princeton war meiner Meinung nach der ideale Standort für ein solches Institut, denn es lag nahe dem UNO-Sitz in New York. Bevor Woodrow Wilson Präsident der USA wurde, war er Präsident der Princeton University und ein großer Befürworter des Selbstbestimmungsrechtes nach dem Ersten

Weltkrieg. Leiter des Institutes wurde Professor Danspeckgruber, mit dem ich schon seit den 1980er-Jahren die ganze Problematik eingehend diskutiert hatte. Eine Reihe von Konferenzen wurde in Princeton und Liechtenstein organisiert, zu denen internationale Experten und Vertreter der UNO-Mitgliedsländer eingeladen wurden. Der Entwurf für eine UNO-Konvention über das Selbstbestimmungsrecht wurde ausgearbeitet und publiziert.

Thema und Entwurf stießen auf großes Interesse, aber, wie zu erwarten war, auf erheblichen Widerstand. Manche Staaten sahen in einer solchen Konvention die Möglichkeit, Staaten, die vom Zerfall bedroht waren, zu dezentralisieren und so vor dem Verfall zu retten. Andere Staaten befürchteten, dass eine so klare Definition des Selbstbestimmungsrechtes, das zwar in der UNO-Charta als Grundrecht ausdrücklich verankert ist, aber nicht näher definiert wurde, dazu führen wird, den Zerfall von Staaten zu beschleunigen. Einigkeit herrscht bis heute, dass das Selbstbestimmungsrecht ein Grundprinzip der UNO ist, das aber noch nicht verwirklicht wurde.

Angesichts der Schwierigkeiten in der UNO, einen Konsens in dieser Frage zu erzielen, entschloss ich mich, das Thema in der UNO vorderhand nicht weiterzuverfolgen. Ein weiterer Grund war die sich in Liechtenstein zuspitzende Verfassungsdiskussion um die Stellung der Monarchie. Einerseits befürchtete ich, dass der von meinen politischen Gegnern erhobene Vorwurf, der Monarchie fehle die demokratische Legitimation, sich früher oder später in der UNO negativ auf die liechtensteinische Initiative für das Selbstbestimmungsrecht auswirken würde. Andererseits sah ich die Möglichkeit, durch eine Verfassungsreform nicht nur die Monarchie demokratisch zu legitimieren, sondern auch das Selbstbestimmungsrecht der Gemeinden in die liechtensteinische Verfassung aufzunehmen, und zwar in einer Form, die weiter gehen würde, als dies im Konventionsentwurf vorgesehen war. Nach der Verfassungsreform könnte Liechtenstein von einer sehr viel glaubwürdigeren Position die Initiative über das Selbstbestimmungsrecht jederzeit wieder aufnehmen, sollte sich in der UNO dafür ein günstiger Zeitpunkt abzeichnen. In der Zwischenzeit hielt ich es für sinnvoll, wenn sich das Institut in Princeton auf die Ausbildung der Studenten sowie auf Konferenzen und Publikationen zu dieser Frage konzentriert.

Das Selbstbestimmungsrecht ist, wie erwähnt, in der UNO-Charta verankert und sollte deshalb über den engen Kreis von Wissenschaftlern, Diplomaten und Politikern hinaus von einer breiteren Öffentlichkeit diskutiert werden. Solange die Mächtigen dieser Erde immer wieder versuchen, das Selbstbestimmungsrecht als ein theoretisches Recht darzustellen, das in der

Praxis nicht anwendbar ist, halte ich das für problematisch. Selbst für die Mächtigen dieser Erde schafft dies auf Dauer viel mehr Probleme, als wenn das Selbstbestimmungsrecht ein klar definiertes Recht wird, auf das sich die internationale Staatengemeinschaft geeinigt hat.

Ich hoffe, dass es mir mit meinen Ausführungen einigermaßen gelungen ist, dem Leser verständlich zu machen, weshalb meine Familie und ich von der Demokratie und dem Selbstbestimmungsrecht überzeugt sind. Wir im Fürstenhaus wollen das Staatsoberhaupt in Liechtenstein nur solange stellen, solange eine Mehrheit der Bevölkerung dies wünscht und wir dadurch demokratisch legitimiert sind. Nicht die Größe des Staates ist entscheidend oder ob der Staat eine Monarchie, Oligarchie oder Demokratie ist, sondern ob der Staat dem Volk dient oder nicht. Uns ist es im Fürstenhaus im Grunde genommen gleichgültig, ob das Fürstentum Liechtenstein 160 $km^2$ oder nur 16 $km^2$ groß ist. Entscheidend für uns ist vielmehr die Frage, ob die Menschen im Fürstentum Liechtenstein glücklich und frei leben können.

Mit 16 $km^2$ wäre das Fürstentum Liechtenstein immer noch fast zehnmal so groß wie das Fürstentum Monaco und auch dort leben rund 30.000 Menschen frei und glücklich. In einem hundertmal so großen Fürstentum Monaco könnten wahrscheinlich drei Millionen Menschen leben. Bei unbeschränkter Einwanderung ins Fürstentum Liechtenstein könnte sich die Einwohnerzahl vervielfachen. Leider ist weder das eine noch das andere möglich und deshalb sollten wir uns bemühen, viele kleine Fürstentümer weltweit zu schaffen, in denen die Menschen glücklich und frei leben. Um das zu erreichen, muss man nicht die großen Staaten zerstören, sondern sie überzeugen, sich politisch zu dezentralisieren, um die Demokratie und das Selbstbestimmungsrecht in die kleinste politische Einheit – die Gemeinde – zu bringen.

# 3. Die Ursprünge des Staates

Wann, wo und wie der erste Staat entstanden ist, wissen wir nicht. Politische Wissenschaftler und Historiker sind sich darüber hinaus nicht ganz einig, was sie bereits als Staat bezeichnen können und was nicht. Für den Zweck dieses Buches erscheint mir eine möglichst einfache Definition des Staates sinnvoll: eine geografische Fläche, die einigermaßen definiert ist, mit einer Bevölkerung, die auf Dauer eine zentrale Autorität mehrheitlich akzeptiert oder gezwungen ist, sie zu akzeptieren. Wobei diese Autorität in der Lage sein muss, das Territorium und seine Bevölkerung vor feindlichen Angriffen zu schützen, sei es durch Diplomatie oder mit Waffen.

Diese einfache Definition des Staates führt dazu, dass die Ursprünge des Staates in einer Zeit liegen, als der Mensch noch Jäger und Sammler war. Aus dieser Zeit gibt es keine schriftlichen Dokumente, aber man hat die Möglichkeit, jene Jäger- und Sammlerkulturen zu studieren, die bis in die heutige Zeit überlebt haben. Manche Historiker werden nun entgegenhalten, dass der erste Staat erst im Agrarzeitalter entstanden ist, vielleicht bei den Sumerern oder Ägyptern, aber nicht bei relativ primitiven Nomaden.

Bei der gewählten Definition des Staates waren allerdings bereits die Jäger und Sammler, die über keinen festen Wohnsitz verfügen, in der Lage, Staaten zu bilden. Nomadenstämme verfügen gewöhnlich über ein Territorium, das sie beherrschen. Die Grenzen des Territoriums sind vielleicht nicht so genau definiert wie im späteren Agrarzeitalter, aber Grenzstreitigkeiten gab und gibt es während der gesamten Menschheitsgeschichte bis in die heutige Zeit.

Dieser Blick weit zurück in die Menschheitsgeschichte erleichtert es, die Ursprünge des Staates und deren Vielfalt zu verstehen. Wenn Staaten oder staatsähnliche Organisationen die Menschheitsgeschichte nicht nur die letzten paar tausend Jahre, sondern über Hunderttausende von Jahren geprägt haben, dürfte der Mensch einer staatlichen Ordnung gegenüber sehr viel empfänglicher sein, als wenn es sich um ein junges Phänomen der Menschheitsgeschichte handeln würde.

Jäger- und Sammlerkulturen, die bis heute überlebt haben, verfügen in ihren Dorf- oder Stammesgemeinschaften in der Regel über einen Häuptling. Dieses Amt ist entweder erblich oder der Häuptling wird gewählt. Bereits in der Steinzeit gab es also offensichtlich den erblichen und den gewählten Monarchen. In größeren Verbänden stand oder steht ihm ein Rat zur Seite, dem der Einzelne entweder aufgrund des Alters, der Wahl oder irgendeines anderen Kriteriums angehört. Aber auch die Stammesversammlung der stimmberechtigten Stammesmitglieder, die in wichtigen Fragen Entscheidungskompetenzen besitzt, kennen wir in diesen Verbänden. Monarchische, oligarchische und demokratische Elemente gibt es wohl nicht erst seit ein paar tausend Jahren, sondern schon sehr viel länger.

Die Einteilung und Bezeichnung der verschiedenen Staatsformen in Monarchie, Oligarchie und Demokratie geht auf die alten Griechen zurück:

Monarchie bedeutete für sie nicht unbedingt Erbmonarchie, sondern war die Herrschaft eines Einzigen, eben des Monarchen. Es gab in der Geschichte immer wieder neben den erblichen Monarchen die gewählten Monarchen. So war der Kaiser im Heiligen Römischen Reich ein gewählter Monarch. Er war auf Lebenszeit gewählt, was bei modernen Präsidenten üblicherweise nicht der Fall ist. Einen Präsidenten könnte man als Monarchen bezeichnen, der für eine gewisse Zeitperiode gewählt wurde.

Mit Oligarchie wurde die Herrschaft der Wenigen bezeichnet. Den meisten Menschen ist dieser Begriff weniger vertraut als Monarchie und Demokratie, die fälschlicherweise als Gegensätze betrachtet werden. Der Begriff Oligarchie hat darüber hinaus schon früh einen etwas negativen Beigeschmack bekommen, sodass die Oligarchen es oft vorzogen, sich als Aristokraten zu bezeichnen, was auf Griechisch die Herrschaft der Besten bedeutet. Als Mitglied einer alten, aristokratischen Familie habe ich grundsätzlich gegen so eine Bezeichnung nichts einzuwenden, aber es wäre historisch ungerecht, die Oligarchie gegenüber der Monarchie und Demokratie so herauszuheben. Allerdings kann nicht genug betont werden, dass in jedem Staat der Monarch – ob gewählt oder nicht – und das Volk wichtige Aufgaben an die Oligarchie delegieren müssen, damit der Staat funktioniert. Das können Aufgaben in der Regierung, der Verwaltung, der Landesverteidigung, der Wirtschaft, der Rechtssprechung sowie die Ausarbeitung und die Beschließung von Gesetzen sein, so zum Beispiel in Parlamenten. Die Oligarchen, ob Mitglieder der

Regierung, des Parlamentes, der Gerichte, des Beamtenapparates, der Parteien usw., könnte man als die Technokraten der Macht im Staat bezeichnen. Ohne Oligarchie kann der Staat auf Dauer seine Aufgaben gegenüber dem Staatsvolk nicht wahrnehmen. Die Oligarchie ist deshalb das stärkste Element in einem Staat, aber wenn sie nicht das Staatsinteresse verfolgt, verliert sie das Vertrauen des Volkes oder des Monarchen und die Existenz des Staates ist bedroht.

Die Demokratie bedeutete die Herrschaft des Volkes (Demos). Allerdings war von der Antike bis zur Amerikanischen Revolution im 18. Jahrhundert die Ansicht vorherrschend, dass Demokratie nur in kleinen politischen Einheiten möglich ist, und zwar so klein, dass das Volk sich versammeln kann, um gemeinsam die wichtigen Fragen zu diskutieren und zu entscheiden. Weit verbreitet war die Ansicht, dass die Demokratie zur Willkürherrschaft neigt und ein Rechtsstaat in der Demokratie auf Dauer kaum möglich sei, weil das Volk allzu oft seine Meinung ändere. Die Demokratie wurde deshalb oft als Vorstufe zur Anarchie und zur Auflösung jeder staatlichen Ordnung betrachtet.

Die Anarchie wurde als unstabiler und gefährlicher Zustand angesehen, welcher die weitere Existenz eines Volkes in Frage stellt. In der Antike hielt man keine Staatsform auf Dauer für stabil. Über längere Zeiträume galt die Regel, dass die Monarchie von der Oligarchie abgelöst wird, die Oligarchie von der Demokratie, die Demokratie von der Anarchie, und damit das Staatswesen überlebt, muss es ein Monarch retten und der Kreislauf der Staatsformen beginnt von Neuem. Als relativ stabil galten deshalb nur Mischverfassungen, die monarchische, oligarchische und demokratische Elemente zu einem harmonischen Gesamtwerk kombinieren konnten. In diesem Sinne lobt Cicero die römische Republik und Montesquieu die englische Staatsform.

Ein wichtiges Element in der Geschichte der Staatsbildung und Staatserhaltung war über Jahrtausende hinweg die Religion. Dem Menschen ist wohl eine gewisse Religiosität angeboren, weshalb Religionen in der Menschheitsgeschichte eine dominante Rolle gespielt haben. Grundgesetze, Verfassungen, Gesetzessammlungen und Ähnliches kannten und kennen selbst jene Völkerstämme, die über keine Schrift verfügen. Dort wurden sie über Generationen mündlich weitergegeben. Damit diese Gesetze und die Autorität, welche diese Gesetze vollzieht, von der betroffenen Bevölkerung auf Dauer akzeptiert werden, braucht es eine gewisse Legitimation. Diese Legitimation kann in den Augen der Bevölkerung im Wesentlichen auf zwei Arten erreicht werden:

1. Die religiöse Legitimation, bei der Gesetz und Autorität im Wesentlichen von Gott oder den Göttern verliehen werden.

2. Die demokratische Legitimation, bei der eine Mehrheit der stimmberechtigten Bevölkerung die Gesetze und die Autorität festlegt, sei dies direkt oder indirekt.

# 4. Die Rolle der Religion bei der Staatenbildung

In der Menschheitsgeschichte wurde gewöhnlich die religiöse Legitimation für Gesetz und staatliche Autorität benutzt. Selbst in den alten Demokratien bildeten religiöse Vorstellungen die Grundlage, auf denen Gesetz und staatliche Autorität ruhten. Religiöse Zeremonien hatten sowohl in den griechischen Republiken als auch in der römischen Republik eine zentrale Aufgabe im Staatswesen. Im Tempel wurde der Staatsschatz aufbewahrt und religiöse Zeremonien begleiteten jeden wichtigen Staatsakt. Für die Griechen der Antike und die Europäer des Mittelalters war die Religion ein wichtiges Bindeglied trotz aller Kriege, die man untereinander ausgetragen hatte.

Es stellt sich die Frage, weshalb die Religion in der Menschheitsgeschichte eine so zentrale Rolle gespielt hat und noch spielt. Abgesehen von anderen Erklärungen könnte die Evolutionsgeschichte des Menschen eine Erklärung geben, weshalb der Mensch in einem gewissen Rahmen über eine angeborene Religiosität verfügt.

Tiere sind in ihrem sozialen Verhalten stark von angeborenen Instinkten geprägt. Das soziale Verhalten, angefangen von der Zeugung und Aufzucht der Nachkommenschaft über Gruppenverhalten bis zur Revierverteidigung, ist für die Arterhaltung von zentraler Bedeutung. Dabei stehen weniger die Interessen und das Überleben des einzelnen Individuums im Vordergrund, sondern die Gene und Verhaltensweisen, die für das Überleben der Gruppe beziehungsweise der Art in einer bestimmten Umgebung von Vorteil sind. Man spricht deshalb vom Egoismus der Gene, der in einem gewissen Widerspruch zum Egoismus des Einzelnen stehen kann. Dieser Widerspruch wird bei den Tieren in der Regel durch ein Verhalten, das von Instinkten geprägt ist, zugunsten der Arterhaltung und zum Nachteil des Einzelnen entschieden. Bei zunehmender Intelligenz kann allerdings das Individuum leicht erkennen, dass sein von Instinkten geprägtes Verhalten zwar möglicherweise gut für die Arterhaltung ist, für ihn persönlich jedoch von Nachteil. Trotz unserer genetischen Nähe zum Affen wird wohl niemand bestreiten, dass das soziale Verhalten des Menschen in wesentlich höherem Maß von Intelligenz geprägt ist, als dies beim Affen oder anderen Tieren der Fall ist.

Es scheint, dass die Evolution, die Natur oder Gott dieses Zusammenwirken von instinktivem Sozialverhalten und Intelligenz durch eine angeborene Religiosität des Menschen wieder in Richtung Arterhaltung verschoben haben – zum Nachteil des Egoismus einzelner Individuen. Bei zunehmender Intelligenz des Menschen hat – wenn wir die Evolution als Erklärung heranziehen – die angeborene Religiosität die Rolle des Instinktes teilweise übernommen. Menschen mit hoher Intelligenz und geringer Religiosität haben sich im Lauf der Jahrtausende offensichtlich weniger stark vermehrt als die anderen. Es wird vermutet, dass sich im Römischen Reich das Christentum weniger durch Bekehrungen als durch eine höhere Geburtenrate ausgebreitet hat. Staaten, die über die entsprechenden statistischen Unterlagen verfügen, weisen für religiöse Familien in der Regel höhere Geburtenraten aus.

Die Frage, ob die Evolution tatsächlich eine genetische Verankerung der Religiosität gefördert hat, wird uns vielleicht eines Tages die moderne Hirn- und Genforschung beantworten können. Was das Verhalten von Mensch und Tier betrifft, hat sie schon einige überraschende Erkenntnisse geliefert. Es ist heute möglich, die sehr schwachen elektromagnetischen Felder, die bei Emotionen und Denkprozessen im Gehirn entstehen, zu messen und zu lokalisieren. Vielleicht wird man eines Tages sogar feststellen, dass sowohl religiöse als auch ideologische Emotionen und Denkprozesse in den gleichen Gehirnregionen stattfinden, was wohl bedeuten würde, dass Ideologien ganz einfach Ersatzreligionen sind.

Neben der geringeren Zahl von überlebenden Nachkommen waren möglicherweise jene Stammesverbände, die von nicht religiösen Gruppen beherrscht wurden, noch aus folgendem Grund nicht konkurrenzfähig: Religionen vermitteln in vielfältigster Form einen Glauben an ein Weiterleben nach dem Tod und an eine ausgleichende Gerechtigkeit. Diese ausgleichende Gerechtigkeit nach dem Tod kann göttlicher Natur sein oder gesetzmäßige Formen annehmen wie zum Beispiel im Buddhismus, in dem die Wiedergeburt eine zentrale Rolle spielt.

Es wird immer intelligente Menschen geben, bei denen die angeborene Religiosität nur wenig ausgeprägt ist. Ein Teil dieser Menschen wird zu ihrem eigenen Vorteil versuchen, jene Menschen auszunützen, deren Verhalten entweder weiterhin stark durch Instinkte oder durch Religiosität geprägt ist. Solange diese Menschen eine Minorität bleiben und durch ihr egoistisches areligiöses Verhalten nicht eine Gesellschaft oder einen Staat prägen, überlebt die Gesellschaft und der Staat. Problematisch wird es dann, wenn solche Menschen einen Staat beherrschen oder die Gesellschaft prägen, die Religionen verfolgen und unterdrücken. Es dauert gewöhnlich nicht lange, bis so ein Staat zerfällt und durch einen anderen ersetzt wird. Die Sowjetunion ist dafür ein gutes Beispiel, auch wenn dies nicht der einzige Grund für ihren Zerfall war.

Kommt ein intelligenter Mensch zur Überzeugung, es gäbe kein Leben und keine ausgleichende Gerechtigkeit nach dem Tod, wird er möglicherweise in dem kurzen Leben hier auf der Erde für seine Person den maximalen Nutzen erzielen wollen. Religiöse und moralische Schranken fallen dabei weg. Gesetzliche Schranken bedeuten nur insofern eine Einschränkung, als die Gefahr besteht, der Gesetzesbruch werde erkannt und die irdische Strafe könnte größer sein als der irdische Nutzen. Der Kommunismus, der die Religion aktiv bekämpfte, war ein Fehlschlag. Aber auch der Materialismus, in dem die Selbstverwirklichung und die Unterhaltung des Einzelnen im Vordergrund stehen, ist problematisch. Möglicherweise wird sich die materialistische Spaßgesellschaft Westeuropas, welche die Religion als ein Relikt der Vergangenheit betrachtet, ohne Bedeutung für die Zukunft, früher oder später als Fehlschlag herausstellen. Kommunismus und materialistische Spaßgesellschaft teilen die niedrigen Geburtsraten. Bevor der Kommunismus ausgestorben ist, brach er wirtschaftlich zusammen. Im Sozialstaat, bei dem der Staat die Kosten für Krankheit und Altersversorgung übernimmt, bedeuten die Familie und das Großziehen von Kindern nur eine unnötige Belastung. Die materialistische Spaßgesellschaft ist wirtschaftlich sehr erfolgreich, nur könnten andere das Erbe antreten, denn diese Gesellschaft „produziert“ keine Erben.

Die areligiöse Gesellschaft „produziert“ nicht nur keine oder wenige Erben, sondern könnte darüber hinaus der Wegbereiter eines religiös dominierten Staates sein. In der Menschheitsgeschichte gibt es genügend Beispiele, dass neue Religionen oder religiöse Bewegungen jene Staaten übernehmen, in denen die alte Religion ihre Kraft verloren hat. Dabei ging in vielen Fällen die Toleranz gegenüber anderen religiösen oder areligiösen Gruppen verloren. Jener Teil der Intelligenz, der jeden Glauben an ein Weiterleben nach dem Tod und an eine ausgleichende Gerechtigkeit verloren hat, sollte sich im eigenen Interesse dafür einsetzen, dass im Staat der Zukunft die Religionen eine wichtige Aufgabe wahrnehmen. Allerdings muss der Staat von den

Religionen verlangen, dass sie die Glaubensfreiheit des einzelnen Menschen achten und respektieren, selbst wenn er areligiös ist. Lösen wird man das Problem der Spaßgesellschaft wohl nur dann, wenn es gelingt, die auf den Konsum des Einzelnen hin orientierte Marktwirtschaft mit der angeborenen Religiosität des Menschen zu verbinden und daraus eine glückliche Symbiose zu schaffen zum Wohl der Menschheit.

Neben der Intelligenz unterscheidet eine glückliche Mischung von Individualität und sozialem Verhalten den Menschen von den meisten Tierarten. Eine Tierart von hochintelligenten Individuen, deren Eltern so gut wie keine Zeit in die Aufzucht ihrer Nachkommenschaft investieren und die sich untereinander nur fallweise zur Paarungszeit treffen, dürfte kaum in der Lage sein, eine moderne Zivilisation aufzubauen, die eine komplexe Zusammenarbeit vieler Individuen voraussetzt. Wäre ein typischer Einzelgänger im Tierreich wie der Bär intelligenter als der Mensch, so wäre der Mensch dem Bären aufgrund seines sozialen Verhaltens immer noch überlegen. Eine hochintelligente Tierart dagegen mit stark ausgeprägtem Herdentrieb, dem sich das Individuum bedingungslos unterordnen muss, wäre genauso wenig in der Lage wie der intelligente Bär, eine moderne Zivilisation aufzubauen. Es wäre eine äußerst konservative Gesellschaft, in der es kaum Freiheit und Fortschritt gibt. Der Mensch zeichnet sich dadurch aus, dass er einerseits ein hohes Maß an Individualität und Intelligenz besitzt, die ihm die Freiheit gibt zu forschen und zu experimentieren, andererseits werden die dadurch gewonnenen Erkenntnisse an die Gruppe und an die Nachkommenschaft weitergegeben. Die Entwicklung der Sprache und später der Schrift haben diesen Prozess entscheidend beschleunigt.

Hier das richtige Gleichgewicht zwischen egoistischer Individualität und sozialem Verhalten zu finden, war sicher eine der ganz großen Herausforderungen in der menschlichen Evolution. Einerseits der Herdentrieb, andererseits das egoistische, asoziale Verhalten vieler Menschen sind wohl die Ergebnisse dieser Evolution. Offensichtlich brauchen wir beides, denn sonst zerfällt oder stagniert die menschliche Gesellschaft. Keine dieser beiden Eigenschaften darf den Staat und die Gesellschaft dominieren, sondern es ist ein fein austariertes Gleichgewicht notwendig.

Diese einmalige Kombination von Intelligenz und sozialem Verhalten hat es dem Menschen ermöglicht, fast alle Klimagebiete vom tropischen Regenwald bis zu den Eiswüsten der Arktis zu besiedeln. Darüber hinaus können sich die Menschen, je nach Notwendigkeit, vom kleinen Stammesverband mit einigen Dutzend Individuen bis zu großen Staaten mit vielen Millionen

Einwohnern organisieren. Staaten mit mehreren Hunderttausend oder gar Millionen Einwohnern sind, soweit bekannt, eine junge Erscheinung in der Menschheitsgeschichte und gehen auf das Agrarzeitalter zurück, als Landwirtschaft und Viehzucht eine sehr viel dichtere Besiedlung erlaubten als in den Jäger- und Sammlerkulturen der Steinzeit.

Beim Übergang von den Jäger- und Sammlerkulturen in das Agrarzeitalter haben sich die Staatsstrukturen wahrscheinlich zu Beginn nicht wesentlich geändert, abgesehen von den teilweise sehr viel größeren Bevölkerungszahlen in einzelnen Staaten. Diese Bevölkerungszahlen in den großen Flächenstaaten führten aber früher oder später zu einem Zurückdrängen des demokratischen Elementes zugunsten der monarchischen und oligarchischen Elemente. Es war in Staaten mit mehreren Hunderttausend Einwohnern ganz einfach nicht möglich, Volksversammlungen einzuberufen und über einzelne Fragen abzustimmen. Da bestenfalls nur ein kleiner Teil der Bevölkerung lesen und schreiben konnte, gab es keine schriftlichen Abstimmungen. Dadurch wurde die religiöse Legitimation sowohl für die Gesetze als auch für die staatliche Autorität, die diese Gesetze zu vollziehen hatte, immer wichtiger. Die von Gott an Moses übergebenen Gesetzestafeln mit den zehn Geboten sind vielen Lesern aus dem Alten Testament bekannt. Die religiöse Legitimation von Gesetz und Autorität beschränkt sich jedoch nicht nur auf den jüdisch-christlichen Kulturkreis, sondern war in der antiken Welt die Regel. Monarchen versuchten ihre Abstammung auf die Götter zurückzuführen. Das japanische Kaiserhaus war für viele Japaner bis weit ins 20. Jahrhundert göttlichen Ursprungs.

Religiöse Minoritäten stellten in Staaten, die ihre Legitimation in der Religion suchten, ein Problem dar. In der antiken Welt wurde dieses Problem oft so gelöst, dass die Religion der religiösen Minoritäten in die Religion des dominierenden Volkes integriert wurde. Vor den entscheidenden militärischen Auseinandersetzungen wurden die eigenen Götter zu Hilfe gerufen, es wurde zu ihnen gebetet und ihnen geopfert. Niederlage und Unterwerfung waren ein Zeichen dafür, dass die fremden Götter stärker waren, sodass die Unterwerfung der eigenen Götter unter den fremden Gott und die Integration der eigenen Religion in die fremde Religion meistens ohne allzu große Schwierigkeiten möglich war. Das Römische Reich ist ein gutes Beispiel für eine solche Religionspolitik, die über Jahrhunderte sehr erfolgreich war. Im alten Rom hatte eine Vielzahl von fremden Religionen und Göttern ihre Tempel. In der römischen Kaiserzeit erhielt zudem der Kaiser eine gottähnliche Stellung, um die Autorität der kaiserlichen Herrschaft zu festigen. Das war so lange kein Problem, als die Vorherrschaft der römischen Götter in der göttlichen Hierarchie von diesen fremden Religionen akzeptiert wurde.

Schwierigkeiten gab es allerdings mit den Juden und den Christen, die an einen Gott glauben und deshalb keine weiteren Götter daneben dulden. Die Vorstellung eines gottähnlichen Kaisers war sowohl den Juden als auch den Christen zutiefst fremd. Damit war die religiöse Legitimation des Kaisers, der staatlichen Autorität und der staatlichen Gesetze in Frage gestellt. Dies erklärt zu einem wesentlichen Teil das gespannte Verhältnis zwischen Römischem Reich und Judentum sowie die immer wiederkehrenden Christenverfolgungen. Das Judentum wurde vom Römischen Reich wohl von Anfang an als die geringere Gefahr betrachtet, denn das Judentum verhält sich skeptisch bis ablehnend gegenüber der Bekehrung Andersgläubiger, was man vom Christentum nicht sagen kann, im Gegenteil. Die Siedlungsgebiete der Juden lagen außerdem an der Peripherie des Römischen Reiches, während das Christentum sich selbst im Zentrum des Reiches in Rom schnell ausbreitete. Es gab Bekehrungen nicht nur in der Unter-, sondern auch in der Oberschicht, wodurch das Christentum für die kaiserliche Autorität noch bedrohlicher erschien.

Die raschen Erfolge des Christentums im Römischen Reich sind, abgesehen von der höheren Geburtenrate, wahrscheinlich im Wesentlichen auf zwei Gründe zurückzuführen: Erstens erhielt, wie erwähnt, die Götterwelt der alten römischen Religion aus politischen Gründen immer mehr Zuwachs, was dazu führte, dass die Glaubwürdigkeit der alten Religion in den Augen weiter Teile der Bevölkerung verloren ging. Das Verhalten einiger römischer Kaiser war nicht unbedingt für einen Glauben förderlich, der aus dem Kaiser ein gottähnliches Wesen machte. Zweitens führt die enge Verbindung von Staat und Religion früher oder später dazu, dass die Politik die Religion für ihre Zwecke missbraucht. Fehler der Staatsführung und schlechte Gesetze schwächen dann den Staat und die Religion, ein Problem, das bei der religiösen Legitimation von Autorität und Gesetz fast unvermeidlich ist.

Kaiser Konstantin I. schenkte im Jahr 313 mit dem Toleranzedikt von Mailand dem Christentum die Religionsfreiheit. Die alte römische Religion verlor ihre Position als Staatsreligion und war im Rahmen der neu gewonnenen Religionsfreiheit nur eine Religion unter vielen anderen. Damit verlor die staatliche Autorität ihre religiöse Legitimation, was zu Beginn wahrscheinlich nur wenig beachtet wurde, denn die Macht der Gewohnheit verleiht selbst jenen Autoritäten und Gesetzen über einen beschränkten Zeitraum Legitimation, nachdem die ursprüngliche verloren gegangen ist.

Wahrscheinlich haben Kaiser Konstantin und seine unmittelbaren Nachfolger das Problem der mangelnden Legitimation von Gesetz und staatlicher Autorität nicht erkannt, denn sonst hätten sie sich unverzüglich bemüht, die alte Religion durch das Christentum zu ersetzen. Allerdings eignet sich die christliche Lehre nicht unbedingt dazu, das Christentum zu einer Staatsreligion zu machen. Christus hatte wiederholt gesagt, dass sein Reich nicht von dieser Welt sei und dass man dem Kaiser geben soll, was dem Kaiser gebühre, und Gott, was Gott gebühre. Eine demokratische Legitimation von Gesetz und staatlicher Autorität wurde aus den vorher erwähnten Gründen wohl nie in Erwägung gezogen.

Zerfallserscheinungen im Römischen Reich haben rund 65 Jahre danach Kaiser Theodosius überzeugt, das Christentum doch noch zur Staatsreligion zu erklären. Die alten Tempel wurden zerstört oder in christliche Kirchen umgewandelt, andere Religionen unterdrückt. Es dauerte nicht lang und das alte Römische Reich zerbrach. Das Christentum überlebte, aber spaltete sich. In Byzanz überlebte das Modell der Staatsreligion mit einer engen Bindung von Kirche und Staat. Nach dem Untergang des Byzantinischen Reiches hat es in der orthodoxen Kirche zumindest dem Konzept nach bis heute überlebt.

In Rom gelang es den Päpsten, ein anderes Modell zu entwickeln. Mit der Schaffung des Kirchenstaates behielten die Päpste ihre weitgehende Unabhängigkeit von Kaiser, Königen und anderen weltlichen Herrschern. Den Päpsten gelang es sogar im Mittelalter, ihren Einfluss auf die weltliche Macht auszudehnen. Es kam immer wieder zum Gegensatz von Kirche und Staat, von Papst und Kaiser oder von Papst und König. Es ging um die Frage, ob die weltliche Macht weitgehend die kirchliche Macht beherrscht, wie dies mit wenigen Ausnahmen in all jenen Staaten üblich war, die sich auf die religiöse Legitimation stützten, oder ob es der Kirche gelingt, die weltliche Macht weitgehend zu beherrschen. Da im Unterschied zum Byzantinischen Reich Westeuropa politisch zersplittert war und die einzelnen Herrscher nicht daran interessiert waren, den Kaiser oder irgendeinen der verschiedenen Könige entscheidend zu stärken, war es dem Papst immer wieder möglich, Verbündete zu finden, um seine politische Unabhängigkeit zu verteidigen. In einer vom Christentum geprägten Bevölkerung, in der die demokratische Legitimation sich aus damaliger Sicht auf sehr kleine politische Einheiten beschränken musste, waren die Herrscherhäuser und ihre Gesetze auf die religiöse Legitimation durch den Papst angewiesen. Zwar wurde im sogenannten Heiligen Römischen Reich der Kaiser gewählt, aber jene, die ihn wählten, waren erbliche Monarchen ohne demokratische Legitimation oder Bischöfe, die wiederum vom Papst ernannt wurden.

Der Gegensatz zwischen der religiösen Macht der katholischen Kirche mit dem Papst auf der einen Seite und der weltlichen Macht mit dem Kaiser, den Königen, den Herzögen usw. auf der anderen Seite gab diesem Europa des Mittelalters eine politische Vielfalt innerhalb eines gemeinsamen religiösen und kulturellen Rahmens. Parallelen zum antiken Griechenland lassen sich erkennen, mit dem Unterschied, dass der politische, wirtschaftliche und militärische Wettbewerb sich nicht mehr auf das kleine Griechenland beschränkte, sondern kontinentale Ausmaße annahm. Den Handel, den Austausch von Personen, von neuen Ideen und von Produkten gab es innerhalb des katholischen Europas, aber ebenso mit dem byzantinischen, dem islamischen und dem asiatischen Raum bis nach China.

Europa hat vieles von außen übernommen und dieses aufgrund des intensiven Wettbewerbes innerhalb Europas den europäischen Bedürfnissen rasch angepasst und weiterentwickelt. Bereits im Mittelalter war das katholische Europa, wenn es sich wie in den Kreuzzügen auf gemeinsame Aktionen einigen konnte, dem byzantinischen und dem islamischen Reich militärisch überlegen. Die weltweite europäische Vorherrschaft in der zweiten Hälfte des vergangenen Jahrtausends war rückblickend keine Überraschung. Sie zeichnete sich schon in der ersten Hälfte des Jahrtausends ab.

Die katholische Kirche hatte im Mittelalter einen wichtigen Beitrag zum wirtschaftlichen Aufbau Europas geleistet. Die Klöster waren Zentren des Wissens, der Krankenpflege und der Ausbildung. Um zurückgebliebene Regionen zu entwickeln, siedelten die Landesherren Klöster an und schenkten ihnen umfangreichen Grundbesitz sowie eine Reihe von Privilegien. Darüber hinaus erhielt die katholische Kirche Schenkungen aus allen Bevölkerungsschichten, sodass sie am Ende des Mittelalters der größte Grundbesitzer und das größte Wirtschaftsunternehmen in Europa war.

Der Einfluss der katholischen Kirche auf die wirtschaftliche Entwicklung war allerdings nicht nur positiv. Eine skeptische bis ablehnende Haltung gegenüber irdischem Reichtum findet sich schon in den Ursprüngen des Christentums, was in einem viel zitierten Satz aus der Heiligen Schrift zum Ausdruck kommt: „Eher geht ein Kamel durch ein Nadelöhr, als dass ein Reicher in das Reich Gottes gelangt.“ (Matthäus 19, 16-24). Finanz- und Zinsgeschäfte, der Handel und so manches mehr wurde dadurch negativ beeinflusst. Darüber hinaus floss ein großer Teil der wirtschaftlichen Erträge aus dem riesigen Kirchenbesitz sowie der Spenden der Bevölkerung in den Bau, die Ausstattung sowie den Unterhalt von Kirchen und Klöstern. Diese dienten hauptsächlich dem Gebet. Für eine Kirche, die ihre Aufgabe darin sieht, den

Menschen hier auf der Erde die Herrlichkeit Gottes näherzubringen und die Menschen auf das Leben nach dem Tod vorzubereiten, war dies eine sehr verständliche Politik. Für die wirtschaftliche Entwicklung eines Landes war es ein Nachteil.

Das heikle Gleichgewicht zwischen kirchlicher und weltlicher Macht führte zu einer weitgehenden Trennung von Kirche und Staat und damit für große Teile der Bevölkerung zu Freiräumen, die es in anderen Weltgegenden in der Form nicht gab. Als am Ende des Mittelalters das Gleichgewicht entscheidend gestört wurde, blieben die Freiräume trotz mancher Rückschläge erhalten und konnten schrittweise weiter ausgebaut werden.

Im 16. Jahrhundert änderte sich in Europa das ganze System grundlegend. Herrscherhäusern war es durch klare Erbregelungen gelungen, so etwas wie eine dynastische Legitimation aufzubauen. Die dynastische Legitimation war im Grunde genommen nichts anderes als die Legitimation durch die Macht der Gewohnheit. Das Volk hatte sich an ein bestimmtes Herrscherhaus gewöhnt und solange sich das Herrscherhaus nicht selbst schwächte, durch Unfähigkeit oder interne Streitigkeiten, genoss es die Unterstützung weiter Teile der Bevölkerung. Was für das Herrscherhaus und die Staatsform zutraf, galt für Teile der Gesetze. Sie waren Gewohnheitsrecht geworden, über das sich selbst ein mächtiger Herrscher nicht ohne Weiteres hinwegsetzen konnte.

Zur gleichen Zeit war die katholische Kirche durch eine starke weltliche Ausrichtung und einige Missstände geistig und moralisch geschwächt. Der Ruf nach grundlegenden Reformen wurde lauter. Zusätzlich veränderten Entdeckungen im Bereich der Wissenschaft langsam das Weltbild des Mittelalters. Diese Gelegenheit nutzten die Herrscherhäuser Großbritanniens und Nordeuropas sowie Teile Deutschlands, der Niederlande und der Schweiz, um sich dem Einfluss der katholischen Kirche zu entziehen, den oft großen Kirchenbesitz zu enteignen und aufzuteilen sowie die Trennung von Kirche und Staat weitestgehend aufzuheben. In England wurde der König bzw. die Königin sogar das Oberhaupt der anglikanischen Staatskirche. Bekanntlich verlief dieser Prozess nicht überall friedlich, sondern führte in den Dreißigjährigen Krieg, der große Teile Europas, besonders Deutschlands, verwüstete.

Der Dreißigjährige Krieg endete ohne Sieger, mit der Erschöpfung der beiden Kriegsparteien – den Katholiken und Protestanten. Man einigte sich schließlich darauf, dass die Herrscherhäuser bzw. die politische Führung in den Republiken über die Religion der Untertanen entscheiden: „Cuius regio, eius religio", d. h. „wessen Herrschaft, dessen Religion". Zwar gab es da und dort Gebiete, in denen religiöse Toleranz herrschte, aber im Großen und Ganzen spaltete sich Europa entlang religiöser Grenzen. Wer nicht bereit war, die Religion der politischen Führung zu übernehmen, wurde unterdrückt, verfolgt oder vertrieben. Die religiöse Toleranz war in abgelegenen Gebieten oft größer, da die politische Führung ein Interesse hatte, dass diese Gebiete besiedelt blieben und zumindest in beschränktem Maß Steuern ablieferten. Dazu gehörten besonders die Kolonien Nordamerikas. Diese Kolonien sollten gute hundert Jahre später für die Weiterentwicklung des Staatskonzeptes und des Verhältnisses von Staat und Religion eine besondere Bedeutung bekommen.

Die Enteignungen der katholischen Kirche und die Ausschaltung ihres politischen Einflusses führten in den anglikanischen, protestantischen und besonders calvinistischen Staaten Europas zu einer Liberalisierung der Wirtschaft und zu vermehrten Investitionen in die produktiven Teile der Wirtschaft. Die Folge war ein verstärktes wirtschaftliches Wachstum in diesen Gebieten. Das führte wiederum in den katholischen Teilen Europas zu einem Zurückdrängen der katholischen Kirche im wirtschaftlichen Bereich. Die Aufklärung, die Französische Revolution und die politischen Entwicklungen des 19. Jahrhunderts, wie der Liberalismus, der Nationalismus und der Sozialismus, schwächten darüber hinaus den politischen Einfluss der katholischen Kirche.

Die europäischen Religionskriege und religiösen Verfolgungen des 16. und 17. Jahrhunderts hatten zu einer Schwächung der Religion in Europa geführt, sowohl in den katholischen als auch in den protestantischen Gebieten. Eine Entwicklung, die sich später auf jene Gebiete Ost- und Südeuropas ausdehnte, die von der orthodoxen Kirche geprägt waren, und die bis heute anhält. Je stärker die Religion und Gott an den Rand gedrängt wurden, umso stärker rückte der Mensch in den Mittelpunkt: der Mensch, der Entdecker der Welt und der Naturgesetze in einem großen Universum, das immer schon existierte und nicht von Gott erschaffen wurde. Die religiöse Legitimation von Gesetz und staatlicher Autorität ließ sich immer weniger aufrechterhalten. Die Monarchien versuchten wie erwähnt, religiöse durch dynastische Legitimation zu ersetzen. Diese Entwicklung erreichte in der französischen Monarchie ihren Höhepunkt, als Ludwig XIV. verkündete: „L'état c'est moi" („der Staat bin ich"). Dieser Versuch ist in Frankreich mit der Französischen Revolution am Ende des 18. Jahrhunderts gescheitert, in den anderen europäischen Staaten im 19. und 20. Jahrhundert.

In einer Welt, in der die Religion an Bedeutung verloren hat, und in Staaten, in denen die Religionsfreiheit herrscht, ist es verständlich, weshalb die religiöse Legitimation keine staatstragende Funktion mehr haben konnte. Die Frage stellt sich aber, warum die dynastische Legitimation nach so kurzer Zeit gescheitert ist. Der Grund liegt wohl darin, dass die dynastische Legitimation keine eigenständige, sondern nur eine hergeleitete Legitimation ist, die sich entweder auf die religiöse oder die demokratische Legitimation stützen muss. Fällt die eine oder die andere Legitimation weg, bricht früher oder später die dynastische Legitimation in sich zusammen. Der Übergang von der religiösen zur demokratischen Legitimation war weltweit ein schwieriger Prozess, der bis heute noch nicht abgeschlossen ist und der die Menschheit in so manche Sackgassen geführt hat.

Die meisten Franzosen hören es nicht gerne, aber die Französische Revolution produzierte 1789, ähnlich der Russischen Revolution 128 Jahre danach, im Wesentlichen ein Chaos und Blutbad. Seit der Revolution gab es in Frankreich vier Monarchien und jetzt ist man bei der Republik Nummer fünf angelangt. Die Russische Revolution war der Beginn einer der blutigsten Diktaturen der Menschheitsgeschichte, die rund 70 Jahre andauern sollte. Weder die Französische noch die Russische Revolution waren in der Lage oder hatten das Ziel, ihre Versprechen bezüglich einer demokratisch legitimierten Herrschaft zu erfüllen. Die Französische Revolution, der Erste Weltkrieg und seine Folgen sowie die Russische Revolution haben im Europa des 19. und 20. Jahrhunderts und weit über Europa hinaus dazu geführt, dass die religiöse Legitimation der staatlichen Autorität weitgehend durch die ideologische Legitimation des Nationalismus und Sozialismus ersetzt wurde und weniger durch eine demokratische Legitimation. Europa hat einen geistigen Beitrag für den Beginn des demokratischen Zeitalters geleistet, aber ohne die Amerikanische Revolution wäre dieser Beitrag mit hoher Wahrscheinlichkeit nur ein theoretisches Gedankenspiel geblieben. Die religiöse Legitimation wäre in noch viel stärkerem Maß von der ideologischen Legitimation des Nationalismus und Sozialismus abgelöst worden, zum Nachteil der Menschheit.

Der Übergang vom Zeitalter der Jäger und Sammler zum Agrarzeitalter hat nicht nur in Europa, sondern weltweit ähnliche staatliche Strukturen hervorgebracht, deren Grundlage die religiöse Legitimation war. Selbst die von Europa, Asien und Afrika isolierten amerikanischen Hochkulturen des Agrarzeitalters wie die Azteken, Inkas oder Mayas hatten sehr ähnliche Staatsmodelle entwickelt mit einem religiös legitimierten, oft gottähnlichen Monarchen an der Spitze sowie eine durch diesen Monarchen und die Religion legitimierte Oligarchie. Die große Masse der Bevölkerung war weitgehend rechtlos und hatte keinen Einfluss auf die staatliche Politik. In Europa ist dieses Staatsmodell des Agrarzeitalters während der zweiten Hälfte des vergangenen Jahrtausends schrittweise zusammengebrochen. Eine Entwicklung, die auch die anderen Kontinente erfasst hat.

Der erste Versuch, die religiöse Legitimation des Staates durch die dynastische Herrschaft zu ersetzen, ist gescheitert. Der zweite Versuch, die religiöse Legitimation durch die Ideologien des Nationalismus und Sozialismus zu ersetzen, hat im größten Blutbad der Menschheitsgeschichte geendet. Beim dritten Versuch, die religiöse Legitimation durch die Demokratie zu ersetzen, ist die Menschheit auf halbem Weg stecken geblieben. Ich hoffe, die Menschheit hat den Mut, noch die zweite Hälfte des Weges zu gehen.

# 5. Die Größe der Staaten und der Einfluss der Militärtechnologie

Die unterschiedliche Größe der Staaten wurde bereits angesprochen. Man könnte annehmen, dass es für den Menschen eine optimale Staatsgröße geben sollte, die von der Zahl der Menschen oder der Fläche abhängt. Dem ist aber offensichtlich nicht so, denn die Größe der Staaten schwankt seit jeher im Lauf der Geschichte. Es gab Zeiten, in denen große, zentralisierte Staaten dominierten, und Zeiten, in denen kleine Staaten oder stark dezentralisierte Staaten vorherrschend waren. Es gibt Kontinente, auf denen große Staaten und kleine Staaten über lange Zeit nebeneinander existieren, und andere, auf denen das nicht der Fall ist. Auf den ersten Blick könnte man meinen, dass dies die Zufälle der Geschichte sind.

Bei genauerer Analyse über längere Zeiträume lässt sich aber feststellen, dass eine Reihe von Faktoren die Größe von Staaten beeinflusst. Da spielt einmal die geografische Lage eine Rolle. Flaches und leicht zugängliches Gelände lässt sich schwer verteidigen und fördert die Bildung großer Flächenstaaten. Gebirgiges und unzugängliches Gelände oder Inseln lassen sich leichter verteidigen und erhöhen die Wahrscheinlichkeit, dass kleine Staaten überleben.

Im Lauf der Geschichte sehen wir aber, dass neben der Geografie auch andere Faktoren die Größe der Staaten beeinflussen. Da spielen die Militärtechnologie und die Transportsysteme eine entscheidende Rolle. Begünstigt die Militärtechnologie den Verteidiger, wie zum Beispiel im Mittelalter, als hohe Stadtmauern einen guten Schutz boten und die Transportsysteme schlecht waren, dominierten Kleinstaaten oder stark dezentralisierte Staaten, wie das Heilige Römische Reich. Gab es hingegen hoch entwickelte Belagerungstechnologien und ein leistungsfähiges Transportsystem, dann konnten sich große, zentral gelenkte Reiche entwickeln, wie das Römische oder das Chinesische Reich.

Für die Anfänge der Staatengeschichte muss man sich mangels schriftlicher Berichte auf die Archäologie beziehungsweise auf das Studium jener Steinzeitkulturen verlassen, die bis heute überlebt haben. Soweit feststellbar, bildeten Steinzeitkulturen, welche die Landwirtschaft noch nicht kannten, nur Kleinstaaten, was die Fläche und die Zahl der Einwohner betraf. Aber schon früh lassen sich weitläufige Handelsbeziehungen nachweisen. Mit Muscheln, Steinwerkzeugen und so manch anderem wurde über große Entfernungen Handel betrieben.

Mit dem Aufkommen der Landwirtschaft vor rund zehntausend Jahren entstanden Kleinstädte als Handelszentren, die offensichtlich noch nicht befestigt waren. Bald danach wurden in einer Region, die von der heutigen Türkei bis nach Ägypten reicht, befestigte Städte gebaut. Es dürften Stadtstaaten gewesen sein, die sich häufig bekriegt haben. Entlang der großen Flüsse wie dem Nil, dem Euphrat und dem Tigris entstanden die ersten großen Reiche. Die großen Flüsse dienten dem Schiffsverkehr und damit dem Handel, der Bewässerung der Felder und einer blühenden Landwirtschaft. Der Schiffstransport auf den Flüssen, den Seen und den Meeren diente sicher von Anfang an ebenfalls der Kriegsführung. Homer berichtete, dass die Belagerung Trojas Jahre gedauert hatte. Truppen mussten transportiert, ausgewechselt und verpflegt werden. Der Transport von Menschen und Material zu Wasser war, verglichen zum Landtransport, schon im Altertum sehr viel billiger und zumeist sicherer. So entstanden in China etwas später als im Nahen Osten die ersten Reiche entlang der großen Flüsse.

Das Pferd und die Erfindung des Rades haben den Transport zu Land wesentlich erleichtert. Bereits davor finden wir jedoch Hinweise auf Straßennetze. Die indianischen Kulturen, die weder Pferd noch Rad kannten, verfügten teilweise über ein stark ausgebautes Straßennetz, das sowohl dem Handel als auch militärischen Zwecken diente. Das Inkareich besaß ein ausgedehntes Straßennetz, das über hohe Gebirge und durch dichte Dschungelgebiete führte.

Bei günstigen geografischen Voraussetzungen konnten kleine Stadtstaaten hinter hohen Mauern über Jahrhunderte überleben. Die zersplitterte politische Landschaft des alten Griechenland ist ein gutes Beispiel dafür. Wenn es allerdings einem dieser kleinen Stadtstaaten gelang, sich gegen seine Nachbarn militärisch durchzusetzen und ein Transportsystem unter seine Kontrolle zu bekommen oder eines zu schaffen, sei es zu Wasser oder zu Land, konnten recht schnell große Reiche entstehen.

Ein gutes Beispiel aus dem Altertum, über das die Historiker genaue Kenntnisse besitzen, ist die Entstehung des Römischen Reiches. Einem kleinen Städtchen, mitten im damals politisch zersplitterten Italien, gelang es mit viel Ausdauer, diplomatischem und militärischem Geschick, schrittweise die benachbarten Stadtstaaten zu integrieren. Früh erkannten die Römer die Bedeutung des Straßenbaus für ihre militärische Expansion und sie errichteten das effizienteste Straßensystem, das die Welt bis dahin gesehen hatte. Nachdem die Römer Italien erobert und mit einem dichten Straßennetz versehen hatten, bauten sie eine große Flotte, um das ganze Mittelmeer zu erobern. Die eroberten Gebiete von Nordafrika bis England, von Spanien bis nach Rumänien, wurden mit einem Straßennetz sowie Hafenanlagen entlang der Küste und der Flüsse überzogen. Mit relativ wenig Truppen kontrollierten die Römer dieses Riesenreich, weil sie diese schnell von einem Krisengebiet ins andere verlegen konnten. Topografische Hindernisse wie die Alpen oder die Pyrenäen, die für Eroberer davor und danach immer wieder schwierig zu überwinden waren, wurden in kürzester Zeit erobert und in das Römische Reich integriert. Wer die fast als uneinnehmbar geltende jüdische Wüstenfestung Massada besichtigt, bekommt einen Eindruck, wie effizient die römische Kriegsmaschine selbst in den Randgebieten des Römischen Reiches arbeitete. In einer Gegend, die wirtschaftlich, politisch und militärisch von geringer Bedeutung war, scheuten die Römer nicht davor zurück, eine riesige Rampe den Berghang hinauf zu bauen, um Massada nach langer Belagerung endlich zu erobern.

Nach dem Zusammenbruch des Römischen Reiches sind Reiche entstanden, die noch größer waren und von asiatischen Reitervölkern in kürzester Zeit geschaffen wurden. So schnell diese Reiche entstanden sind, so schnell sind sie wieder verschwunden. Das Pferd war für die asiatischen Steppengebiete mit ihren großen Weideflächen das ideale Arbeitstier und Transportmittel. Asiatische Reitervölker wie die Hunnen, die Magyaren und die Mongolen hatten die besten Voraussetzungen, um die Kavallerie als Kriegsinstrument immer weiterzuentwickeln. In den dichter besiedelten, landwirtschaftlich genutzten Gebieten Europas, des Mittelmeeres und Südasiens waren Pferde ein Luxus, den sich nur eine reichere Oberschicht leisten konnte. Die große Mehrheit der Soldaten bestand aus Infanterie und die Ritterheere des Mittelalters waren, verglichen mit den asiatischen Reiterheeren, klein und teuer im Unterhalt. Das kleinräumige Westeuropa war auch geländemäßig für reine Reiterheere nicht ideal. Viele strategisch wichtige Regionen wie zum Beispiel die Alpen und die Pyrenäen waren gebirgig, sodass die relativ billige Infanterie oft militärisch der Kavallerie überlegen war. Diese Erfahrung machten zum Beispiel die habsburgischen Ritterheere im 14. und 15. Jahrhundert in der Schweiz.

Es ist interessant zu untersuchen, weshalb es den militärisch überlegenen asiatischen Reiterheeren und ihrer Führung nicht gelungen ist, ähnlich stabile Reiche zu errichten, wie es zum Beispiel das Römische Reich war. Diese Reiche waren oft Erbmonarchien, bei denen die Erbfolge nicht klar geregelt war, was häufig zu einer Aufteilung des Reiches zwischen den Nachfolgern des Reichsgründers führte, meist noch mit bürgerkriegsähnlichen Auseinandersetzungen, ähnlich wie es mit dem Reich Alexanders des Großen nach dessen Tod geschehen war. Zwar war das Römische Reich zur Kaiserzeit in der Regel ebenfalls eine Erbmonarchie, bei der die Erbfolge nicht klar geregelt war. Das Römische Reich besaß jedoch rechtsstaatliche Strukturen und eine staatstragende Oligarchie, die dieses ganze System auch in Krisenzeiten am Leben erhielt. Vieles davon wurde schon in den republikanischen Zeiten Roms entwickelt und gab dem Römischen Reich eine politische Stabilität, selbst in Zeiten, in denen sich ein Monarch als unfähig erwies. Gegenüber den zentralasiatischen Reichen besaß das Römische Reich außerdem über lange Perioden den Vorteil der religiösen Legitimation.

Das ist vielleicht der entscheidende Unterschied, warum den arabischen Reiterheeren gelungen ist, woran die asiatischen gescheitert sind, nämlich ein Reich zu errichten, das über längere Zeit stabil war. Der Islam gab den Herrschern und ihrer Herrschaft die religiöse Legitimation und den Heeren die Motivation. Wer im Kampf für den Glauben getötet wird, dem ist ein Platz im Himmelreich sicher. Die religiöse Toleranz des Islam gegenüber anderen Religionen erlaubte den islamischen Herrschern, Verbündete bei den Untertanen jener Herrscher zu finden, die religiös intolerant waren. Dazu gehörten christliche Herrscher, die Andersgläubige oder selbst jene Christen verfolgten, von denen sie glaubten, sie wären vom rechten Glauben abgefallen. Das erklärt, weshalb christliche Stämme auf der arabischen Halbinsel oder christliche Bevölkerungsgruppen im Nahen Osten die islamischen Eroberer unterstützten. Noch heute gibt es christliche Minderheiten in Staaten, die seit Jahrhunderten vom Islam geprägt sind. Bis zur Gründung des Staates Israel gab es in den islamischen Staaten große und wichtige jüdische Gemeinschaften, deren Vorfahren vor christlichen Verfolgungen geflüchtet waren und von islamischen Herrschern aufgenommen wurden.

Allerdings gelang es den arabischen Reiterheeren genauso wenig wie den asiatischen, stabile politische und rechtsstaatliche Strukturen zu schaffen, die für einen anhaltenden wirtschaftlichen Aufschwung in den von ihnen beherrschten Gebieten notwendig gewesen wären. Möglicherweise war der Islam in seiner traditionellen Auslegung und seinen Vorschriften im wirtschaftspolitischen Bereich ein sehr viel größeres Hindernis als das

Christentum. Es gab auch nicht den Gegensatz von Papst und Kaiser, von geistiger und weltlicher Macht, die in Teilen Europas jene politischen und wirtschaftlichen Freiräume schuf, welche die Grundlage für den wirtschaftlichen Aufschwung Europas waren. Jedenfalls ging die politische und religiöse Einheit verloren und das islamische Reich zerfiel in Teilreiche mit einer recht schwachen Führung durch den Kalifen in Bagdad. Den Mongolen gelang die Eroberung weiter Teile der islamischen Welt und im Jahr 1258 wurde auch Bagdad erobert. Die islamisch geprägte Welt überlebte den Mongolensturm, fand aber nicht mehr zur politischen Einheit zurück, ähnlich dem Christentum nach dem Ende des Römischen Reiches.

In der langen Zeitperiode vom Entstehen der ersten befestigten Städte um 8.000 vor Christus bis zum Ende des Mittelalters gab es ein labiles Gleichgewicht zwischen der Befestigungstechnik, mit der sich Städte und kleine politische Einheiten verteidigen konnten, und der Belagerungstechnik sowie den Transportkapazitäten. In befestigten Städten und Burgen konnten sich wenige Menschen gegen eine große Übermacht verteidigen. Eine erfolgreiche Belagerung war in der Regel schwierig und setzte nicht nur eine militärische Übermacht vor Ort voraus, sondern ein leistungsfähiges Transportsystem. Dieses war besonders für den Landtransport teuer im Aufbau und im Unterhalt. Der Seetransport war billig, aber von Wind und Wetter abhängig und bei größeren Transportmengen auf Hafenanlagen angewiesen. In diesen Jahrtausenden bis zum Ende des Mittelalters hatte wohl die militärische Verwendung des Pferdes die bedeutendste Auswirkung auf die Größe des Staates. Dieser Teil der Menschheitsgeschichte zeigt aber, dass die Eroberung die leichtere Aufgabe darstellte, schwieriger war es, selbst bei militärischer Überlegenheit, ein großes erobertes Reich in ein politisch stabiles, wirtschaftlich blühendes Staatswesen zu verwandeln, das Jahrhunderte überdauert. Dies ist bis zum Ende des Mittelalters den Ägyptern, den Römern und den Chinesen gelungen, aber nur wenigen anderen.

Um das Jahr 1500 ging ein Abschnitt der Menschheitsgeschichte zu Ende, der ungefähr zehntausend Jahre gedauert hatte. 1453 zerstörte die türkische Artillerie die Stadtmauern von Konstantinopel und veränderte noch viel nachhaltiger als die Einführung des Pferdes die Kriegstechnik. Das militärische Gleichgewicht sollte sich durch die Entwicklung der Artillerie entscheidend zugunsten des Angreifers und damit in Richtung des großen Flächenstaates verschieben.

Die Türken hatten schon unter den Kalifen in Bagdad Schlüsselpositionen im militärischen Bereich eingenommen und die Araber aus diesen Positionen verdrängt. Die türkische Führung hatte die Bedeutung der Artillerie früh erkannt und diese schnell ausgebaut. Das Türkische Reich dehnte sich im 15. und 16. Jahrhundert rasch über einen großen Teil der islamischen Welt aus, ohne dass es ihm aber gelang, die gesamte islamische Welt zu erobern und zu einen. Die Türken eroberten aber das christliche Südosteuropa und belagerten Ende des 16. und nochmals am Ende des 17. Jahrhunderts sogar Wien, allerdings ohne Erfolg.

Auch in Europa hatte man die militärische Bedeutung der Artillerie früh erkannt und es begann in diesem Bereich ein Rüstungswettlauf. Kleine Staaten, selbst wenn sie so reich waren wie die oberitalienischen Stadtstaaten, konnten auf Dauer bei diesem Rüstungswettlauf nicht mithalten. Die damals größeren Flächenstaaten wie Frankreich und das Habsburgerreich waren bald überlegen. Schweden mit seinen bedeutenden Erzvorkommen und metallurgischen Kenntnissen entwickelte sich Ende des 16. Jahrhunderts innerhalb kürzester Zeit zu einer europäischen Großmacht. Die Expansionsmöglichkeiten in Europa waren jedoch beschränkt, sodass die europäischen Staaten versuchten, ihre militärische Überlegenheit außerhalb Europas zum Aufbau von Kolonialreichen zu nutzen. Die Spanier und Portugiesen waren die Ersten und die Engländer die Erfolgreichsten. Ihnen allen kam zugute, dass in der Schifffahrt bedeutende Fortschritte erzielt wurden und Schiffe mit Artillerie bestückt in fahrende Festungen verwandelt wurden, die es ermöglichten, befestigte Küstenstädte vom Wasser aus erfolgreich anzugreifen. Stadtmauern und Burgen boten dem Verteidiger immer weniger Schutz und es wurde schwieriger, sich gegen einen zahlenmäßig weit überlegenen Gegner zu verteidigen. Die Artillerie verschob das Gleichgewicht in Richtung des großen und zentral regierten Flächenstaates, der über genügend Ressourcen verfügte, um sich den Rüstungswettlauf in der Artillerie leisten zu können.

Neben der Artillerie sollte aber bald danach eine zweite Entwicklung das Gleichgewicht zugunsten der großen, zentral regierten Staaten verschieben, und zwar die Industrialisierung. Vor der Industrialisierung bestand der wirtschaftliche Nachteil eines Kleinstaates im Wesentlichen darin, dass er weniger Rohstoffe innerhalb seiner Grenzen besaß und deshalb mehr auf den Handel angewiesen war als ein großer Staat. Bei den Produktionskosten besaß der große Staat keinen Vorteil. Soweit bekannt, gab es allerdings im Römischen Reich bereits Ansätze einer industriellen Produktion bei Töpferwaren, die in großen Mengen über weite Strecken transportiert wurden. Nach dem Zusammenbruch des Römischen Reiches wurden die Töpferwaren wieder, wie in alten Zeiten, in Handwerksbetrieben vor Ort für den lokalen Markt produziert.

Die großen Flächenstaaten, besonders die Kolonialreiche, hatten jetzt den Vorteil, über fast alle Rohstoffe innerhalb ihrer Grenzen und über einen großen Heimmarkt zu verfügen. Die Industrieproduktion begann in diesen Staaten oft in den sogenannten staatlichen Manufakturen, in denen neben Waffen häufig Luxusgüter hergestellt wurden. Der große Heimmarkt entstand durch die Abschaffung der internen Zölle und anderer Handelshemmnisse sowie durch die Einführung einheitlicher Maße und einer einheitlichen Währung. Der Ausbau der internen Transportsysteme konzentrierte sich in diesen Staaten auf den Bau von Kanälen, da der Transport zu Wasser, wie bereits erwähnt, billiger war als zu Land. Der Ausbau des Straßensystems erfolgte später und man schätzt, dass es in Europa erst um 1800 ein Straßensystem gab, das über ähnliche Transportkapazitäten verfügte wie zu Zeiten des Römischen Reiches, rund 1.300 Jahre davor.

Das Türkische Reich war, wie erwähnt, am Ende des 17. Jahrhunderts noch in der Lage, Wien zu belagern, wurde aber im 18. Jahrhundert vom Habsburgerreich zurückgedrängt. Hatte das Türkische Reich bei der Umstellung auf die Artillerie noch zu den führenden Mächten weltweit gehört, so war es nicht mehr in der Lage, bei der Industrialisierung mitzuhalten. Dies hatte nicht nur wirtschaftliche Auswirkungen, sondern auch militärische, denn nur ein Industriestaat konnte große Mengen Waffen in guter Qualität zu niedrigen Kosten produzieren. Es sollte sich bald zeigen, dass jene Staaten bei der Industrialisierung die Führung übernahmen, bei denen nicht der Staat, sondern der Markt und die Privatwirtschaft die dominierende Rolle spielten. Das Türkische Reich und die islamisch geprägte Welt waren trotz ihrer geografischen und intellektuellen Nähe zu Europa nicht in der Lage, die Voraussetzungen für eine funktionierende Markt- und Privatwirtschaft zu schaffen. Das Türkische Reich wurde in Europa bald als „der kranke Mann am Bosporus“ bezeichnet.

Bis weit ins 19. Jahrhundert sah es so aus, als ob die Industrialisierung ein christliches Privileg wäre. Noch im 16. Jahrhundert war China den europäischen Mächten in vielen Bereichen ebenbürtig oder sogar überlegen, fiel aber dann, angesichts der raschen Entwicklung in Europa, weit zurück. Erst die rasche Industrialisierung Japans Ende des 19. Jahrhunderts sollte der Welt beweisen, dass nicht nur christliche Kulturkreise in der Lage sind, sich zu industrialisieren und zu einer Großmacht aufzusteigen. Die Niederlage der russischen gegen die japanische Flotte 1905 war für Russland und Europa ein Schock.

Japan war ähnlich wie China, Äthiopien und Thailand von der Kolonialisierung der europäischen Mächte verschont geblieben. Dafür gab es eine Reihe von Gründen. Japan lag von Europa weit entfernt, hatte keine besonderen Rohstoffe oder andere Reichtümer, die für die europäischen Mächte von großem Interesse waren. Japan war, als es mit den Europäern in Kontakt kam, bereits ein relativ hoch entwickeltes, gut durchorganisiertes Staatswesen, das es verstand, sich lange Zeit gegen Einflüsse von außen abzuschotten. Erst als es den Amerikanern gelang, den Westen des nordamerikanischen Kontinentes zu integrieren, dehnten sie ihren Einfluss über den Pazifik bis nach Japan aus. Eine Flotte der Amerikaner unter Commodore Matthew Galbraith Perry erzwang 1853 die Öffnung der japanischen Häfen und den Abschluss von Handels- und Freundschaftsverträgen.

Dieser Erfolg der Amerikaner führte innerhalb kurzer Zeit zu einem radikalen Kurswechsel in der japanischen Führung. Die neue japanische Führung erkannte sehr schnell, dass nur eine Übertragung des europäisch-amerikanischen Modells auf Japan ihrem Land einen ebenbürtigen Platz unter den führenden Weltmächten garantieren würde. Junge Japaner wurden zur Ausbildung nach Europa und in die USA gesandt. Die Kopierwut der Japaner wurde in der zweiten Hälfte des 19. Jahrhunderts zum Gespött für die Europäer, bis zur vernichtenden Niederlage der russischen Flotte im Jahr 1905. Zu Beginn des 20. Jahrhunderts war die Welt unter den Kolonialmächten weitgehend aufgeteilt, sodass Japan seine Einflusssphäre auf Kosten Chinas ausdehnte. Korea und weite Teile Chinas fielen bis zum Ausbruch des Zweiten Weltkrieges unter die Vorherrschaft Japans.

Der Ausbruch des Ersten Weltkrieges war sicher die Folge einer Verkettung unglücklicher Zufälle, aber früher oder später wäre der Krieg wohl unvermeidlich gewesen. Der Krieg als ein Instrument der Politik wurde allgemein als etwas Normales betrachtet. Die Kriege des 19. Jahrhunderts hatten gezeigt, dass mit überlegener Technik, Taktik und Strategie Kriege schnell gewonnen werden konnten. In den Napoleonischen Kriegen war es zum ersten Mal möglich, Massenheere durch eine allgemeine Wehrpflicht auszuheben, zu verpflegen und mit einer Kombination von Artillerie und Kavallerie schnelle Geländegewinne zu erzielen. Der Preußisch-Österreichische Krieg von 1866 und der Deutsch-Französische Krieg von 1870 brachten schnelle Entscheidungen zu vergleichsweise niedrigen Kosten für den Sieger. Verglichen mit den Napoleonischen Kriegen ließ sich das Transportproblem bei der Versorgung der Massenheere durch den Einsatz der Eisenbahn noch weiter verbessern. Alle europäischen Großmächte hatten Kriegspläne in den Schubladen, die recht optimistisch von schnellen Siegen ausgingen. Die russische Niederlage gegen Japan führte dazu, dass Russland seine Expansionsmöglichkeiten durch die Unterstützung des slawischen Nationalismus wieder vermehrt in Europa sah, auf Kosten des Türkischen und Habsburgischen Reiches.

Eine neue Entwicklung der Militärtechnik, das Maschinengewehr, sollte den Militärstrategen einen Strich durch die Rechnung machen. Mit dem Maschinengewehr bekam die Infanterie plötzlich eine relativ billige, leichte und weit reichende Waffe in die Hände, die sich nicht nur gegen die angreifende Infanterie, sondern, was viel wichtiger war, gegen die sehr mobile Kavallerie wirksam einsetzen ließ. Für kurze Zeit sollte die Militärtechnik wieder dem Verteidiger einen entscheidenden Vorteil in die Hand geben. Nicht mehr Angriff war die beste Verteidigung, sondern Verteidigung war die beste Verteidigung. Im Grunde genommen wurde im Ersten Weltkrieg das Rad zurückgedreht in eine Zeit, als es noch keine Kavallerie gab und der Angreifer sich auf langwierige und kostspielige Belagerungen einlassen musste, die große Mengen an Menschen und Material verlangten. Nachdem im Ersten Weltkrieg die raschen Anfangserfolge ausblieben, wurde das Habsburgische und Deutsche Reich von den westlichen und russischen Alliierten belagert. Das mit dem Habsburgischen und Deutschen Reich verbündete Türkische Reich war militärisch, wirtschaftlich und politisch zu schwach, um im Ersten Weltkrieg noch eine entscheidende Rolle zu spielen, und brach am Ende des Ersten Weltkrieges endgültig auseinander.

Im Unterschied zu einer Stadt- oder Festungsbelagerung im Mittelalter verfügten im Ersten Weltkrieg die Verteidiger über geografische Tiefe und der Angreifer über wenig Mobilität, da die Kavallerie durch das Maschinengewehr weitgehend ausgeschaltet wurde. Konnte der Angreifer durch den massiven Einsatz von Artillerie und Infanterie eine Verteidigungslinie durchbrechen, war er im Unterschied zu früher nicht mehr in der Lage, tiefe Vorstöße in Feindesland mit der Kavallerie zu riskieren, um die ganze Front aufzurollen. Der Verteidiger konnte dagegen einige Kilometer weiter hinten eine zweite Verteidigungslinie aufbauen. Die Geländegewinne betrugen wenige Quadratkilometer. Für eine Festung oder Stadt bedeutet dies die Eroberung. Für ein großes Reich ist der Verlust von ein paar Quadratkilometern belanglos. An der Ostfront, gegenüber dem Russischen Reich, waren das Deutsche und das Habsburgische Reich erfolgreich und der Krieg endete mit dem Zusammenbruch der russischen Monarchie. Die Entscheidung fiel aber an der Westfront durch den Kriegseintritt der USA, die große Mengen an Material und frische Armeen an die Front werfen konnten.

In längeren Kriegen werden immer wieder neue Waffen, Technologien, Taktiken oder Strategien entwickelt, die am Ende des Krieges eingesetzt werden, zuerst wenig Beachtung finden, aber für den nächsten Krieg entscheidend sind. Flugzeuge und Panzer kamen zwar noch im Ersten Weltkrieg zum Einsatz, hatten aber keinen Einfluss mehr auf den Ausgang des Krieges. Das sollte sich im Zweiten Weltkrieg grundlegend ändern.

Die deutsche militärische und politische Führung hatte früher als die anderer Staaten die Bedeutung dieser neuen Waffen erkannt und dass diese die Taktik, Strategie und Kriegsführung grundlegend ändern würden. Nach der Machtübernahme der Nationalsozialisten wurde mit großer Konsequenz eine neue Armee aufgebaut. Zwar verfügten die Gegner des Dritten Reiches zu Beginn des Zweiten Weltkrieges über mehr Panzer und Flugzeuge, aber sie waren allzu stark im taktischen und strategischen Denken des Ersten Weltkrieges stehen geblieben. Die Militärtechnologie hatte in nur zwanzig Jahren das Gleichgewicht wieder ganz entscheidend zugunsten des Angreifers verschoben. Keine langen Verteidigungslinien mit Schützengräben waren mehr gefragt, sondern mobile, gepanzerte Verbände mit hoher Feuerkraft waren in der Lage, diese Verteidigungslinien entweder zu durchbrechen oder zu umgehen. Mit dem Maschinengewehr konnte man Reiterarmeen aufhalten, aber keine Panzerverbände. Die mechanisierten Armeen des Dritten Reiches waren in der Lage, noch schneller große Gebiete zu erobern als die Reiterarmeen der Vergangenheit.

Dem Dritten Reich war es aber genauso wenig wie den früheren, mit Reiterarmeen eroberten Reichen „vergönnt“, ein politisch stabiles, wirtschaftlich blühendes Staatswesen aufzubauen. Das von Hitler vorausgesagte Tausendjährige Reich war nach ungefähr fünfjährigem Eroberungskrieg am Ende. So eindrucksvoll die militärischen Leistungen von Hitler, Napoleon, Dschingis Khan und Attila waren, letzten Endes blieben sie nur kurze, blutige Episoden in der Menschheitsgeschichte, wenn man sie mit den langen Zeitperioden vergleicht, die zuerst das Römische Reich und dann das Heilige Römische Reich überlebten.

Bereits im Zweiten Weltkrieg sollten Neuentwicklungen dem Verteidiger Waffen in die Hand geben, die das Gleichgewicht wieder zu seinen Gunsten verschob. Die Entwicklung panzerbrechender Waffen für die Infanterie, die sogenannte „Panzerfaust“, führte beim Einsatz mechanisierter Verbände in unübersichtlichem Gelände, wie zum Beispiel in Städten und Wäldern, zu hohen Verlusten. So konnten bei der Schlacht um Berlin kleine, geschwächte Infanterieverbände den weit überlegenen, mechanisierten Divisionen der Sowjetunion schwere Verluste zufügen.

Der Erfolg der Panzerabwehrraketen führte nach dem Zweiten Weltkrieg bald zur Entwicklung von Flugabwehrraketen für die Infanterie. Diese Raketen konnten zwar nur gegen tieffliegende Flugzeuge oder Helikopter eingesetzt werden, aber sie gaben der Infanterie zumindest in unübersichtlichem Gelände einen gewissen Schutz gegen Angriffe aus der Luft. Panzer- und Flugabwehrraketen waren im Vergleich zu den Panzern, Flugzeugen und Helikoptern außerordentlich billige Waffen, sowohl was die Produktion als auch die Ausbildung an diesen Waffen betraf.

Nur fünf Jahre nach dem Ende des Zweiten Weltkrieges, im Koreakrieg, hatten die Kriegsparteien ihre Beweglichkeit auf dem Schlachtfeld verloren und waren in den Stellungskrieg des Ersten Weltkrieges zurückgefallen. Die kommunistischen Verbände Nordkoreas, mit Unterstützung der Sowjetunion und Chinas, konnten mit ihrem Überraschungsangriff zwar fast ganz Südkorea erobern, wurden aber von den UNO-Truppen unter amerikanischer Führung ebenso rasch zurückgeworfen. Einmal eingegraben, konnten die Armeen auf beiden Seiten jedoch keine entscheidenden Geländegewinne mehr erzielen, obwohl die UNO-Truppen recht bald den Luftraum kontrollierten. Das Grenzgebiet zwischen Nord- und Südkorea war hügelig und für den Großeinsatz von mechanisierten Divisionen nicht geeignet. Schließlich einigten sich die Kriegsparteien auf einen Waffenstillstand und diese Waffenstillstandslinie bildet noch heute die Grenze zwischen Nord- und Südkorea.

In den beiden Vietnamkriegen mussten zuerst die Franzosen und dann die Amerikaner gegen eine gut ausgerüstete und ausgebildete Infanteriearmee, die sowohl taktisch als auch strategisch ausgezeichnet geführt wurde, bittere Niederlagen einstecken. Die Vietnamesen hatten nicht nur den Vorteil des unübersichtlichen Geländes, sondern waren bereit, hohe Verluste in Kauf zu nehmen. Die Lufthoheit und mechanisierte Verbände erwiesen sich gegen die Infanterie in so einem Gelände als stumpfe Waffe. Die gleiche Erfahrung mussten die sowjetischen Truppen in Afghanistan machen.

Die Kriege nach 1945 zeigen, dass große Geländegewinne und rasche Siege mit mechanisierten Verbänden nur zu erzielen sind, wenn sich das Gelände dafür eignet und der Gegner seine Verteidigung ebenfalls auf mechanisierte Verbände und eine Luftwaffe aufgebaut hat. Wem es am Beginn des Krieges gelingt, die Lufthoheit zu erringen, der hat bei so einer Konstellation in der Regel den Krieg gewonnen. Mechanisierte Verbände, die sich im offenen Gelände bewegen, bieten mit ihren Nachschubkolonnen selbst aus relativ großer Höhe noch lohnende Ziele. Die Kriege zwischen Israel und seinen arabischen Nachbarstaaten sowie die beiden Irakkriege zeigen dies deutlich.

Ist der Gegner aber bereit, mit einer gut ausgebildeten und modern ausgerüsteten Infanterie die Städte und jenes Gelände zu verteidigen, das sich für den Einsatz mechanisierter Verbände weniger eignet, lässt sich mit mechanisierten Divisionen selbst bei absoluter Lufthoheit und großzügigem Einsatz von Helikoptern kein rascher Sieg erzielen. Im Gegenteil, die Gefahr ist groß, dass das ganze Abenteuer in einer Niederlage endet. So eine Verteidigungsstrategie ist allerdings nur unter drei Voraussetzungen langfristig erfolgreich:

1. Wer bereit ist, Städte mit Infanterieverbänden zu verteidigen, muss bereit sein, die weitgehende Zerstörung der Stadt in Kauf zu nehmen sowie hohe Verluste bei der Zivilbevölkerung, es sei denn, er verfügt über einen umfangreichen Zivilschutz, wie ihn die Schweiz kennt, oder die Stadt wurde vorher geräumt.

2. Wer eine Stadt mit Infanterieverbänden verteidigt, in der sich noch die Zivilbevölkerung befindet, benötigt eine gewisse Unterstützung aus der Bevölkerung, denn sonst werden seine Stellungen und Bewegungen innerhalb der Stadt dem Gegner verraten.

3. Der Gegner muss sich weitgehend an das Völkerrecht halten, was sein Vorgehen gegenüber der Zivilbevölkerung betrifft. Ist jedoch ein Aggressor bereit, Massenvernichtungswaffen einzusetzen, dürfte es ihm relativ rasch gelingen, Städte und schwierigstes Gelände zu erobern. Saddam Hussein war z.B. bereit, Giftgas gegen die Kurden einzusetzen, sowohl gegen Soldaten als auch gegen Zivilisten.

Es ist immer schwer, einen Blick in die Zukunft zu werfen, was den militärischen Bereich betrifft, von der Technologie über die Taktik und die Strategie bis zu den Transportsystemen, und abzuschätzen, wie sich dies auf die Größe der Staaten auswirken wird. Leichter lässt sich abschätzen, wo solche Innovationen voraussichtlich entwickelt werden. Als zum Beispiel vor einigen tausend Jahren das Pferd im militärischen Bereich begonnen hat, eine Schlüsselrolle zu bekommen, waren jene Steppengebiete bevorzugt, in denen Pferde in großer Zahl billig gezüchtet und allgemein von der Bevölkerung als Transport- und Arbeitstier verwendet wurden. Aus den Steppengebieten Asiens und von der arabischen Halbinsel brachen Reiterheere auf, die in der Lage waren, in kurzer Zeit große Gebiete zu erobern, da sie den militärischen Verbänden der stark landwirtschaftlich geprägten Staaten und Reiche überlegen waren. Mit dem Aufkommen der Artillerie waren dann jene Gebiete im Vorteil, die über die notwendigen Erze und die metallurgischen Erfahrungen verfügten. Die Massenproduktion von

Waffen benötigte wiederum eine industrielle Basis und daran wird sich in absehbarer Zukunft nichts ändern.

Ausscheiden kann man deshalb von vornherein alle Regionen unseres Planeten, die über keine breite und hoch entwickelte industrielle Basis verfügen. Wie der wirtschaftliche Zusammenbruch der Sowjetunion gezeigt hat, setzt dies aber in der heutigen Zeit eine effiziente Marktwirtschaft voraus. Ich bin der Meinung – für manche Leser vielleicht überraschend –, dass selbst Staaten wie China und Indien für die USA militärisch keine Konkurrenz sein werden. Zwar besitzen China und Indien eine breite industrielle Basis, haben Atombomben entwickelt und weit reichende Raketen gebaut, aber ein Rüstungswettlauf mit den USA würde diese beiden Staaten früher oder später genauso in den Staatsbankrott treiben wie die Sowjetunion. Es ist schwierig, die Verteidigungsausgaben weltweit zu vergleichen, aber seit dem Ende des Kalten Krieges bewegte sich der Anteil der USA um die 50% der Gesamtausgaben. Großbritannien folgte mit ungefähr 5% und China lag ungefähr zwischen 4 und 5%. Das Budget der USA für die militärische Forschung ist gemäß Schätzungen größer als jenes der nächsten zwanzig Staaten zusammengezählt. Daneben investiert die Privatwirtschaft der USA ein Vielfaches in Forschung, verglichen mit China oder Indien. Vieles von dieser zivilen Forschung lässt sich im militärischen Bereich anwenden, zum Beispiel in der Informations- und Kommunikationstechnik oder dem Flugzeugbau.

Die anderen Industriestaaten wie Japan, Deutschland, Frankreich und Großbritannien haben ebenso wenig wie China oder Indien die Möglichkeit, in den nächsten Jahrzehnten die Vorherrschaft der USA im militärischen Bereich zu gefährden. Keiner dieser Staaten ist nur annähernd in der Lage, die eigenen militärischen Verbände mit Spitzentechnologie aus der eigenen Rüstungsindustrie zu versorgen. Technologisch hochstehende Teile von Waffensystemen oder ganze Waffensysteme kommen aus den USA, was diese Staaten wiederum militärisch von den USA abhängig macht. Bei der Aufklärung ist man auf amerikanische Satelliten angewiesen, beim Truppentransport und dem Nachschub über größere Distanzen auf amerikanische Militärtransporter. Die Dominanz der amerikanischen Rüstungsindustrie, was Menge und Qualität betrifft, hat in den vergangenen Jahrzehnten zugenommen und alles deutet darauf hin, dass dieser Trend sich in den nächsten Jahrzehnten ungebrochen fortsetzen wird.

Der begeisterte Europäer wird nun vielleicht einwenden, Europa sei auf dem besten Wege, die Vereinigten Staaten von Europa zu schaffen und diese werden den USA militärisch ebenbürtig sein. Als nach dem 2. Weltkrieg führende Politiker in Westeuropa dieses Ziel verkündeten und den Versuch unternahmen, eine europäische Verteidigungsgemeinschaft zu gründen, war dieses Projekt glaubwürdig. Westeuropa befürchtete nicht zu Unrecht, von der anderen militärischen Supermacht, der Sowjetunion, militärisch besetzt zu werden. Die Sowjetunion hatte nach dem Zweiten Weltkrieg nicht nur Osteuropa und Teile Mitteleuropas besetzt, sondern an den Grenzen zu Westeuropa eine gewaltige konventionelle und atomare Streitmacht konzentriert, die wohl in der Lage gewesen wäre, Westeuropa ebenfalls zu besetzen. Westeuropa war auf den Schutz der Amerikaner angewiesen. Die amerikanische Armee war aber zuerst in Korea und dann in Vietnam beschäftigt. Die Drohung der USA, Europa notfalls mit Atomwaffen zu verteidigen, konnte viele Europäer nicht restlos überzeugen, denn in einem Atomkrieg wären auch die USA weitgehend zerstört worden. Trotz dieser militärischen Bedrohung Westeuropas ist die europäische Verteidigungsgemeinschaft 1954 gescheitert. Einige Jahre danach entstand aus sechs Mitgliedsstaaten die Europäische Wirtschaftsgemeinschaft (EWG), aber keine Verteidigungsgemeinschaft. Ihre Gründer hatten die Hoffnung, dass daraus eines Tages die Vereinigten Staaten von Europa entstehen würden, die dann ohne Hilfe der USA in der Lage sein sollten, sich gegen die Sowjetunion zu verteidigen. Die Vereinigten Staaten von Europa sind aber dennoch nicht entstanden.

Was in den Jahrzehnten des Kalten Krieges und der militärischen Bedrohung Europas nicht gelungen ist, wird jetzt, nach dem Untergang der Sowjetunion, erst recht misslingen. Wie will man dem europäischen Wähler erklären, nachdem weit und breit keine militärische Bedrohung Europas mehr zu erkennen ist, dass dieses Europa nun plötzlich, unter großen finanziellen Opfern, zu einer militärischen Supermacht aufzublasen ist? Eine militärische Supermacht ist kein Schutz gegen eine terroristische Bedrohung. Sollte es tatsächlich eines Tages zu den Vereinigten Staaten von Europa kommen, so werden diese, verglichen mit den USA, ein militärischer Zwerg bleiben und das ist gut so. Wir Europäer haben in den vergangenen tausend Jahren innerhalb und außerhalb Europas genug unnötige Kriege geführt. Wir sollten aus diesen tausend Jahren gelernt haben, uns auf ein intelligenteres Ziel zu konzentrieren, als eine militärische Supermacht zu werden, die weltweit versucht, in Konkurrenz zu den USA zu treten. Europa hat der Welt anderes zu bieten und sollte sich lieber darauf konzentrieren, mit den USA diese Welt sicherer, freier und reicher zu machen, wie in Kapitel 13 beschrieben.

Die Menschheit wird sich in den nächsten Jahrzehnten in der glücklichen und in der Menschheitsgeschichte wohl einmaligen Lage befinden, dass die Welt von einer militärischen Supermacht dominiert wird, die keine territorialen Expansionsabsichten hat. Natürlich kann man die Politik der USA kritisieren und sicher sind da und dort Fehler gemacht worden. Wer aber die militärischen Interventionen der USA im 20. Jahrhundert näher betrachtet, wird sich der Tatsache nicht entziehen können, dass es den USA dabei nicht darum ging, Gebiete zu erobern. Das eine Mal wurden die USA oder ihre Verbündeten angegriffen, das andere Mal glaubte die politische Führung der USA, sie müsse Freiheit und Demokratie in dem einen oder anderen Staat retten. Manchmal waren die USA mit ihren militärischen Interventionen erfolgreich und konnten tatsächlich Freiheit und Demokratie mit einer solchen Intervention wiederherstellen, allzu oft sind sie gescheitert. In allen Fällen zog man sich früher oder später zurück, nicht immer zur Freude des Staates, in dem die USA militärisch präsent war. Wenn die USA heute ein weltweites Netz von militärischen Stützpunkten unterhält, so geschieht dies, abgesehen von Guantanamo auf Kuba, mit Zustimmung der betroffenen Staaten. Als mitten im Kalten Krieg Frankreich den Abzug der USA und der Nato aus Frankreich verlangte, erfolgte dieser in kürzester Zeit.

Wer heute die USA wegen des Irakkriegs kritisiert, sollte nicht vergessen, dass Saddam Hussein einer der grausamsten Diktatoren seit Hitler und Stalin war. Er hat den Iran und Kuwait überfallen, um deren Erdölgebiete zu erobern. Er hat Massenvernichtungswaffen gegen die Iraner und die eigene Bevölkerung eingesetzt. Berechtigter ist der Vorwurf, dass die USA im ersten Irakkrieg nicht mehr unternommen haben, um die Diktatur von Saddam Hussein zu stürzen, womit dem irakischen Volk viel Leid erspart geblieben wäre. Ein weiterer Anlass zur Kritik besteht darin, dass, soweit ersichtlich, es wiederum kein vernünftiges Konzept zum Aufbau eines demokratischen Rechtsstaates im Irak gegeben hat. Allerdings waren die europäischen Staaten in ihren ehemaligen Kolonien diesbezüglich nicht erfolgreicher. Deshalb sollten die Fehler der Vergangenheit analysiert und neue Wege gesucht werden.

Natürlich sind in einer Zeit des raschen technologischen und politischen Wandels Überraschungen möglich. Niemand konnte sich am Anfang des 20. Jahrhunderts vorstellen, was dieses Jahrhundert an politischen Umwälzungen bringen würde. Nicht sehr wahrscheinlich, aber nicht auszuschließen ist, dass aufgrund eines technologischen Durchbruches oder eines politischen Umschwungs vielleicht doch eine militärische Supermacht entsteht, die nicht auf der Grundlage des demokratischen Rechtsstaates und der Marktwirtschaft beruht wie die USA, sondern deren Ziel die militärische Expansion, die Unterwerfung sowie die Einverleibung der eroberten Gebiete ist. Selbst wenn eine solche Macht schnell wieder untergeht, könnte sie im Zeitalter der Massenvernichtungswaffen einen Großteil der Menschheit mitreißen. Die asiatischen Reiterheere vergangener Jahrhunderte haben bei ihren Eroberungsfeldzügen große Landstriche entvölkert und das mit sehr viel primitiveren Waffen als heute. Deshalb sollte man die Zeit nutzen, die bleibt, und an Konzepten arbeiten, wie man demokratische Rechtsstaaten weltweit erfolgreich aufbaut und in eine globale Marktwirtschaft integriert. Europa hat am Beginn des 20. Jahrhunderts, als es einen Großteil der Welt beherrschte, eine günstige Gelegenheit versäumt und zwei Weltkriege verursacht. Hoffentlich gelingt im 21. Jahrhundert mit Hilfe der USA und anderer demokratischer Rechtsstaaten, woran wir Europäer vor hundert Jahren kläglich gescheitert sind.

# 6. Monarchie, Oligarchie, Demokratie

Die Geschichte zeigt, dass es nicht einfach ist, Konzepte für demokratische Rechtsstaaten zu entwickeln und umzusetzen, die politische Stabilität und wirtschaftlichen Erfolg versprechen. Je größer der Staat, desto schwieriger die Aufgabe. Ein großes Gebiet in kurzer Zeit zu erobern, das konnten schon viele Feldherren in der Geschichte, aber nur wenigen ist es gelungen, daraus ein stabiles Staatswesen zu schaffen, das der betroffenen Bevölkerung Recht und Ordnung, Wohlstand und Freiheit bietet. Auf Dauer waren nur jene Staatswesen erfolgreich, welche die aktive oder zumindest passive Unterstützung der Bevölkerung hatten. In der Vergangenheit konnte dies durch die Religion erreicht werden, heute braucht es die Demokratie.

Im 19. und 20. Jahrhundert wurde versucht, europäische und amerikanische Demokratiemodelle außerhalb und innerhalb Europas einzuführen, nur sind diese Versuche leider fast alle gescheitert. Deshalb ist es sinnvoll, die Staatsformen der Vergangenheit etwas näher zu studieren, bevor neue Staatskonzepte auf demokratischer Grundlage entwickelt werden, und Rezepte, wie man dorthin gelangt. Dabei habe ich es als hilfreich empfunden, mich bei der Einteilung der Staatsformen an die alten Griechen zu halten, mit ihrem Kreislauf von Monarchie, Oligarchie, Demokratie und Anarchie. Das Kunststück besteht darin, die Anarchie zu vermeiden und aus den Elementen Monarchie, Oligarchie und Demokratie einen stabilen Rechtsstaat aufzubauen, der für die Bewohner einen Mehrwert schafft gegenüber der Anarchie. Idealerweise sollten alle drei Elemente – Monarchie, Oligarchie, Demokratie – so zusammengefügt werden, dass sie zum Vorteil des Staates und seiner Bevölkerung in Harmonie zusammenarbeiten.

Wie erwähnt, lassen sich die Elemente von Monarchie, Oligarchie und Demokratie schon in den steinzeitlichen Jäger- und Sammlerkulturen feststellen, die teilweise bis in unsere Zeit hinein überlebt haben. Über Hunderttausende von Jahren mussten die Menschen in Gruppen zusammenleben und gemeinsam verschiedenste Aufgaben lösen, um zu überleben. Um gefährliche

Tiere wie Elefanten, Nashörner, Löwen, Tiger usw. erlegen zu können, musste der Mensch in größeren Gruppen über längere Zeiträume zusammenarbeiten, was klare Führungsstrukturen verlangte. Neue und gut erhaltene archäologische Funde deuten darauf hin, dass der Vorläufer des modernen Menschen, der sogenannte Homo erectus, bereits in der Lage war, große Tiere zu jagen und dass sich sein Leben wahrscheinlich nicht wesentlich von dem des Neandertalers oder des modernen Menschen in der Steinzeit unterschied. Der Homo erectus lässt sich anhand von Funden vor rund 2 Millionen Jahren nachweisen, er besiedelte von Afrika kommend Europa und Asien.

Solche Großwildjagden mussten sorgfältig geplant werden. Dies begann mit der Herstellung der dafür benötigten Waffen, der Schulung der Jäger an diesen Waffen und der Ausarbeitung geeigneter Strategien, um mit möglichst geringem Risiko möglichst viele dieser großen Tiere zur Strecke zu bringen. Aber auch die Verwertung einer großen Jagdbeute musste sorgfältig geplant werden. Die Werkzeuge mussten bereitgestellt werden, um das erlegte Großwild zu zerteilen und das Fleisch haltbar zu machen für Zeiten, in denen das Nahrungsangebot geringer war, wie zum Beispiel im Winter. Eine größere Gruppe des Homo erectus erlegte im Gebiet des heutigen Deutschland schon vor rund vierhunderttausend Jahren eine Herde von mindestens zwanzig Wildpferden. Die Tierkörper wurden mit Steinwerkzeugen zerlegt und selbst die Knochen weiterverwertet. Diese Funde zeigen, dass der Homo erectus in der Lage war, alles Raubwild fernzuhalten, bis die gesamte Beute verwertet war. Entweder ging das sehr schnell, was auf den Einsatz vieler Personen hindeutet, oder es wurden Wachen aufgestellt, um Raubtiere Tag und Nacht fernzuhalten. Bei diesen Ausgrabungen wurden Speere gefunden, die sich in ihren aerodynamischen Eigenschaften kaum von jenen Speeren unterscheiden, die man heute bei Wettkämpfen einsetzt. Versuche mit Nachbildungen dieser Speere haben gezeigt, dass man damit größere Tiere auf Entfernungen von zwanzig bis dreißig Metern erlegen konnte.

Um solche Großwildjagden erfolgreich durchzuführen, musste der Homo erectus bereits über eine Organisationsstruktur verfügt haben und eine Kommunikationsmöglichkeit in Form einer Sprache, ähnlich den Jäger- und Sammlerkulturen des modernen Menschen. Schon damals wird es für die gesamte Gruppe so etwas wie einen Monarchen in Form eines Häuptlings, der für die Führung der Gruppe verantwortlich war, gegeben haben. Darüber hinaus mussten Untergruppen gebildet werden, die wiederum eine Führung benötigten. Wenn nicht bei der Jagd, so waren ziemlich sicher bei den Vorbereitungsarbeiten und bei der Verwertung der Jagdbeute neben den Männern die Frauen beteiligt.

Wer jene Steinzeitkulturen betrachtet, die bis in die heutige Zeit überlebt haben oder über die es zuverlässige Berichte gibt, stellt fest, dass an der Spitze der Hierarchie ein Häuptling steht, neben ihm oft ein sogenannter Medizinmann, der neben der Medizin für den religiösen Bereich zuständig ist, und eine Führungsschicht von Unterhäuptlingen, die wichtige Funktionen in der Gruppe wahrnehmen. Der Häuptling als Monarch und die Führungsschicht als Oligarchie konnten ihre Aufgabe nur dann effizient erfüllen, wenn die Mitglieder der gesamten Sippschaft, zumindest in ihrer Mehrheit, ihnen vertraute. Diese effiziente Zusammenarbeit war unter den schwierigen und oft gefährlichen Bedingungen für das langfristige Überleben der Gruppe entscheidend. Es muss also schon vor langer Zeit neben dem monarchischen und dem oligarchischen Element auch das demokratische Element gegeben haben. Das erscheint deshalb wahrscheinlich, weil über die gesamte Menschheitsgeschichte das demokratische Element in der Regel bei den kleinen Gruppen und Staaten stärker ausgebildet ist als bei den großen.

In diesem Zusammenhang ist nicht zu übersehen, dass das Tierreich ebenfalls hierarchische Strukturen kennt, die jenen der Menschen nicht unähnlich sind: Das Konzept eines Führers, der sich auf Unterführer stützt, die die Mitarbeit der anderen Mitglieder der Gruppe benötigen, ist von vielen Tierarten bekannt, die in kleinen oder großen Gruppen zusammenleben. Die Verhaltensforschung der vergangenen Jahrzehnte hat im Verhalten der Menschen einerseits und verschiedener Tierarten andererseits erstaunliche Parallelen aufzeigen können.

Das Zusammenspiel von Monarchie, Oligarchie und Demokratie in kleinen Gruppen von einigen hundert Menschen hat sich über lange Zeiträume herausgebildet. Solche Gruppen hatten je nach Klimagebiet, Gelände und Nahrungsangebot optimale Größen, die unterschiedlich waren. In den Jäger- und Sammlerkulturen der Steinzeit hat es gewisse Minimal- und Maximalgrößen gegeben, was die Bevölkerungszahl und die Fläche betrifft. Darauf deuten die archäologischen Funde und die überlebenden Steinzeitkulturen hin. Recht gut mit archäologischen Funden belegt ist der Handel dieser Gruppen über große Distanzen. Neben dem Handel wird es zwischen diesen Gruppen verwandtschaftliche und freundschaftliche Beziehungen gegeben haben, aber auch kriegerische Auseinandersetzungen um die besten Nahrungs- und Wasserquellen, Wohngebiete und schönsten Frauen dürften die Menschheitsgeschichte von Anfang an geprägt haben.

Der intensive Wettbewerb zwischen verschiedenen Menschengruppen erklärt, dass der Steinzeitmensch schon früh den ganzen Planeten, mit

Ausnahme der Antarktis, besiedelt hat. Wer im Konkurrenzkampf unterlag, musste in neue Gebiete ausweichen und diese besiedeln. Dabei ist die intellektuelle Leistung des Homo erectus aus dem tropischen Afrika bewundernswert. Nicht er hat sich mit seinem Körper der Umgebung angepasst, wie das bei den verschiedenen Tierarten der Fall war, sondern er hat seine nähere Umgebung seinen Bedürfnissen angepasst. Als die Vorfahren des Menschen in kältere Gebiete vorstießen, ist ihnen nicht ein dichtes Fell gewachsen, sondern sie haben sich Kleider zugelegt, Hütten gebaut, um sich vor Wind und Wetter zu schützen, und sich am Feuer gewärmt. Als der Homo erectus sich nicht mehr nur von Früchten und kleinen Tieren ernährte, sondern damit begann, große Tiere zu jagen, sind ihm nicht wie dem Wolf lange Zähne oder dem Löwen lange Krallen gewachsen, sondern er hat Waffen entwickelt, mit denen er die größten und gefährlichsten Tiere getötet hat. Als er begann, am Ufer des Meeres, der Flüsse und der Seen sich von Fischen zu ernähren, lernte er schwimmen, baute Boote, Netze, Harpunen und fing Fische mit Ködern und Angeln.

Die Tatsache, dass sich der Mensch nicht der Umwelt angepasst hat und der moderne Mensch sich genetisch nur wenig nach Regionen unterscheidet, spricht für eine rasche Ausbreitung des Menschengeschlechtes, sobald die genetischen Voraussetzungen für die intellektuelle Entwicklung und für die sozialen Strukturen in der Gruppe gegeben waren. Trotz Kriegen war der genetische Austausch zwischen allen diesen Menschengruppen groß. Neuere Untersuchungen zeigen, dass benachbarte Schimpansengruppen genetisch weniger nah verwandt sind als die verschiedenen Menschenrassen untereinander. Leider kann man nicht mehr feststellen, wie sehr sich der Homo erectus genetisch vom modernen Menschen unterschied.

Jedenfalls war bereits der Homo erectus nicht nur als Individuum mit seinen intellektuellen Kapazitäten erstaunlich erfolgreich, sondern mindestens ebenso mit seiner Gruppenorganisation. In dem langen, mit großer Konsequenz und Härte ausgetragenen Konkurrenzkampf zwischen den verschiedenen Individuen und Gruppen sind all jene ausgestorben oder ausgerottet worden, deren Gene und soziale Strukturen vom Erfolgsmodell abgewichen sind. Ob wir es wollen oder nicht, wir sind sowohl als Individuen als auch in unseren sozialen Strukturen das Produkt dieses langen Ausleseprozesses.

Um dem Leser ein Gefühl zu geben für die lange Zeitspanne dieses menschlichen Entwicklungs- und Ausleseprozesses von seinen Anfängen bis zu unserer heutigen Zeit, möchte ich auf ein Bild zurückgreifen, das mir geholfen hat, eine Vorstellung für so lange Zeiträume zu bekommen. Nehmen wir den Zeitraum, seitdem das Menschengeschlecht hier auf der Erde ist, und reduzieren es auf ein Jahr. Ist das erste Auftreten des Homo erectus vor 2 Millionen Jahren der 1. Januar oder der Beginn der menschlichen Entwicklung, so hat die Jäger- und Sammlerkultur der Steinzeit die Menschen entscheidend geprägt. Erst am 29. Dezember bzw. vor rund zwölftausend Jahren hat der Mensch die ersten Versuche mit der Landwirtschaft unternommen. Diese Versuche beschränkten sich lange Zeit auf kleine Gebiete und es waren nur wenige Menschen, die davon lebten. Als die Landwirtschaft am 31. Dezember oder vor rund viertausend Jahren schließlich begann, sich weltweit durchzusetzen, war die landwirtschaftlich geprägte Kultur schon wieder vorbei.

Die Menschen leben heute mehrheitlich in einer Gesellschaft, die von der Industrie und den Dienstleistungen geprägt ist, und in wenigen Jahrzehnten werden voraussichtlich nur mehr wenige Prozente der Menschen von ihrer landwirtschaftlichen Tätigkeit leben, so wie dies bereits in den entwickelten Regionen Europas, Asiens und Nordamerikas der Fall ist. Die Landwirtschaft konnte die Menschheit nie in dem Ausmaß prägen wie es die Jäger- und Sammlerkulturen der Steinzeit getan haben, weder in der Genetik noch im Sozialverhalten.

Allerdings hat die Einführung der Landwirtschaft – man spricht von der landwirtschaftlichen Revolution – die staatliche Entwicklung bis heute beeinflusst. Jene Gebiete, die früher bestenfalls ein paar tausend Personen ernährten, konnten nun plötzlich einige Hunderttausend Menschen ernähren, wenn sie für eine intensive Landwirtschaft geeignet waren und die Bevölkerung über die entsprechende Technik verfügte. Die enge Zusammenarbeit von Monarchie, Oligarchie und Volk in den relativ kleinen Gruppen der Jäger- und Sammlergesellschaften wurde abgelöst durch eine kleine Führungsschicht von Monarchie und Oligarchie auf der einen Seite und einer großen Bevölkerung auf der anderen Seite, die auf ihren Feldern arbeitete.

Eine von der Landwirtschaft abhängige Bevölkerung ist sehr viel stärker auf die Vorratshaltung angewiesen, um sich zwischen den Ernten zu ernähren, als eine Jäger- und Sammlerkultur, die auf einer großen Fläche mit geringer Besiedlung in der Regel das ganze Jahr über vielfältige Nahrungsquellen verfügt. Die Vorratshaltung und der Schutz dieser Vorräte vor Raubzügen ließ in den ersten Landwirtschaftsgebieten des Nahen Ostens befestigte Städte als Verwaltungs- und Handelszentren entstehen, in denen die Vorräte eingelagert und geschützt wurden. Monarchie und Oligarchie waren für die Verwaltung und den militärischen Schutz verantwortlich. In den frühen landwirtschaftlichen Hochkulturen des Nahen Ostens war die Jagd immer mehr das Privileg der Monarchie und Oligarchie und sie waren es auch, die die Kriege führten. Der bäuerliche Teil der Bevölkerung und damit die große Mehrheit geriet durch diese Entwicklung in die Abhängigkeit der Monarchie und der Oligarchie. Das demokratische Element wurde langsam zurückgedrängt und überlebte nur noch in den kleinen Staaten, wie zum Beispiel in den Stadtstaaten des antiken Griechenland. In größeren Flächenstaaten stand die Demokratie auf verlorenem Posten. Es wäre gar nicht möglich gewesen, das ganze Volk zu versammeln, um dann an solchen Versammlungen wichtige Entscheidungen zu treffen. Wer in der Schweiz an sogenannten Landsgemeinden teilgenommen hat, weiß, dass diese traditionelle Form der Demokratie zahlenmäßig an eine obere Grenze stößt.

Der Mensch selbst wurde, wie erwähnt, durch die landwirtschaftliche Revolution genetisch nicht verändert, dafür war die Zeitspanne zu kurz und der Mensch mit seiner hohen Intelligenz zu erfolgreich. Angepasst wurden die sozialen Strukturen in der Gruppe bzw. im Staat. In den größeren und deshalb meist erfolgreicheren Flächenstaaten verschwand die demokratische Legitimation der Monarchie und Oligarchie. Es bildete sich eine neue Legitimation heraus – die religiöse Legitimation mit einer gottgewollten Ordnung. Dabei stand die Monarchie beziehungsweise der Monarch im Vordergrund. Dieser war von Gott oder den Göttern auserwählt und bekam in den größeren Reichen wie zum Beispiel in Ägypten, China, Japan und den indianischen Hochkulturen eine fast gottähnliche Position. In allen diesen unterschiedlichen Kulturkreisen setzten sich die gleichen Modelle durch: Erbmonarchien mit einer durch die Religion stark herausgehobenen Position.

Dieses Modell bot offensichtlich Vorteile, die andere Modelle nicht besaßen. Politisch waren solche Erbmonarchien stabiler. Durch die festgelegte Nachfolgeordnung ließen sich Machtkämpfe und Bürgerkriege reduzieren, was in einer landwirtschaftlich geprägten Wirtschaftsordnung wichtiger war als bei Jägern und Sammlern. Zerstörte Ernten oder geraubte Vorräte bedeuteten für große Teile der Bevölkerung Hungersnot. Bei den Jäger- und Sammlerkulturen gibt es keine Felder, auf denen die Ernte zerstört werden kann. Je größer ein Staat war, desto besser war die Bevölkerung mit ihren Vorräten und Feldern vor Übergriffen geschützt und desto stärker die Position des Monarchen sowie der Oligarchie. Gelang es einem solchen Staat, die landwirtschaftlichen Kerngebiete der gesamten Region zu integrieren, waren diese Staaten für lange Zeit vor Angriffen der Nachbarn geschützt. Die Nachbarn waren Jäger- und Sammlerkulturen mit einer sehr viel geringeren Bevölkerung, politisch in kleine Gruppen aufgeteilt. Ägypten und China sind gute Beispiele dafür. Einmal geeint, waren diese Reiche mit gottähnlichen

Monarchen an der Spitze über Jahrtausende erstaunlich stabil. Starb eine Dynastie aus oder wurde sie gestürzt und gab es möglicherweise Bürgerkrieg und Anarchie, so kehrten diese Staaten meistens relativ rasch wieder zum alten Modell zurück.

Die landwirtschaftlich geprägten großen Reiche boten gegenüber den benachbarten Jäger- und Sammlerkulturen sowie jenen Reichen, deren Wirtschaft von der Viehzucht geprägt war, einen weiteren Vorteil. In der Landwirtschaft gibt es relativ kurze arbeitsintensive Perioden bei Anbau und Ernte sowie längere Perioden, in denen es wenig zu tun gibt, wobei diese Arbeit oft von Frauen erledigt werden konnte. Ein landwirtschaftlich geprägtes Reich verfügte deshalb über ein großes Potential an brachliegenden Arbeitskräften, die von der politischen Führung für allerlei Zwecke herangezogen wurden. Es konnte für militärische Zwecke genutzt werden, was allerdings zwei Nachteile hatte: Erstens mussten die Soldaten für Anbau und Ernte wieder nach Hause geschickt werden und zweitens wurde so die gesamte männliche Bevölkerung bewaffnet und militärisch ausgebildet. Dies war wiederum für eine politische Führung, die nicht die volle Unterstützung der Bevölkerung genoss, eine Bedrohung. Deshalb zogen es landwirtschaftlich geprägte Staaten oft vor, sich auf Berufsarmeen zu stützen und die brachliegenden Arbeitskräfte für den Bau heranzuziehen, und zwar von militärischen Befestigungen, Straßen, Bewässerungsanlagen, Schutzdämmen gegen Hochwasser, Tempeln, Palästen, Pyramiden und so manches mehr.

Landwirtschaftlich geprägte Erbmonarchien mussten sich auf oligarchischen Strukturen abstützen, um diese großen Staaten zu verwalten und die damit verbundenen Aufgaben zu bewältigen: die Lagerhaltung, das Transportwesen, die militärische Verteidigung, die Bewässerungssysteme und – in diesem Herrschaftssystem sehr wichtig – der ganze religiöse Betrieb mit Priestern und Tempeln.

Gab und gibt es bei den Jäger- und Sammlerkulturen im Wesentlichen eine Arbeitsteilung zwischen Mann und Frau, entwickelte sich in den landwirtschaftlich geprägten Kulturen bald eine vielfältige Arbeitsteilung und Spezialisierung der Menschen. Diese Spezialisierung war allerdings nur in den großen Staaten festzustellen. In den aufgrund der geografischen Bedingungen kleinen politischen Einheiten, sei es in Gebirgsgegenden oder auf Inseln, konnten sich die Menschen nicht in dem Maß spezialisieren, sondern mussten vielfältige Funktionen wahrnehmen. In den sich entwickelnden Städten der größeren Staaten gab es dagegen schon früh die verschiedensten Handwerker, Händler und sonstige Berufe.

Um Verwaltung, Militär, Priester, Richter und Ähnliches zu finanzieren, waren diese Staaten auf das Einheben von Steuern angewiesen. Dass die Steuern nicht nur dazu dienten, die notwendigsten Staatsaufgaben zum Wohl der Allgemeinheit zu finanzieren, lässt sich ebenfalls früh in der Entwicklung dieser Staaten erkennen. Verglichen mit der bäuerlichen Bevölkerung, lebten die Monarchen und Oligarchen in großem Luxus. Steuern und die Verschwendung von Steuergeldern ist wohl eine weitere negative Konsequenz der landwirtschaftlichen Revolution.

Die Oligarchie war in diesem System der religiösen Legitimation gewöhnlich vom Monarchen abhängig, der diese auswählen, ernennen, aber auch entlassen konnte. Gelang es der Oligarchie, ihre Position gegenüber dem Monarchen zu stärken, entwickelte sich neben der Erbmonarchie ein Erbadel, der Funktionen und Titel sowie die damit oft verbundenen wirtschaftlichen Vorteile vererbte, was die Position des Monarchen schwächte. Selbst in Staaten ohne Erbadel versuchte die Oligarchie ihren Einfluss auf Kosten der Monarchie immer wieder auszudehnen. Dieser Gegensatz zwischen Erbmonarchie und Oligarchie lässt sich in den verschiedensten Regionen der Welt und zu verschiedensten Zeiten beobachten. Im Grunde genommen waren sie aber aufeinander angewiesen und lebten in einer Symbiose. Der Monarch benötigte die Oligarchie, um den Staat zu verwalten und zu verteidigen, die Oligarchie benötigte die Monarchie als religiös legitimierte Symbolfigur für das Volk und um als letzte Entscheidungsinstanz Konflikte zwischen den einzelnen Oligarchen zu schlichten.

Bis zur Amerikanischen Revolution Ende des 18. Jahrhunderts gab es in der Menschheitsgeschichte nur wenige große Staaten, die über einen längeren Zeitraum keine Erbmonarchien waren. Das Römische Reich bis zur Kaiserzeit war eine Ausnahmeerscheinung. Allerdings war die Zeit der Republik häufig von internen Konflikten und Bürgerkriegen geprägt, was schließlich dazu führte, dass die Republik von der Monarchie abgelöst wurde. Der Aufstieg der kleinen römischen Republik zu einer Großmacht war unter anderem darauf zurückzuführen, dass Italien aufgrund der geografischen Gegebenheiten politisch zersplittert war. Dazu kam, dass der rasche Aufstieg und Zerfall des Reiches von Alexander dem Großen im Mittelmeerraum ein politisches und militärisches Vakuum hinterlassen hatte, in dem sich eine andere Republik im westlichen Teil des Mittelmeerraumes ungestört ausbreiten konnte, und zwar Karthago.

Die rund hundertjährige Auseinandersetzung mit Karthago war auf beiden Seiten geprägt von einer zögernden und zerstrittenen politischen Führung.

Die Oligarchie aus Patrizier- und Adelsfamilien fürchtete sich vor einem starken und siegreichen Feldherrn, der die politische Führung an sich reißen könnte, oft genauso wie vor dem Feind. Als Hannibal vor den Toren Roms stand, wäre die Römische Republik kaum mehr zu retten gewesen, hätte Hannibal die volle Unterstützung und den benötigten Nachschub von der politischen Führung in Karthago erhalten. Der Rückzug Hannibals und die Niederlage Karthagos ermöglichte es der Römischen Republik, zuerst das westliche Mittelmeer und die angrenzenden Gebiete bis zur Atlantikküste unter ihre Kontrolle zu bekommen, um danach die Nachfolgestaaten des Reiches Alexander des Großen im östlichen Mittelmeer zu erobern.

Der Aufstieg Roms zur führenden Weltmacht war nicht das Werk eines überragenden Feldherrn oder einer Dynastie, die über Generationen versuchte, die Vision eines Weltreiches zu verwirklichen. Es war ein langer, mühsamer Weg, gepflastert mit vielen Niederlagen, internen Unruhen und Bürgerkriegen. Rom wurde nicht durch Absicht und eine langfristig verfolgte Strategie zur Weltmacht, sondern durch historische Zufälle. Als 509 vor Christus der letzte römische König Tarquinius Superbus vertrieben und eine republikanische Adelsherrschaft errichtet wurde, einigten sich die führenden Familien auf ein komplexes Regelwerk, das erstens die Errichtung einer Erbmonarchie und zweitens den Ausbruch eines Bürgerkrieges verhindern sollte. Es konnte weder das eine noch das andere verhindert werden, aber das Regelwerk bildete die Grundlage für ein Weltreich. Die politischen Strukturen und Gesetzeswerke erwiesen sich einerseits als stabil genug, um all den Stürmen zu trotzen, und andererseits als flexibel genug, um über die Grenzen Roms hinaus große Gebiete mit ihrer Bevölkerung politisch zu integrieren. Der Senat entwickelte sich zur dominierenden politischen Kraft in der Republik, aber in Krisenzeiten hatten die einzelnen Konsuln und Diktatoren für jeweils sehr kurze Amtszeiten außerordentliche Vollmachten. Den anderen republikanischen Stadtstaaten des Mittelmeerraumes ist dies nicht gelungen und sie wurden in das Römische Weltreich integriert.

Die politischen Strukturen und Gesetzeswerke aus der republikanischen Zeit bildeten nicht nur für das spätere Kaiserreich eine solide Grundlage, auf der man das staatliche Modell weiterentwickeln konnte, sondern es hat bis in die heutige Zeit die Entwicklung des Rechtsstaates in Europa und von hier aus in der ganzen Welt beeinflusst. Das Studium des Römischen Rechtes war bis weit ins 20. Jahrhundert für viele Juristen ein Teil ihrer Ausbildung.

Die Römische Republik war bis zu ihrer Umwandlung in eine Erbmonarchie die erfolgreichste Republik der Menschheitsgeschichte. Es gab später

Republiken, die von Oligarchien beherrscht wurden und eine gewisse Größe erreichten, wie zum Beispiel Venedig gegen Ende des Mittelalters, aber keine erreichte die Größe und Bedeutung Roms. Erst den USA sollte zweitausend Jahre danach mit einem neuen Staatsmodell der Aufstieg zu einer Weltmacht gelingen.

Die Menschheitsgeschichte vom Beginn der landwirtschaftlichen Revolution bis zur Amerikanischen Revolution Ende des 18. Jahrhunderts zeigt, dass zumindest in größeren Staaten eine Kombination von religiös legitimierter Erbmonarchie und Oligarchie anderen Modellen gewöhnlich überlegen war. Es gab die verschiedensten Modelle, wie ein Aufstieg in die Oligarchie möglich war. War die Monarchie stark, entschied der Monarch, wer der Oligarchie angehörte, war hingegen die Oligarchie stark, entschieden andere Verfahren: Wahlen, Losentscheid, Reichtum, militärische Leistung, Ausbildung, die Zugehörigkeit zu gewissen Familien oder Bevölkerungsgruppen. Eine starke Oligarchie konnte die Monarchie auf eine religiöse Symbolfunktion reduzieren, wie das in Japan von 1615 bis 1868 der Fall war. Die politische Macht lag dort nicht beim Kaiser, sondern bei einer Art erblichem Premierminister, dem sogenannten Shogun aus der Adelsfamilie der Tokugawas.

Das Modell einer Symbiose von Erbmonarchie und Oligarchie setzte sich nicht nur in den landwirtschaftlichen Gebieten durch, sondern auch in den großen Weidegebieten Asiens und Afrikas. Mit dem Aufkommen der Viehzucht war dort ebenfalls eine größere Bevölkerungsdichte möglich als in der Zeit der Jäger- und Sammlerkulturen. Die Bevölkerung war mit ihren Viehherden mobiler als in den landwirtschaftlichen Gebieten und führte oft ein Nomadendasein, das sich nicht grundsätzlich von den Jäger- und Sammlerkulturen unterschied. Es war schwieriger, sie unter einer Führung zu einen, als eine bäuerliche Bevölkerung, und es konnten sich weder die differenzierten oligarchischen Strukturen noch die vielfältigen Berufsgruppen entwickeln. Dafür waren aber alle Männer potentielle Krieger. Für die großen Agrarreiche war dies solange kein Problem, solange diese Nomadenstämme keine Pferde besaßen. Je mehr sich aber das Pferd als ein wichtiges Mittel der Kriegsführung herausbildete, hatten diese Nomadenstämme einen doppelten Vorteil. Die Kavallerie war sehr viel mobiler als die Infanterie und es ließen sich dadurch weit größere Gebiete kontrollieren. Die geringere Bevölkerungszahl dieser Reiche wurde dadurch aufgewogen, dass die bäuerliche Bevölkerung für den Kriegsdienst in der Regel weniger geeignet war als Nomaden, die den Umgang mit Waffe und Pferd von Kindheit her gewohnt waren. China war den Angriffen dieser Reiterheere besonders ausgesetzt, aber auch das übrige Asien, Europa und Nordafrika. Die militärischen Erfolge ließen sich allerdings langfristig kaum in politische Erfolge umsetzen. Die siegreichen Reiterheere mit ihrer Nomadenkultur standen vor der Wahl, sich zurückzuziehen oder den bestehenden Strukturen anzupassen und damit nach einigen Generationen in der viel größeren Bevölkerungsgruppe der landwirtschaftlichen Kultur aufzugehen.

Die landwirtschaftliche Revolution und die Viehzucht haben jene Symbiose von Monarchie, Oligarchie und Demokratie reduziert, die in den bevölkerungsmäßig kleinen Staaten der Jäger- und Sammlerkulturen die Menschheit über Hunderttausende von Jahren geprägt hatte – in weiten Teilen der Welt auf eine Symbiose von religiös legitimierter Erbmonarchie und oligarchischen Strukturen. Die landwirtschaftliche Revolution ermöglichte in den dafür geeigneten Gebieten sehr viel mehr Menschen zu ernähren, aber sie hatte für die betroffenen Menschen einen Preis im Bereich der Gesundheit: Mangelerscheinungen wegen der einseitigen Ernährung, Abnützungserscheinungen und Haltungsschäden durch die ungewohnte Arbeit sowie vermehrte Seuchengefahr und Parasitenbefall aufgrund der dichten Besiedlung, besonders in den Städten.

Im Bereich der Politik hatte die landwirtschaftliche Revolution ebenfalls ihre Vor- und Nachteile. Die Bevölkerung war in diesen großen Staaten besser geschützt vor Überfällen und Raubzügen der Nachbarn. Die Staaten boten eine gewisse Rechtssicherheit innerhalb ihrer Grenzen, teilweise mit niedergeschriebenen Gesetzen und Richtern, was den Handel innerhalb dieser Staaten und über Handelsverträge mit anderen Staaten erleichterte. Dies war die Grundlage für eine hoch entwickelte arbeitsteilige Wirtschaft, mit der Spezialisierung auf einzelne Produkte der Landwirtschaft, der Viehhaltung, des Bergbaus und des Handwerkes, was den Wohlstand dieser Staaten und deren Bevölkerung mehrte.

Die politischen Nachteile dieser Symbiose von Monarchie und Oligarchie für die große Mehrheit der Bevölkerung waren offensichtlich. Je größer der Staat, desto geringer waren die politischen Rechte der Bevölkerung. Oft wurden die kleineren Staaten von diesem schleichenden Erosionsprozess der Demokratie ebenfalls erfasst. Nur in Regionen, die schwerer zugänglich waren, wie zum Beispiel Gebirgsgegenden, auf abgelegenen Inseln und bei den Nomadenvölkern, war dieser Prozess weniger ausgeprägt. Durch den Verlust der politischen Rechte, hohe Steuern oder kriegerische Auseinandersetzungen geriet die bäuerliche Bevölkerung immer stärker in eine Art von Sklaverei oder Leibeigenschaft.

Die schlechteren Lebensbedingungen für die bäuerliche Bevölkerung führten dazu, dass der Drang groß war, selbst der Oligarchie anzugehören. Umgekehrt versuchten die Mitglieder der Oligarchie, für sich und ihre Nachkommen mit allen möglichen Mitteln ihre Mitgliedschaft in der Oligarchie abzusichern. Monarchie und Oligarchie wurden in der Regel über Steuergelder finanziert und ihre Mitglieder waren oft von den Steuern und Abgaben befreit. Dadurch stieg die Steuerlast für die Bauern, während Händler und Handwerker sich damals wie heute der Besteuerung leichter entziehen bzw. die Steuern auf die Kunden überwälzen konnten.

Missernten oder Kriege konnten zu Bauernaufständen führen, die allerdings selten erfolgreich waren, aber selbst wenn sie Erfolg hatten, änderte sich nichts am System. Der Monarch und die Oligarchie wurden ausgewechselt, die Steuern reduziert, die Ausgaben gekürzt, die Oligarchie verkleinert und das ganze Spiel begann von Neuem. In der langen Geschichte Chinas oder des Römischen Reiches gibt es einige solcher Beispiele. Manche Historiker sind der Meinung, dass die hohen Steuern den Untergang des Römischen Reiches entscheidend beschleunigten. Die Oberschicht zahlte wenig bis keine Steuern, Bauern und andere für die Wirtschaft wichtige Bevölkerungsgruppen trugen eine hohe Steuerlast, was dazu führte, dass die Wirtschaft des Reiches immer schwächer wurde und die Kosten für die Verteidigung nicht mehr ausreichend finanzieren konnte. Es kam hinzu, dass die römische Armee am Ende der Kaiserzeit hauptsächlich aus Söldnern bestand, deren Bereitschaft, ohne Sold zu kämpfen, nicht groß war. Leibeigene und Sklaven waren weder von der Ausbildung noch der Motivation her für die militärische Verteidigung geeignet. Der Untergang des Weströmischen Reiches führte nicht zu einem Systemwechsel, sondern zur Anarchie und einige Jahrhunderte danach entstand mit Kaiser Karl dem Großen das Heilige Römische Reich.

Das System einer Symbiose von religiös legitimierter Monarchie und Oligarchie geriet erst ins Wanken, als die religiöse Legitimation der Monarchie in Frage gestellt wurde und sich selbst in großen Staaten die Möglichkeit einer demokratischen Legitimation abzeichnete. Das erfolgreiche Beispiel der Amerikanischen Revolution sollte eine weltweite Entwicklung einleiten, die heute, nach über zweihundert Jahren, noch nicht abgeschlossen ist.

Dagegen war die Französische Revolution mit ihren Massenhinrichtungen ein Schock. Nach dem Scheitern der Revolution und der Wiederherstellung der Monarchie war es aber nicht möglich, das Rad der Geschichte in Europa und damit in der Welt zurückzudrehen. Im 19. und 20. Jahrhundert setzten sich die durch Wahlen demokratisch legitimierten Oligarchien in der Politik weitgehend durch – manchmal durch Revolution, manchmal friedlich. Durch die Industrialisierung verlor die alte Oligarchie an Bedeutung, deren wirtschaftliche Basis in der Regel der Besitz von land- und forstwirtschaftlichen Flächen war. Die alten Oligarchien waren zumeist Adelsfamilien, oft eng mit der Monarchie verbunden, die an einer demokratischen Legitimation über Wahlen im Grunde genauso wenig interessiert waren wie die Monarchen. Da Revolutionen gewöhnlich in einem Blutbad enden, war es für beide Seiten in den meisten Fällen vorteilhafter, sich auf eine friedliche Kompromisslösung zu einigen. Großbritannien war für andere Staaten ein gutes Beispiel und oft das Vorbild: Das einst mächtige, vom Adel beherrschte Oberhaus sowie die Monarchie mussten immer mehr Rechte an das demokratisch legitimierte Unterhaus abtreten.

Für eine politische Auseinandersetzung mit der demokratisch legitimierten Oligarchie waren die Erbmonarchien, abgesehen von wenigen Ausnahmen, in einer schlechten Ausgangslage. Die Kosten der Monarchie wurden gewöhnlich über Steuergelder finanziert. Die Parlamente hatten sich aber die Steuer- und Budgethoheit schrittweise gesichert und konnten so die Monarchie unter Druck setzen. Der Monarch konnte sich auch nicht direkt ans Volk wenden und das Parlament umgehen, da die Verfassungen der europäischen Staaten mit Ausnahme der Schweiz und Liechtensteins nur die indirekte oder sehr schwache Formen der direkten Demokratie kennen. Um einen Konflikt zu vermeiden, der nur schwer zu gewinnen war, mussten sich die Monarchien, ähnlich den alten Oligarchien, schrittweise zurückziehen.

Soweit die Monarchien nicht abgeschafft wurden, erfolgte entweder über eine Verfassungsänderung ein schrittweiser Entzug von Kompetenzen oder es wurde die japanische Lösung gewählt, aus der Zeit der Tokugawas. Nach außen für das Volk war der Monarch gemäß Verfassung noch ein mächtiger Mann oder eine mächtige Frau, im internen Verhältnis hatte der Monarch aber nichts mehr zu sagen. Die Unterschrift des Monarchen unter einem Gesetz oder einer Verfassungsänderung wurde zu einem reinen Formalakt, dem sich der Monarch nicht mehr entziehen konnte. War der Monarch aus Gewissensgründen nicht bereit, ein Gesetz zu unterzeichnen, wie der verstorbene König der Belgier, Baudouin (Regierungszeit 1951 – 1993), blieb ihm nichts anderes übrig, sich für einen Tag als nicht zurechnungsfähig erklären zu lassen und jemand anderer leistete die Unterschrift. Die Thronreden bei der Eröffnung des Parlamentes wurden nicht mehr vom Monarchen, sondern von der Regierung geschrieben und dem Monarchen blieb die Aufgabe, diese Rede abzulesen.

Da für Teile der Bevölkerung die Monarchie noch eine hohe symbolische Bedeutung besitzt, ist diese Lösung für die demokratisch legitimierte Oligarchie vorteilhaft. Ob diese Lösung für die betroffenen Monarchen und ihre Familien noch sinnvoll ist, bezweifle ich. Es blieb in der Regel nicht bei dem Entzug politischer Kompetenzen, sondern es wurde schrittweise die Rede- und Meinungsfreiheit des Monarchen und seiner engeren Familie eingeschränkt. In einer Reihe von Monarchien wurden Vorschriften erlassen, dass der Monarch und die Mitglieder seiner engeren Familie bei ihrer Heirat die Erlaubnis der Regierung oder des Parlamentes einzuholen haben. Im ausklingenden 20. Jahrhundert kam eine neue und wenig erfreuliche Aufgabe hinzu. Für die Medien und die breite Öffentlichkeit wurde unter Missachtung der Privatsphäre das Privatleben des Monarchen und seiner Familie zum Objekt der allgemeinen Unterhaltung. Angestellte oder Bekannte des Monarchen wurden bezahlt oder bestochen, um an Informationen, Fotos oder Briefe aus dem Privatleben der Familie zu gelangen in der Hoffnung, damit die Auflage der Zeitungen oder die Einschaltquoten des Fernsehens zu erhöhen. Diese Monarchen und ihre Familien sind nicht privilegiert, sondern sitzen in einem Käfig, in den jeder hineinschauen darf, sie haben keine Privatsphäre und keine Rede- und Meinungsfreiheit mehr. Unter diesen Umständen ist es schwierig geworden, ein normales Familienleben zu führen und Kinder großzuziehen. Ehepartnern, die in eine solche Familie einheiraten, fällt es besonders schwer, sich an ein solches Leben zu gewöhnen, wenn man vorher die Freiheit genossen hat. Die Monarchen und ihre Familien nehmen in diesen Staaten im Grunde genommen nur mehr Repräsentationsaufgaben wahr und werden dafür gut bezahlt, aber als normaler Bürger würde ich nicht mit ihnen tauschen.

Wäre es nicht menschlicher, diese Monarchien abzuschaffen, den Käfig zu öffnen, den Monarchen und ihren Familien wieder das Privatleben sowie die Rede- und Meinungsfreiheit zurückzugeben? Vielleicht wäre es aber sinnvoller, diesen Monarchen nicht nur ihr Privatleben und ihre Rede- und Meinungsfreiheit zurückzugeben, sondern auch eine politische Funktion mit demokratischer Legitimation, wie in Liechtenstein. Die Republikaner sollten ihre Augen nicht vor der Tatsache verschließen, dass in der Menschheitsgeschichte die republikanischen Zeitperioden relativ kurz waren und die Zeitperioden der Erbmonarchien relativ lang.

# 7. Die Amerikanische Revolution und die indirekte Demokratie

Bis ins 18. Jahrhundert war die staatliche Entwicklung weltweit stark durch Europa geprägt. Mit der Amerikanischen Revolution von 1776 wurde die amerikanische Verfassung von 1789 immer mehr zum Vorbild für die europäischen Staaten und deren Verfassungen des 19. und 20. Jahrhunderts. Aber nicht nur für Europa, sondern darüber hinaus für Lateinamerika und andere Kontinente lieferte das amerikanische Vorbild wichtige Impulse. Deshalb lohnt es sich, die staatliche Entwicklung der USA von einer englischen Kolonie zur Supermacht etwas näher zu betrachten.

Die englischen Kolonien Nordamerikas waren nicht nur englisch geprägt, sondern der europäische Hintergrund war vielfältiger als in anderen Kolonien. Die spanischen, französischen und portugiesischen Kolonien sowie die übrigen englischen Kolonien wurden hauptsächlich durch die Bevölkerung der Kolonialmacht besiedelt und hatten außerdem oft eine zahlreiche einheimische Bevölkerung, so zum Beispiel in Lateinamerika, Afrika oder Asien. In den nordamerikanischen Kolonien Englands spiegelte sich dagegen die nationale und die religiöse Vielfalt Europas wider. Ein Teil der Bevölkerung war wegen seiner Religion aus Europa geflüchtet: Protestanten vor Katholiken, Katholiken vor Protestanten und andere religiöse Minderheiten vor beiden. Hätte nicht ein etwas unglücklich verlaufener Konflikt um eine Steuer zum Ausbruch des Unabhängigkeitskrieges geführt, wäre das heutige Gebiet der USA so wie die anderen englischen Kolonien bis ins 20. Jahrhundert wahrscheinlich Teil des britischen Imperiums geblieben.

Nach Erlangen der Unabhängigkeit standen die Gründerväter der Vereinigten Staaten von Amerika vor einem Problem: Eine religiöse Legitimation der staatlichen Autorität war aufgrund der religiösen Vielfalt kaum möglich. Sich eine neue, dynastische Legitimation zu suchen, nachdem man die alte, englische abgelehnt hatte, schien ebenfalls keine Lösung. Nationalismus und

Sozialismus als ideologische Legitimation waren noch nicht erfunden. Mangels besserer Alternativen blieb nur mehr die demokratische Legitimation der staatlichen Autorität. Die Väter der amerikanischen Verfassung kannten allerdings die Schwächen der traditionellen Demokratie aus dem Studium der Geschichte. Damit das Volk seine Herrschaft ausübt, waren Volksversammlungen notwendig und das war nur in kleinen politischen Einheiten möglich, in denen sich die Stimmberechtigten regelmäßig versammeln konnten, um zu entscheiden. Die USA waren aber schon Ende des 18. Jahrhunderts viel zu groß, sowohl was die Fläche als auch die Einwohnerzahl betraf, um so ein Modell zu realisieren. Außerdem befürchteten die Väter der amerikanischen Verfassung, dass sich die Volksmassen leicht durch populistische Schlagwörter beeinflussen lassen und dadurch nicht nur den Rechtsstaat, sondern den Staat als solchen in seiner Existenz gefährden könnten.

Abgesehen von den hohen Steuern wurde die englische Staatsform mit ihrer für die damalige Zeit schon weitgehenden Gewaltenteilung als fortschrittlich empfunden und deshalb diente die englische Monarchie bei der Ausarbeitung der amerikanischen Verfassung als Vorbild. In England konnte sich über Jahrhunderte – auf den britischen Inseln von außen ungestört – ein stabiles Staatswesen entwickeln, das eine gewisse Rechtssicherheit bot. Dabei muss man berücksichtigen, dass die englische Staatsform des 18. Jahrhunderts nicht die gleiche ist wie jene des 21. Jahrhunderts. Deshalb ist die amerikanische Staatsform mit einem starken Präsidenten und zwei weitgehend gleichberechtigten Parlamentskammern – Senat und Repräsentantenhaus – dem englischen Modell des 18. Jahrhunderts sehr viel näher als der heutigen englischen Staatsform. Die beiden Parlamentskammern zusammen werden in den Vereinigten Staaten Kongress genannt.

Die Gründerväter der Vereinigten Staaten von Amerika fanden eine ebenso einfache wie geniale Lösung. Sie übernahmen die englische Staatsform mit einigen Verbesserungen, schrieben diese in einem Grundgesetz nieder, das sie Verfassung nannten, und ersetzten die religiöse Legitimation des Königs durch die demokratische Legitimation des Präsidenten. Ober- und Unterhaus wurden durch die beiden Kammern Senat und Repräsentantenhaus ersetzt, die vom Volk zu wählen waren. Die Mitglieder des Senates wurden bis 1913 allerdings nur indirekt durch das Volk gewählt, und zwar durch die Parlamente der Mitgliedsstaaten. Seither wird nicht nur das Repräsentantenhaus, sondern auch der Senat direkt durch das Volk gewählt. Weitere wichtige und neue Elemente waren die besonders starke und unabhängige Stellung der Gerichtsbarkeit sowie die große Eigenständigkeit der einzelnen Bundesstaaten. Der „Supreme Court", der zwar nicht dem Namen, aber der

Funktion nach ein Verfassungsgerichtshof ist, erhielt die Kompetenz, Gesetze, die vom Präsidenten und dem Kongress beschlossen werden, aufzuheben, falls er der Meinung ist, sie widersprechen dem Grundgesetz. Die Richter in diesem Gericht werden vom Präsidenten und Senat gemeinsam, und zwar auf Lebenszeit, ernannt. Andere Richter in den USA werden teilweise direkt vom Volk gewählt. Die Eigenständigkeit der einzelnen Bundesstaaten war besonders in der Anfangsphase jener von souveränen Staaten ähnlich. Der Bürgerkrieg im 19. Jahrhundert, die beiden Weltkriege im 20. Jahrhundert sowie Zentralisierungstendenzen in den vergangenen Jahrzehnten durch die Bundesbehörden in Washington haben diese Eigenständigkeit stark geschwächt. Sie ist jedoch noch größer, als dies in Europa üblich ist, vielleicht mit Ausnahme der Schweiz.

Die Menschheitsgeschichte zeigt, dass in der Regel selbst stark dezentral organisierte Staaten im Lauf der Geschichte dazu neigen, mit der Zeit zentralistischer und bürokratischer regiert zu werden. Kriege haben diesen Prozess oft entscheidend beschleunigt. Das sogenannte Heilige Römische Reich war in seinem rund tausendjährigen Bestehen eher die berühmte Ausnahme, welche die Regel bestätigt. Böse Zungen behaupten allerdings, dass das Heilige Römische Reich weder heilig noch römisch und schon gar kein Reich war.

Ein weiteres neues Element in der amerikanischen Verfassung war die klare Trennung von Kirche und Staat sowie die starke Verankerung der Religionsfreiheit. Dies war auf die bereits vorher erwähnte Religionsvielfalt zurückzuführen, welche die religiöse Legitimation der staatlichen Autorität verhinderte. Obwohl die Gründerväter der USA, soweit bekannt, gläubige Christen waren, blieben sie konsequent und es wurde in der Verfassung die Grundlage für die Gleichberechtigung aller Religionen gelegt. Religionsfreiheit bedeutet jedoch in den USA nicht die Freiheit von Religion, sondern die Freiheit für die Religionen, ohne dass der Staat eingreift, indem er die eine Religion fördert und die andere unterdrückt. Die verschiedenen Religionen stehen im Wettbewerb untereinander und es ist die Aufgabe jedes Einzelnen, sich für seine Religion und seine Religionsgruppe einzusetzen. Vielleicht ist dies der Hauptgrund für die sehr viel stärkere Religiosität der Amerikaner im Vergleich zu den Europäern.

Die Gründerväter der USA waren sich nicht einig, ob die von ihnen geschaffene Staatsform tatsächlich eine Demokratie im klassischen Sinn ist. Ich bin der Meinung, dass man bei der amerikanischen Verfassung und bei fast allen anderen modernen Verfassungen, die ich kenne, nicht von echten

Demokratien, sondern nur von demokratischen Rechten sprechen kann. Im Folgenden möchte ich versuchen, dies zu begründen:

Bei allen repräsentativen oder indirekten Demokratien beschränkt sich das demokratische Recht des Volkes weitgehend auf Personalentscheidungen. Gewöhnlich werden Kandidaten politischer Parteien als Volksvertreter in ein kommunales, regionales oder nationales Amt gewählt. Wer in leitender Position für ein Unternehmen Personal- und Sachentscheidungen fällen muss, weiß, dass Personalentscheidungen meistens schwieriger sind, besonders dann, wenn ein weitgehend unbekannter Kandidat von außen für eine leitende Position rekrutiert wird. Die Auswirkungen einer Sachentscheidung – sei es das Öffnen oder Schließen einer Fabrik, die Erhöhung oder Reduktion eines Preises – können leichter berechnet und bewertet werden als die Erfolgsaussichten einer neuen Führungspersönlichkeit. Dabei besteht in einem Unternehmen die Möglichkeit, mit den einzelnen Kandidaten persönlich Gespräche zu führen und andere Entscheidungshilfen heranzuziehen. Hilfsmittel, die dem Wähler in der Regel nicht zur Verfügung stehen. Nun können einige einwenden, dass der Wähler nicht in erster Linie eine ihm weitgehend unbekannte Person wählt, sondern ein Parteiprogramm, dem der Kandidat verpflichtet ist. Die Programme moderner Parteien unterscheiden sich aber wenig und ähneln oft den Werbeprospekten von Autofirmen. Der Autokäufer hat allerdings ein einklagbares Recht, dass die technischen Daten des Werbeprospektes für das Auto seiner Wahl von der Autofirma erfüllt werden. Der enttäuschte Wähler hat nur die Möglichkeit, nach einigen Jahren, bei der nächsten Wahl, einer anderen Partei seine Stimme zu geben. Wer versucht, die indirekte Demokratie mit der Glaubwürdigkeit von Parteiprogrammen zu verteidigen, stellt die Glaubwürdigkeit der indirekten Demokratie in Frage.

Solange ein großer Teil der Bevölkerung nur einen geringen Bildungsstand hatte oder sogar aus Analphabeten bestand, war die Begrenzung des demokratischen Prinzips auf die indirekte Demokratie vielleicht verständlich. Heute ist dies schon schwerer zu begründen. Erstens sind die Bildungsunterschiede zwischen Regierenden und Regierten gering. Selbst wo es große Bildungsunterschiede innerhalb der Bevölkerung gibt, zum Beispiel in einigen afrikanischen Staaten, bekommt man nicht den Eindruck, dass immer die Regierenden zu den am besten gebildeten Schichten der Bevölkerung gehören. Zweitens muss das ganze Volk die Konsequenzen einer Fehlentscheidung tragen.

Die amerikanische Verfassung bot zu Beginn noch aus einem anderen

Grund nur eine sehr eingeschränkte Demokratie: Es war im Wesentlichen die Demokratie des weißen Mannes. Die indianische Urbevölkerung, soweit sie überlebt hatte, die Sklaven und die Frauen blieben lange Zeit von den demokratischen Rechten ausgeschlossen. Allerdings muss man dabei berücksichtigen, dass auch die griechischen Vorbilder den Sklaven und Frauen keine demokratischen Rechte einräumten. Trotz des blutigsten Bürgerkrieges des 19. Jahrhunderts, bei dem es unter anderem um die Abschaffung der Sklaverei ging, überlebten die USA und ihre Verfassung.

Das Modell der demokratischen Legitimation von Oligarchie und Monarchie, wie es von der Amerikanischen Revolution verwirklicht wurde, bedeutete einen großen Fortschritt in der Geschichte der Staatenentwicklung. Zum ersten Mal seit der landwirtschaftlichen Revolution vor über 10.000 Jahren war es möglich, in einem großen, von der landwirtschaftlichen Revolution geprägten Staat die staatliche Entwicklung wieder vermehrt in Richtung Demokratie zu lenken. Es ist ein Glücksfall in der Menschheitsgeschichte, die so reich an Fehlschlägen und Tragödien ist, dass der erste Verfassungsentwurf für einen demokratischen Rechtsstaat trotz einer Reihe von Schwachpunkten in dieser Verfassung so erfolgreich war.

# 8. Die schweizerische Verfassung von 1848 und der Weg zur direkten Demokratie

Einen weiteren wichtigen Schritt in Richtung mehr Demokratie machte 1848 die Schweiz. In der Schweiz hatten in einigen Kantonen die Urformen der direkten Demokratie überlebt, wie sie bereits die alten Griechen kannten. Zwar hatten in der Schweiz bis weit ins 20. Jahrhundert die Frauen keine demokratischen Rechte, aber es gab im Unterschied zu den USA und dem antiken Griechenland keine Sklaverei. Die Schweiz vor 1848 war im Wesen wohl mehr ein Staatenbund als ein Bundesstaat. Napoleon hatte diesen alten Staatenbund erobert und daraus einen kurzlebigen Staat geschaffen. Die Schweiz kehrte nach dem Zusammenbruch des Napoleonischen Reiches, so wie das übrige Europa, mehr oder weniger wieder zur alten politischen Ordnung zurück.

Die Ideen der Französischen Revolution und das Napoleonische Zeitalter sollten allerdings die Politik Europas und damit der Schweiz bis heute entscheidend prägen. Die Wiederherstellung der alten Ordnung war auf Dauer nicht möglich. 1848 brachen in der Schweiz und in verschiedenen europäischen Staaten Unruhen aus. Die Französische Revolution hatte sich gegen Monarchie, Adel, die katholische Kirche und gegen die religiöse Legitimation der staatlichen Autorität gerichtet. Im Unterschied zur Amerikanischen Revolution ist es, wie erwähnt, der Französischen Revolution nicht gelungen, ein funktionsfähiges Staatssystem mit demokratischer Legitimation zu entwickeln. Dafür gibt es eine Reihe von Gründen, auf die alle einzugehen den Rahmen dieses Buches sprengen würde. Es sollen nur einige erwähnt werden, die vielleicht am besten erklären können, weshalb es in den USA und in der Schweiz damals gelungen ist, ein demokratisch legitimiertes Staatswesen aufzubauen und warum die anderen Versuche in Europa und außerhalb Europas allzu oft gescheitert sind.

Die Französische Revolution versuchte, die durch die enge Verbindung mit Monarchie und Staat geschwächte Religion durch die Ideologie des Nationalismus zu ersetzen. Nicht der komplizierte Aufbau eines dezentral organisierten demokratischen Rechtsstaates mit Gewaltenteilung und Rechtssicherheit war das Ziel, sondern ein mächtiger Staat, der für das französische Volk das Himmelreich auf Erden schaffen sollte. Sorgt bei der religiösen Legitimation der liebe Gott im Himmel für göttliche Gerechtigkeit und für das Paradies im Himmel, so sorgt im Nationalismus der Staat hier auf der Erde für staatliche Gerechtigkeit und für das Paradies auf Erden. Die logische Folge einer solchen nationalistischen Staatsauffassung ist der Sozialismus. Verschiedenste Kombinationen von Nationalismus und Sozialismus hat die Welt seit der Französischen Revolution erlebt. Sie sind alle früher oder später an den enttäuschten Hoffnungen der Bevölkerung gescheitert oder werden noch scheitern.

Der Nationalismus ging von der Voraussetzung aus, der Staat habe für das Wohlergehen des Staatsvolkes und damit der Nation zu sorgen, was theoretisch keine schlechte Idee war. Die europäischen Staaten des 18. Jahrhunderts waren aber noch keine Nationen und hatten kein einheitliches Staatsvolk. Die kleinräumigen politischen Strukturen, die Aufspaltung der Bevölkerung in verschiedenste Stände mit ihren vielfältigen Privilegien und Pflichten prägten selbst das Königreich Frankreich, das schon seit dem 17. Jahrhundert eine Politik der Vereinheitlichung verfolgte. Diese Politik der Vereinheitlichung stieß zwar einerseits auf Widerstände, andererseits wurden Wirtschaftsräume geschaffen, die wirtschaftliches Wachstum und die Industrialisierung ermöglichten. Von der Aufhebung der internen Zölle, der einheitlichen Währung, der Vereinheitlichung der verschiedensten Längen- und Flächenmaße, der Gewichtseinheiten, der Abschaffung der privaten Monopole sowie sonstiger Privilegien profitierten die Konsumenten und jene Produzenten, die sich rechtzeitig umstellen und gegen die vermehrte Konkurrenz durchsetzen konnten.

Die Vereinheitlichung der Wirtschaftsräume führt aber häufig zu politischen Problemen, besonders wenn nicht alle Privilegien und Monopole aufgehoben werden. Da sind jene Menschen, die ihre Privilegien verloren haben, dann die Produzenten und Arbeitskräfte, die aufgrund der vermehrten Konkurrenz ihren Betrieb oder ihre Stelle verlieren. Sie versuchen mit allen möglichen und oft unmöglichen Mitteln, ihren Betrieb oder ihre Stelle zu retten. Für den Produzenten geht es somit um mehr als für den Konsumenten, der unter einer Vielfalt von Produkten wählen darf. Änderungen in Preis und Qualität der Produkte finden überdies laufend statt und sind für den Konsumenten nicht immer leicht zu durchschauen. Viele Konsumenten glauben außerdem, dass der erfolgreiche Produzent auf ihre Kosten viel Geld verdient. Sie beneiden ihn, besonders wenn er seinen Reichtum offen zur Schau trägt. Die Konsumenten gehen selten auf die Straße, um für tiefere Preise und bessere Qualität der Produkte zu kämpfen. Das hat zur Folge, dass ausgerechnet jene Kreise, die am meisten von einer Öffnung der Märkte und einer Vereinheitlichung der Wirtschaftsräume profitieren, eine derartige Politik kaum unterstützen.

Um dieses heikle politische Problem zu lösen, hatten die Regierenden vielleicht zu Recht nur wenig Vertrauen in die Weisheit des Volkes. Das Volk bestand am Ende des 18. und am Beginn des 19. Jahrhunderts größtenteils aus Analphabeten und, so wie heute, war damals selbst unter der intellektuellen Elite nur ein kleiner Prozentsatz mit den Gesetzmäßigkeiten der Marktwirtschaft vertraut. Es war nahe liegend, auf die dem Volk vertrauten religiösen Symbole zurückzugreifen, dem Volk einzureden, dass sie das „auserwählte Volk" seien. Anstelle des lieben Gottes im Himmel und eines allzu menschlichen Monarchen von Gottes Gnaden sollte nun der allmächtige, absolutistische Staat das Himmelreich auf Erden für das „auserwählte Volk" schaffen.

Der nächste logische Schritt bestand darin, dass der Staat nun jedem das zuteilte, was er brauchte und was ihm zustand. Um diese Ziele zu erreichen, mussten Produktionsmittel verstaatlicht werden und eine umfangreiche staatliche Bürokratie war notwendig. Am Ende landete man im realen Sozialismus. Die Geschichte hat zur Genüge bewiesen, dass weder der Nationalismus noch der Sozialismus zu einem Himmelreich auf Erden führen oder gar zu einem Absterben des Staates, wie dies viele Sozialisten am Anfang geglaubt haben. Im Gegenteil, so wie der Nationalismus in den Sozialismus führt, so führt der Sozialismus in den allmächtigen bürokratischen Staat, vielleicht mit dem kleinen Unterschied, dass es nicht ein „auserwähltes Volk" gibt, sondern eine „auserwählte Klasse der Werktätigen". Bei genauerer Betrachtung stellt sich eine nationalistische und sozialistische Politik, die immer noch viele Anhänger hat – besonders in der Dritten Welt – als äußerst unsozial heraus und gegen das nationale Interesse gerichtet.

Die Schweiz und die USA sind diesem Schicksal bis jetzt entronnen, weil ihre Bevölkerung sowohl religiös als auch national sehr vielfältig war. In der Schweiz gibt es bekanntlich vier Sprachgruppen: Deutsch, Französisch, Italienisch und Rätoromanisch. Die Katholiken sind die größte Religionsgruppe, aber die Schweiz war im 16. Jahrhundert ein wichtiges Zentrum der Reformation mit Calvin und Zwingli. Da die Grenzen zwischen den

26 Kantonen nicht nach sprachlicher oder religiöser Zugehörigkeit gezogen wurden, kann innerhalb der Kantone die sprachliche und religiöse Mehrheit von Gemeinde zu Gemeinde unterschiedlich sein.

In der Schweiz konnte die religiöse Legitimation, soweit überhaupt vorhanden, nicht einfach durch die ideologische Legitimation des Nationalismus ersetzt werden. Die vielfältige Bevölkerungsstruktur und die geografischen Gegebenheiten förderten den Aufbau eines dezentral organisierten demokratischen Rechtsstaates mit Gewaltenteilung und Rechtssicherheit. Weder in den USA noch in der Schweiz wollte die Bevölkerung einen mächtigen Zentralstaat, der das Himmelreich auf Erden schafft. Das Misstrauen war zu groß, dass ein starker Staat für eine kleine Minderheit das Himmelreich auf Erden schafft, auf Kosten einer unterdrückten Mehrheit.

Ein starker Staat hätte darüber hinaus die demokratischen Rechte der Stimmbürger in den Gemeinden und den Kantonen der Schweiz sowie in den Gemeinden und den Bundesstaaten in den USA eingeschränkt. Die Entwicklung der Demokratie in beiden Staaten war nicht nur von oben verordnet, sondern mindestens ebenso wichtig war es ein Prozess, der sich von unten, den Gemeinden, nach oben entwickelte. Dieses Wachsen der Demokratie von der kleinsten politischen Einheit der Gemeinde nach oben ist möglicherweise entscheidend, ob ein demokratischer Rechtsstaat über einen längeren Zeitraum politisch stabil bleibt. Das setzt allerdings voraus, dass auch von oben, von der Staatsspitze, alles getan wird, um dieses Wachstum des demokratischen Rechtsstaates zu fördern. Demokratie in der kleinsten politischen Einheit ist nur denkbar, wenn deren Stimmberechtigte für diese Einheit auch im Bereich Finanzen klare Entscheidungskompetenzen besitzen. In einem starken Zentralstaat, in dem die kleinsten politischen Einheiten nur mehr Befehle und Almosen entgegennehmen, erstickt früher oder später der demokratische Rechtsstaat.

So wie die USA bei der Ausarbeitung ihrer Verfassung von den Erfahrungen des englischen Staates profitieren konnten, so konnten die Väter der schweizerischen Verfassung von den direkt demokratischen Erfahrungen der Kantone, den jahrhundertelangen Erfahrungen als Staatenbund und den sehr unterschiedlichen Erfolgen der Demokratie bis zur Mitte des 19. Jahrhunderts in Europa, Nord- und Südamerika profitieren. Schriftliche Abstimmungen hatten sich in den indirekten Demokratien bewährt, und es gab keinen Grund, dieses Verfahren nicht in der direkten Demokratie anzuwenden.

In der direkten Demokratie beschränkt sich das Recht des Volkes nicht auf die Wahl eines Vertreters, der dann für das Volk die Sachentscheidungen fällt. Das Volk hat darüber hinaus das Recht, selbst Sachentscheide zu fällen. Dabei sind im Wesentlichen zwei Rechte zu unterscheiden:

1. Die Möglichkeit, das sogenannte Referendum gegen eine Entscheidung der Volksvertretung zu ergreifen. Innerhalb einer gesetzlich festgelegten Frist kann eine bestimmte Zahl von Stimmberechtigten mit ihrer Unterschrift verlangen, dass der Beschluss der Volksvertretung einer Volksabstimmung unterworfen wird. Stimmt eine Mehrheit des Volkes gegen das Gesetz, tritt dieses nicht in Kraft. Aus praktischen Gründen kann auch in einer direkten Demokratie nicht gegen jede Entscheidung der Volksvertretung das Referendum ergriffen werden, sondern das Recht beschränkt sich auf Entscheidungen, die Verfassungs- oder Gesetzesrang haben. Die Schweiz kennt darüber hinaus die obligatorische Volksabstimmung für eine Reihe von Entscheidungen auf staatlicher, kantonaler und kommunaler Ebene. Dies kann dazu führen, dass das Volk über Fragen entscheiden muss, die das Volk kaum interessieren. Dies ist sicher ein wichtiger Grund für die vielen Volksabstimmungen in der Schweiz und für die niedrige Stimmbeteiligung, was die demokratische Legitimation der Entscheidungen schwächt.

2. Das sogenannte Initiativrecht. Mit einer gesetzlich festgelegten Zahl von Unterschriften, die innerhalb einer Frist zu sammeln sind, können Initianten einen Verfassungs- oder Gesetzestext vorschlagen. Die Volksvertretung kann diesem Vorschlag zustimmen oder ihn ablehnen. Bei einer Ablehnung ist eine Volksabstimmung notwendig und das Volk entscheidet selbst. Die Volksvertretung hat das Recht, außerdem einen Gegenvorschlag vorzulegen, was dazu führen kann, dass beide Vorschläge abgelehnt werden und alles beim Alten bleibt.

Der größte Unterschied zu den USA besteht im staatlichen Aufbau. In den USA gibt es mit dem Präsidenten einen starken demokratisch legitimierten „Monarchen" und als Gegengewicht eine demokratisch legitimierte Oligarchie im Kongress und die Gerichtsbarkeit. In der Schweiz fehlt der Monarch. Exekutive, Legislative und Gerichtsbarkeit werden von einer demokratisch legitimierten Oligarchie beherrscht. Das Gegengewicht zur Oligarchie ist in der Schweiz die direkte Demokratie. In den USA und in der Schweiz werden die zentralstaatlichen Oligarchien durch die Autonomie der Bundesstaaten beziehungsweise der Kantone einigermaßen in Schach gehalten, wobei man feststellen kann, dass diesbezüglich sowohl in den USA als auch in der Schweiz im 20. Jahrhundert ein starker Erosionsprozess eingesetzt hat. Der Zentralstaat und damit die Bürokratie wurden ausgebaut, womit das oligarchische

Element gestärkt wurde. Je zentralistischer der Staat und je vielfältiger die Staatsaufgaben, desto schwieriger wird es für einen Monarchen – ob gewählt oder nicht – und für ein Volk, den Überblick und die Kontrolle über eine oligarchische Bürokratie zu behalten, die für die Wahrnehmung dieser vielfältigen Aufgaben notwendig ist. Es stellt sich deshalb die Frage, ob dieser Prozess in Richtung eines zentralistisch bürokratischen Staates, der von einer Oligarchie beherrscht wird, in diesen beiden Staaten aufgehalten und wieder rückgängig gemacht werden kann.

Das schweizerische Modell der direkten Demokratie hat den Menschen zweifellos mehr Demokratie gebracht als die indirekte Demokratie der USA. Warum hat sich das schweizerische Modell innerhalb und außerhalb Europas in den vergangenen 150 Jahren nicht stärker durchgesetzt? Ein Grund könnte darin liegen, dass es den neuen Oligarchien in erster Linie darum gegangen ist, den alten Oligarchien und den alten Monarchien ihre Legitimation zu entziehen und erst in zweiter Linie dem Volk mehr demokratische Rechte einzuräumen. Mit dem Schlagwort der Demokratie konnte die religiöse und dynastische Legitimation der alten Monarchien und Oligarchien zerstört werden. Die große Mehrheit des Volkes konnte sich oft nichts Konkretes unter dem Begriff Demokratie vorstellen. Im 18. und 19. Jahrhundert gab es eine ungebrochene demokratische Tradition nur in der Schweiz, in Island und in einigen Weltgegenden auf lokaler Ebene. Den neuen Monarchen und Oligarchen fiel es deshalb leicht, die indirekte Demokratie als das beste Modell darzustellen. Dies hatte den großen Vorteil, dass die neuen Monarchen und Oligarchen nicht allzu viel Macht abgeben mussten und trotzdem demokratisch legitimiert waren.

Über die schweizerischen und amerikanischen Verfassungen und Staatsformen ebenso wie über jene anderer Staaten ließe sich noch so manches sagen. Ich bitte um Verständnis, wenn ich als Fürst von Liechtenstein das Fürstentum Liechtenstein als drittes Beispiel aufführe, das trotz seiner Kleinheit einen wichtigen Beitrag zur Entwicklung eines demokratischen Rechtsstaates geleistet hat. Wer sich mit der Verfassungsgeschichte der Staaten auseinandergesetzt und die liechtensteinische Verfassung näher studiert hat, dem wird auffallen, dass die liechtensteinische Verfassung so manches neue Element enthält.

# 9. Die liechtensteinische Verfassungsreform von 2003

Sind einerseits die USA durch eine „demokratisch legitimierte Monarchie" und Oligarchie, andererseits die Schweiz durch eine demokratisch legitimierte Oligarchie und direkte Demokratie in ihrem Aufbau geprägt, so sind in Liechtenstein alle drei Elemente voll ausgebaut: Monarchie, Oligarchie und direkte Demokratie. Liechtenstein ist in der Verfassungsgeschichte das erste und bis jetzt einzige Beispiel, in dem diese drei Elemente einigermaßen harmonisch und ausgeglichen ihren Beitrag zum Funktionieren des Staatswesens leisten. Das liegt nicht zuletzt daran, dass außer der Schweiz nur noch Liechtenstein eine voll ausgebaute direkte Demokratie kennt. Direkt demokratische Elemente in anderen Staaten sind so gestaltet, dass sie mehr plebiszitären Charakter haben, um den Monarchen und Oligarchen als Instrument zu dienen, und gehen sehr viel weniger weit, als dies in der Schweiz und Liechtenstein der Fall ist. Das Initiativrecht liegt gewöhnlich beim Monarchen und den Oligarchen und wenn es auch beim Volk liegt, so hat die Abstimmung mehr konsultativen Charakter.

Die erste liechtensteinische Verfassung von 1862 war noch von den Vorstellungen im sogenannten Deutschen Bund beeinflusst, in dem das Fürstentum Liechtenstein bis zu dessen Zusammenbruch 1866 Mitglied war. Es war ein monarchisch-oligarchisch geprägtes Staatswesen mit – für die damaligen Verhältnisse und für so ein kleines Land gut ausgebauten – rechtsstaatlichen Strukturen. Dabei stützte sich das Fürstentum Liechtenstein auf österreichische Gesetze und österreichische Richter.

Im Ersten Weltkrieg blieb Liechtenstein zwar neutral, aber der Zusammenbruch der Habsburgermonarchie, zu dem das Fürstentum Liechtenstein und das Fürstenhaus über Jahrhunderte gute und enge Beziehungen pflegten, hatte politische Auswirkungen. Außen- und wirtschaftspolitisch richtete sich Liechtenstein nach dem Ersten Weltkrieg auf die Schweiz aus.

So wurde der Zollvertrag mit Österreich-Ungarn von einem Zollvertrag mit der Schweiz abgelöst. Innenpolitisch wurde der Ruf nach mehr Demokratie laut. Dies führte 1921 zu einer grundlegenden Reform der Verfassung von 1862.

Der Rechtsstaat wurde nach den damals modernsten Erkenntnissen ausgebaut, so zum Beispiel mit einer umfassenden Verfassungs- und Verwaltungsgerichtsbarkeit. Dem Beispiel der Schweiz folgend, wurde die direkte Demokratie auf staatlicher und Gemeindeebene eingeführt, wobei festzuhalten ist, dass die Gemeinden, ähnlich wie in der Schweiz, immer schon über eine vergleichsweise große Autonomie verfügten.

Die Erfahrungen der Schweiz mit der direkten Demokratie waren äußerst wertvoll und wegweisend. Trotzdem war es noch möglich, gegenüber dem schweizerischen Modell einige Verbesserungen vorzunehmen. Obligatorische Volksabstimmungen auf staatlicher Ebene wie in der Schweiz wurden nicht in die Verfassung aufgenommen, da dies, wie erwähnt, dazu führt, dass das Volk über Fragen abstimmen muss, die das Volk nicht interessieren. Wenn in Liechtenstein ein Teil der Bevölkerung mit einer Entscheidung des Parlamentes nicht einverstanden ist, können tausend Stimmberechtigte oder gut fünf Prozent der Stimmberechtigten innerhalb dreißig Tagen eine Volksabstimmung darüber verlangen. Der Fürst als Staatsoberhaupt setzt ein Gesetz oder eine Verfassungsänderung erst nach Ablauf dieser sogenannten Referendumsfrist mit seiner Unterschrift in Kraft.

Gegenüber dem Schweizer Modell wurde in Liechtenstein dafür das sogenannte Initiativrecht erweitert, das heißt, das Recht des Volkes, eine Gesetzes- oder Verfassungsinitiative einzubringen. Während in der Schweiz auf staatlicher Ebene nur die Verfassungsinitiative möglich ist, hat das liechtensteinische Volk sowohl das Recht auf Gesetzes- als auch auf Verfassungsinitiativen. Für eine Gesetzesinitiative benötigen die Initianten wiederum tausend Unterschriften, für eine Verfassungsinitiative 1.500 Unterschriften. In der Schweiz hat das Parlament jahrelang Zeit, eine Initiative, die rechtsgültig zustande gekommen ist, anzunehmen, abzulehnen oder dem Volk einen Gegenvorschlag vorzulegen. Dies ist demokratiepolitisch und rechtsstaatlich nicht ganz unproblematisch, denn es ermöglicht der Oligarchie, einen Volksentscheid jahrelang hinauszuzögern. In Liechtenstein ist man diesbezüglich einen anderen Weg gegangen. Nachdem eine Initiative zustande gekommen ist, muss das Parlament in der nächsten Sitzung dazu Stellung beziehen. Das Parlament hat dann drei Möglichkeiten:

1. Das Parlament nimmt die Initiative mit der in der Verfassung dafür vorgesehenen Mehrheit an.

2. Das Parlament lehnt die Volksinitiative ohne Gegenvorschlag ab.

3. Das Parlament lehnt die Volksinitiative ab und legt einen Gegenvorschlag vor.

Im Falle einer Ablehnung durch das Parlament ist die Regierung verpflichtet, unverzüglich eine Volksabstimmung über die Volksinitiative durchzuführen. Im Unterschied zur Schweiz wurde dadurch in Liechtenstein das demokratische Element auf Kosten des oligarchischen gestärkt.

Die ungewöhnliche Stärke der direkten Demokratie in der liechtensteinischen Verfassung wird verständlicher vor dem Hintergrund der starken Stellung der Monarchie. Der Monarch besitzt gegenüber Beschlüssen des Volkes und des Parlamentes ein Vetorecht, das in der Vergangenheit ausgeübt wurde und wohl weiterhin ausgeübt wird, falls der Monarch dies für notwendig hält. Damit bietet das liechtensteinische Modell eine wirksame Absicherung gegen allzu populistische Initiativen auf Kosten der Allgemeinheit oder irgendwelcher Minoritäten. Was man in der Schweiz durch ein jahrelanges Hinauszögern der Entscheidung zu erreichen versucht, wird in Liechtenstein durch das Veto des Fürsten erreicht oder durch die Androhung eines Vetos vor der Volksabstimmung. Um die Autorität der Monarchie nicht zu gefährden, wendet der Fürst Veto und Vetoandrohung nur in gut begründeten Fällen an.

In der Verfassung von 1921 besaß der Monarch im Wesentlichen noch eine religiöse oder dynastische Legitimation sowie eine starke Stellung, die er theoretisch dazu hätte ausnützen können, vollkommen legal eine Diktatur zu errichten. Dies gab immer wieder kleineren Gruppen, die der Monarchie skeptisch bis ablehnend gegenüberstanden, Anlass zur Kritik. Nach Meinung dieser Kritiker lässt sich eine Erbmonarchie aus prinzipiellen Gründen demokratisch nicht legitimieren: Ein Monarch könne in unserer Zeit nur eine Daseinsberechtigung haben, wenn sich seine Tätigkeit auf Repräsentationsaufgaben beschränkt und er keine politischen Funktionen mehr wahrnimmt. Etwas weniger vornehm ausgedrückt, soll sich nach Meinung dieser Kritiker die Rolle des Monarchen darauf beschränken, der „Grüß-August" der Politiker zu sein. Als Gegenargument kann man vorbringen, dass die meisten Erbmonarchien zumindest indirekt demokratisch legitimiert sind, indem die monarchischen Verfassungen durch eine Volksabstimmung oder durch ein demokratisch gewähltes Parlament beschlossen wurden wie zum Beispiel die liechtensteinische Verfassung von 1921. Auch ein Richter oder Beamter, der nicht direkt demokratisch legitimiert ist, übt gemäß Verfassung politische Funktionen aus und trifft Entscheidungen, die politisch große Bedeutung haben. Denken wir nur an die Verfassungsgerichtshöfe.

Die Kritiker der Monarchie haben allerdings in Liechtenstein einen schweren Stand, denn die Bemühungen der Fürsten bzw. des Fürstenhauses waren jeweils recht erfolgreich darauf ausgerichtet, den demokratischen Rechtsstaat und die Wirtschaft des Landes zu stärken. Die Kosten der Monarchie in Liechtenstein werden vom Privatvermögen des Fürsten bzw. des Fürstenhauses getragen und darüber hinaus haben die Fürsten im Lauf der Jahrhunderte das Land und seine Bevölkerung regelmäßig mit Spenden aus dem Privatvermögen unterstützt. Diese Unterstützung wurde durch den Zweiten Weltkrieg und seine Folgen unterbrochen. Obwohl Liechtenstein neutral war, enteignete die Tschechoslowakei alle liechtensteinischen Staatsbürger nach dem Zweiten Weltkrieg. Dies war ein großer Verlust, da über 80 Prozent des fürstlichen Vermögens in der Tschechoslowakei lagen. Durch die wirtschaftliche Schwächung wurden das Fürstenhaus und die Monarchie auch politisch geschwächt. Versuche, das fürstliche Vermögen wieder aufzubauen, waren zuerst nicht erfolgreich, und es zeichnete sich eine finanzielle Abhängigkeit der Monarchie von Steuergeldern und damit von den Politikern ab. Die Kosten der Monarchie wurden nach dem Zweiten Weltkrieg im Wesentlichen durch Kredite sowie Verkäufe aus dem Kunst- und Grundbesitz finanziert.

Deshalb hat mein Vater mir sehr früh nahegelegt, Wirtschaft zu studieren und nicht Geschichte, Archäologie oder Physik, was mich mehr interessiert hätte. Unmittelbar nach meinem Studium 1969 habe ich mit der Reorganisation und dem Wiederaufbau des Fürstlichen Vermögens begonnen. Als diese Aufgabe 1983 weitgehend erfüllt war, übertrug mir mein Vater 1984 die Aufgaben des Staatsoberhauptes im Rahmen der sogenannten Stellvertretung. Die liechtensteinische Verfassung gibt dem jeweiligen Fürsten die Möglichkeit, den nächsten erbfolgeberechtigten Prinzen mit der Ausübung der ihm zustehenden Hoheitsrechte zu betrauen. Die jeweiligen Fürsten haben immer wieder von dieser Möglichkeit Gebrauch gemacht. Ich selbst habe meinem ältesten Sohn 2004 die Aufgaben des Staatsoberhauptes übertragen. Wir sind in der Familie der Meinung, dass der Fürst nicht erst dann diese wichtige Aufgabe an seinen Nachfolger übertragen soll, wenn er aufgrund seines Alters nicht mehr in der Lage ist, diese wahrzunehmen, sondern wenn der Nachfolger bereit ist, diese zu übernehmen. Ein weiterer Vorteil dieser Lösung besteht darin, dass der Fürst seinem Nachfolger beratend zur Seite stehen kann.

Obwohl die Kritiker der Monarchie nur eine kleine, aber lautstarke Gruppe waren, kamen wir im Fürstenhaus nach dem Tod meines Vaters zur Überzeugung, dass wir berechtigten Befürchtungen Rechnung tragen sollten. Der erste Schritt war die Reform des familieninternen Hausgesetzes. Seit dem Mittelalter hatte das Fürstenhaus ein Hausgesetz, in dem Mitgliedschaft, Stimmrecht und Thronfolge in der Familie geregelt waren. Die letzte Fassung dieses Hausgesetzes stammte aus dem Jahr 1606 und war zweifellos reformbedürftig. Das neue Hausgesetz aus dem Jahr 1993 wurde einem Wunsch der Bevölkerung entsprechend erstmals in der staatlichen Gesetzessammlung publiziert. Neben den oben erwähnten Punkten ist ein Absetzungsverfahren des Fürsten als Familienchef und Staatsoberhaupt vorgesehen, sollte er aufgrund eines Machtmissbrauches oder aus anderen Gründen das Vertrauen der stimmberechtigten Familienmitglieder verlieren.

Der nächste Schritt war eine grundlegende Revision der Verfassung. Die vom Fürstenhaus vorgeschlagene Verfassungsrevision stieß bei den Parteien auf Widerstände und erhielt im Parlament nur 13 von 25 Stimmen. Die Verfassung von 1921 hatte festgelegt, dass für eine Verfassungsänderung im Parlament (Landtag) mindestens eine Dreiviertelmehrheit notwendig ist oder die Zustimmung des Volkes in einer Volksabstimmung. Deshalb haben wir uns direkt ans Volk gewandt und die für eine Volksinitiative notwendigen Stimmen gesammelt, um über den Weg der Volksabstimmung unser Ziel zu erreichen. Den gleichen Weg haben die Kritiker der Monarchie für einen Gegenvorschlag gewählt, der zu einer Schwächung der Monarchie geführt hätte. In der Volksabstimmung vom 16. März 2003 erhielt der Vorschlag des Fürstenhauses 64% der Stimmen, der Gegenvorschlag 16% und 20% der Stimmberechtigten wollten bei der alten Verfassung bleiben.

Bei der Gerichtsbarkeit sah die Verfassung von 1921 vor, dass die Richter vom Parlament dem Fürsten vorgeschlagen und vom Fürsten ernannt werden. Theoretisch eine gute Lösung, aber in der Praxis führte dies dazu, dass die Richterernennungen weitgehend von der Parteipolitik beherrscht wurden. Richterernennungen waren Teil von Koalitionsvereinbarungen: Wechselte die Mehrheit im Parlament, so wechselten Mehrheiten und Vorsitz in den höchsten Gerichten. Der Fürst stand jeweils vor dem Problem, entweder gute Miene zum bösen Spiel zu machen in der Hoffnung, dass die Gerichte doch einigermaßen funktionieren, oder sich auf einen Konflikt mit dem Parlament einzulassen, mit dem Risiko, dass die Richterstellen nicht besetzt werden und ihm die Verantwortung für das Nichtfunktionieren der Gerichtsbarkeit zugeschoben wird. Begreiflicherweise entschied sich der Fürst, abgesehen von wenigen Ausnahmen, gute Miene zum bösen Spiel zu machen.

Die Neuregelung sieht vor, dass in den höchsten Gerichten die Amtszeiten der Richter nicht mehr gleichzeitig, sondern gestaffelt auslaufen und die Richterkollegen selbst ihren Vorsitzenden wählen. Wurden früher Richterkandidaten teilweise in Parteiversammlungen gewählt, sucht jetzt eine unabhängige Kommission unter dem Vorsitz des Fürsten, in der auch Regierung und Parlament vertreten sind, die Kandidaten aus und schlägt sie dem Parlament vor. Können Parlament und Kommission sich nicht auf einen Richter einigen, entscheidet das Volk in einer Abstimmung, wer zum Richter gewählt wird.

In der liechtensteinischen Verfassungsdiskussion der 1990er-Jahre spielte aber nicht die Funktionsfähigkeit und Unabhängigkeit der Gerichtsbarkeit eine zentrale Rolle, sondern die Stellung der Monarchie in der Verfassung. Die bereits erwähnte indirekte Legitimation der Erbmonarchie über die Verfassung erschien uns im Fürstenhaus, angesichts der starken Stellung der Monarchie in der Verfassung, nicht ausreichend. Die Gegner der Monarchie konnten darauf hinweisen, dass gemäß der liechtensteinischen Verfassung aufgrund des Vetorechtes des Fürsten eine Abschaffung der Monarchie nur mit Zustimmung des Monarchen möglich sei. Um diesem Argument entgegenzutreten, haben wir im Fürstenhaus ein in der Verfassungsgeschichte neues Modell entwickelt, und zwar eine Erbmonarchie mit direkt demokratischer Legitimation.

Es wurde ein Artikel in die liechtensteinische Verfassung aufgenommen, der es dem liechtensteinischen Volk im Rahmen einer Verfassungsinitiative mit 1500 Unterschriften ermöglicht, eine Abstimmung über die Abschaffung der Monarchie zu verlangen. Kommt eine einfache Mehrheit für die Abschaffung der Monarchie zustande, arbeitet das Parlament eine Verfassung auf republikanischer Grundlage aus, die dann dem Volk zur Abstimmung vorgelegt wird. Um ihre politischen Funktionen wahrzunehmen, braucht die Monarchie in Liechtenstein deshalb immer das Vertrauen einer Mehrheit der Stimmberechtigten und damit die demokratische Legitimation.

Die Verfassung gibt darüber hinaus dem Volk die Möglichkeit, die Staatsform der Monarchie von der Person des Monarchen zu trennen. Wenn in einer Volksabstimmung dem Monarchen das Vertrauen entzogen wird, entscheidet dann gemäß Verfassung und Hausgesetz das Fürstenhaus, ob der Fürst seines Amtes enthoben wird oder nicht. Es sind Situationen denkbar, in denen die Mehrheit des Volkes zu Recht das Vertrauen in einen Fürsten verliert oder ein Fürst aufgrund einer richtigen, aber unpopulären Entscheidung das Vertrauen verloren hat. In so einem Fall verdient der Fürst weiterhin das Vertrauen des Fürstenhauses und es bleibt dem Volk überlassen, ob es die Entscheidung des Fürstenhauses akzeptiert oder deswegen die Monarchie abschafft.

Nicht nur die auf Freiwilligkeit beruhende Partnerschaft zwischen Volk und Fürstenhaus ist durch ihre ausdrückliche Verankerung ein neues Element in der Verfassungsgeschichte, sondern auch die in der Verfassung verankerte Freiwilligkeit auf Gemeindeebene, was die Mitgliedschaft im Fürstentum Liechtenstein betrifft. Damit wurde ein Selbstbestimmungsrecht auf Gemeindeebene geschaffen. Zwar gab es in einer der sowjetischen Verfassungen einmal ein ausdrückliches Austrittsrecht der einzelnen Republiken aus der Sowjetunion und damit das Selbstbestimmungsrecht auf Republiksebene, aber bekanntlich dienten die sowjetischen Verfassungen in erster Linie der Propaganda und waren von der Verfassungswirklichkeit weit entfernt. Als die Sowjetunion auseinanderbrach, war diese Verfassung nicht mehr in Kraft und der Zusammenbruch kein demokratisch rechtsstaatlicher Prozess.

Demokratie und Selbstbestimmungsrecht sind miteinander verbunden und lassen sich schwer trennen. Entweder glaubt man, der Staat sei ein gottähnliches Gebilde, dem der Mensch zu dienen hat und dessen Grenzen er nicht in Frage stellen darf, oder man ist vom demokratischen Prinzip überzeugt und davon, dass der Staat von Menschen geschaffen wurde, um den Menschen zu dienen. Sagt man Ja zum demokratischen Prinzip, wird man nicht Nein sagen können zum Selbstbestimmungsrecht. Zwar wurde im Völkerrecht von den verschiedenen Staaten versucht, das eine vom anderen zu trennen, aber es ist nie gelungen, eine glaubwürdige Begründung zu liefern.

Die wichtigste Begründung für so eine Trennung ist und bleibt die Behauptung, das Selbstbestimmungsrecht stehe nur Völkern zu und nur die hätten das Recht, einen eigenen Staat zu verlangen. Sind die Basken oder Kurden kein Volk? Sind die Schweizer oder Liechtensteiner ein Volk? Die Schweizer unterscheiden sich untereinander in Sprache, Rasse und Religion stärker als die jeweiligen Volksgruppen in der Schweiz von ihren Nachbarn in Deutschland, Frankreich oder Italien. Die gleiche Feststellung trifft auf die Liechtensteiner, Österreicher und so manche andere zu. Es sind die Zufälle der Geschichte, die den einen das Selbstbestimmungsrecht geschenkt haben und einen eigenen Staat, während es den anderen verwehrt blieb. Wie will man den einen erklären, weshalb ihnen dieses Selbstbestimmungsrecht zusteht und den anderen nicht?

Wir sind im Fürstenhaus der Überzeugung, dass die liechtensteinische

Monarchie eine Partnerschaft zwischen Volk und Fürstenhaus ist. Eine Partnerschaft, die auf Freiwilligkeit und gegenseitigem Respekt beruhen soll. Solange wir im Fürstenhaus der Überzeugung sind, dass einerseits die Monarchie in diesem Land für dieses Volk einen positiven Beitrag leisten kann, eine Mehrheit der Bevölkerung dies wünscht und andererseits gewisse Bedingungen erfüllt sind, wie zum Beispiel die Respektierung unserer Familienautonomie, wie sie im Hausgesetz festgelegt ist, sind wir gerne bereit, das Staatsoberhaupt zu stellen. Diese Partnerschaft kann auf eine rund dreihundertjährige Tradition zurückblicken, die für beide Seiten erfolgreich verlaufen ist. Liechtenstein war in den beiden Weltkriegen, wie erwähnt, neutral und seit Beginn des 19. Jahrhunderts vor Kriegen verschont. Nach dem Zweiten Weltkrieg konnte eine vielfältige Wirtschaft aufgebaut werden, die der liechtensteinischen Bevölkerung eines der höchsten Pro-Kopf-Einkommen der Welt bescherte, in einem von Natur aus armen Land.

# 10. Die Schwächen der traditionellen Demokratie

Die indirekte Demokratie, wie sie in der amerikanischen Verfassung von 1789 niedergeschrieben wurde und danach den meisten demokratischen Staaten als Vorbild diente, ist, genauer betrachtet, eine schwache Form der Demokratie. An der Staatsform und an den Machtverhältnissen im Staat ändert sich wenig, verglichen mit dem religiös legitimierten Staat. Die Macht liegt weiter bei dieser Symbiose von Monarchie und Oligarchie. Monarchen und Oligarchen werden direkt oder indirekt vom Volk gewählt, wobei für das Volk von außen nur schwer zu erkennen ist, wie die tatsächlichen Machtverhältnisse und Verantwortungen liegen. Liegt die Macht nun beim Präsidenten, dem Ministerpräsidenten, den Parteipräsidenten, den Geldgebern der Partei, den Gerichten oder vielleicht doch bei den Parlamenten oder sind die Parlamentarier nur das Stimmvieh der Fraktionsführer? Ersetzt wurde nur die Form der Legitimation.

Der Widerwille der Oligarchien, mehr Macht an das Volk abzugeben und die direkte Demokratie auszubauen, erklärt vielleicht teilweise, weshalb die Ideologien des Nationalismus und des Sozialismus in den Vordergrund gerückt sind und die Demokratie als Legitimation allzu oft ein Lippenbekenntnis blieb wie zuvor die Religion. Nationalistisches und sozialistisches Gedankengut haben im 19., aber besonders im 20. Jahrhundert in fast allen Staaten an Einfluss gewonnen. Wie die Religionen besitzen sie eine starke emotionelle Komponente. Es ist sehr viel einfacher, die Massen mit populistischen Schlagwörtern und Ideologien zu mobilisieren, als sie in den langen und oft langweiligen sowie komplizierten Prozess einzubinden, einen Rechtsstaat und eine effiziente Demokratie aufzubauen. Die mächtigen Oligarchen und Monarchen – ob gewählt oder nicht – müssen sich nicht nur selbst in diesen Prozess einbinden lassen, sondern darüber hinaus auch noch bereit sein, Macht abzugeben. Besonders in großen Staaten kann die Demokratie nicht nur von oben nach unten verordnet werden, sondern, vielleicht noch wichtiger, sie ist auch von unten nach oben aufzubauen. Das bedeutet in der politischen Praxis das Delegieren politischer Macht vom Zentrum an die kleinen politischen Einheiten, wie dies in den USA und der Schweiz der Fall ist. Dort war der Prozess allerdings einfacher, denn der Staatsaufbau erfolgte von Beginn an von unten nach oben durch nahezu unabhängige Staaten, die sich zusammenschlossen. Weniger Macht im politischen Zentrum bedeutet in einer Demokratie auch weniger Möglichkeiten für die Mächtigen im Staat, auf die eine oder andere Weise Stimmen zu kaufen.

Viele Wähler erwarten, dass der Staat das Himmelreich auf Erden schafft und Regierungen haben sich oft bemüht, dies zu verwirklichen in der Hoffnung, Stimmen zu gewinnen. Der Sozialstaat wurde ausgebaut, das Heer der Beamten größer, die Aufgaben, die der Staat übernehmen musste, vielfältiger, die Gesetzeswerke umfangreicher und komplizierter. Die gesamte Staatsverwaltung ist deshalb selbst in Kleinstaaten unübersichtlich geworden. Weder die Regierung noch die Beamtenschaft, geschweige das Parlament, haben noch einen Überblick über die staatliche Verwaltung und wie die einzelnen Teile der Verwaltung miteinander oder leider oft gegeneinander arbeiten. Um den gesamten Verwaltungsaufwand zu finanzieren, sind die Steuern und Abgaben in den vergangenen Jahrzehnten in den Industriestaaten kontinuierlich angestiegen. Bemühungen, Steuern zu senken, waren meistens nur kurze Zeit erfolgreich, oft verbunden mit einer höheren Neuverschuldung, worauf die Steuern und Abgaben früher oder später wieder angehoben werden mussten.

Solange Politiker und Wähler mehrheitlich in der Ideologie des Nationalismus und des Sozialismus gefangen sind, ist dies nicht erstaunlich. In den meisten Demokratien werden die Parteien in Rechts- oder Linksparteien eingeteilt. Die Rechte ist national, die Linke sozial. Die Parteien in der Mitte versuchen beides zu sein. Dabei haben die Wenigsten bemerkt, dass im Grunde genommen Nationalismus und Sozialismus die Vor- und Rückseite der gleichen wertlosen Blechmünze sind, die im Zeitalter der Globalisierung langsam vor sich herrostet. Nationalismus-Sozialismus ist der Name einer politischen Sackgasse, die nur von rechts nach links und wieder von links nach rechts führt, aber nicht nach vorne in die Zukunft. Nationalismus-Sozialismus haben die Menschheit in Nationen und Klassen gespalten, die sich bekämpfen. Gelingt es im Zeitalter der Globalisierung nicht, den Staat nach vorne, in die Zukunft zu führen, verrostet dieser und landet auf dem Abfallhaufen der Geschichte. Die Globalisierung, von den Nationalisten und Sozialisten stark bekämpft, führt die Menschheit wieder zusammen in die große Familie, die sie im Grunde genommen genetisch immer schon war.

Die Globalisierung entzieht den beiden Ideologien des Nationalismus und Sozialismus ihre Daseinsberechtigung.

Der Nationalismus und der Sozialismus haben Staaten geschaffen, die sich mit ihren riesigen Bürokratien und Oligarchien durch die rasch voranschreitende Globalisierung in ihrer Existenz bedroht fühlen. So wie die Vereinheitlichung der Wirtschaftsräume in den Nationalstaaten in der Vergangenheit auf erhebliche Widerstände gestoßen ist, so stößt heute die sich beschleunigende Globalisierung auf Widerstände. Dabei bringt die Globalisierung der gesamten Weltbevölkerung einen erheblichen Wohlstandsgewinn, vergleichbar mit der Vereinheitlichung der Wirtschaftsräume in den Nationalstaaten. Globalisierungsgegner von rechts und links versuchen, das Rad der Geschichte zurückzudrehen, ohne zu erkennen, dass sie dadurch die eigenen Staaten und Völker in ihrer Existenz gefährden.

Dass der freie Handel innerhalb und zwischen Staaten für alle Beteiligten von Vorteil ist, war den Studenten der Volkswirtschaft spätestens seit dem 18. Jahrhundert bekannt. Da stellt sich die Frage, warum die Menschen seither ihr Verhalten diesen grundlegenden Erkenntnissen nicht angepasst haben? Warum war der Liberalismus, der sich von diesen Erkenntnissen leiten ließ, im 19. Jahrhundert nicht erfolgreicher?

Ein Grund liegt wohl in der Versorgungssicherheit. Der Handel zwischen Staaten funktioniert nur in Friedenszeiten reibungslos. Selbst dann können Exportbeschränkungen, Blockierungen der Handelsrouten und so manches mehr diese Versorgungssicherheit gefährden. Zudem sind die Zölle eine recht einfache Art, den Staat und seine führende Schicht zu finanzieren. Darüber hinaus können Zölle und andere Importbeschränkungen Teile der lokalen Wirtschaft vor ausländischer Konkurrenz schützen. Politisch und wirtschaftlich einflussreiche Kreise nutzen diese Ängste und die Unkenntnisse weiter Teile der Bevölkerung gerne zu ihrem eigenen Vorteil, aber zum Nachteil des Staates und seiner Bevölkerung.

Neben den wirtschaftlichen Vorteilen, die einzelne Unternehmen oder ganze Wirtschaftszweige aus diesen Einschränkungen des freien Handels zum Nachteil der Allgemeinheit erzielen, werden Arbeitsplätze erhalten, die sonst verloren gehen. Der Verlust des Arbeitsplatzes trifft neben jenem, der seinen Arbeitsplatz verloren hat, darüber hinaus gewöhnlich noch einen weiteren Personenkreis, der von ihm abhängig ist. Trotzdem sind letzten Endes solche Arbeitsplätze, die für die gesamte Bevölkerung keinen Mehrwert schaffen, eine Belastung für die Volkswirtschaft. In einer weniger entwickelten

Volkswirtschaft werden diese schlecht bezahlten Arbeitsplätze immer noch attraktiv sein und dort den Wohlstand mehren. Dies führt wieder zu vermehrten Importen aus den höher entwickelten Volkswirtschaften und zur Schaffung von neuen und besser bezahlten Arbeitsplätzen in jenen Staaten, die ihre billigen Arbeitsplätze verloren haben.

Weder die Versorgungssicherheit noch die Arbeitsplatzsicherung können die Einschränkungen des Freihandels rechtfertigen. Die Versorgungssicherheit der Bevölkerung, soweit sie lebenswichtige Produkte betrifft, gewährleisten große Vorräte billiger als die direkte oder indirekte Subventionierung ganzer Wirtschaftszweige durch den Konsumenten und den Steuerzahler. Abgesehen davon haben in den vergangenen Jahrzehnten Wirtschaftssanktionen gegen einzelne Staaten gezeigt, dass sich die Versorgung der Bevölkerung aufrechterhalten lässt, bis sich die Wirtschaft des Landes den entsprechenden Sanktionen angepasst hat. Für die Akzeptanz des Freihandels in weiten Kreisen der Bevölkerung dürfte es wichtiger sein, dass für arbeitswillige Arbeitslose die Zeit ihrer Arbeitslosigkeit sozial verträglich gestaltet wird. Die Maßnahmen in diesem Bereich sind immer wieder eine Gratwanderung zwischen sozial gerechtfertigten Leistungen und jenen, die für die Suche nach einem neuen Arbeitsplatz nicht förderlich sind. Längerfristig werden nur jene Staaten den Wohlstand ihrer Bevölkerung vermehren, die dem Volk helfen, die Globalisierung zu nutzen, anstatt es davor zu schützen.

Der Liberalismus hat viele dieser Argumente in seinem politischen Kampf für den freien Handel verwendet, aber der Liberalismus blieb eine vergleichsweise kleine, intellektuelle und elitäre Bewegung, die sich bei der Einführung des allgemeinen Wahlrechtes gegenüber den nationalistischen, sozialistischen und christlichen Massenparteien nicht durchsetzen konnte. Die politischen Gegner des Liberalismus waren im Europa des 19. Jahrhunderts die konservativen Kräfte, die Landwirte und die Handwerker, die den freien Handel als Bedrohung empfanden. Aber selbst ein großer Teil der Industrie auf dem europäischen Kontinent war glücklich über Schutzzölle, um die Konkurrenz der damals führenden britischen Industrie zurückzudrängen. Um wenigstens eine wirtschaftliche Liberalisierung innerhalb der Staaten zu erreichen, verbündeten sich die liberalen Kräfte auf dem europäischen Kontinent mit den nationalen Kräften. Die Nationalliberalen standen in Opposition zu den konservativen kirchlichen Kreisen. Besonders die katholische Kirche betrachtete den Liberalismus im 19. Jahrhundert und im beginnenden 20. Jahrhundert als ihren Hauptgegner, wobei neben unterschiedlichen Auffassungen in der Politik und Wirtschaft Fragen der Moral Anlass zu Auseinandersetzungen boten.

Weder im 19. noch im 20. Jahrhundert konnte der Liberalismus die Herzen der Menschen erobern. Für die kirchlichen Kreise bedeutete der schrittweise Abbau der religiösen Legitimation im Staat den Verlust an politischem Einfluss. So haben in Europa der Nationalismus und der Sozialismus sowohl den Liberalismus als auch das Christentum auf die Seite gedrängt. Die Folgen waren im 20. Jahrhundert zwei Weltkriege und Konzentrationslager, in denen Millionen von Menschen umgebracht wurden.

Christentum und Liberalismus teilen viele Grundwerte. Bei beiden steht nicht der Staat im Vordergrund wie im Nationalismus und Sozialismus, sondern der einzelne Mensch in seiner Freiheit und in seiner Verantwortung. Im Liberalismus ist der Mensch sich selbst gegenüber verantwortlich, im Christentum gegenüber Gott. Der Liberalismus und das Christentum sowie andere Religionen richten sich an alle Menschen, das bedeutet, sie sind im ursprünglichen Sinn des Wortes katholisch, das heißt, allumfassend. Liberalismus und Christentum sind der Auffassung, dass der Staat dem Menschen zu dienen hat und nicht umgekehrt. Sollten jetzt, am Beginn des 21. Jahrhunderts, Liberalismus und Christentum, insbesondere die katholische Kirche, ihre Kriegsbeile aus dem 19. Jahrhundert nicht begraben und sich gemeinsam für das Wohl der Menschheit im dritten Jahrtausend einsetzen? Wäre nicht das gemeinsame Ziel, die Staaten in Dienstleistungsunternehmen zu verwandeln?

Wenn im Zeitalter der Globalisierung der ganzen Weltwirtschaft Ideologien wie der Nationalismus und der Sozialismus ihre Berechtigung endgültig verloren haben, so stellt sich überhaupt die Frage: Welche Berechtigung hat der Nationalstaat im Zeitalter der Globalisierung? Reduziert sich der Nationalstaat im Zeitalter der Globalisierung nicht zu einem Dienstleistungsunternehmen, das seinen Kunden zu einem gewissen Preis – den Steuern – einen mehr oder weniger guten Service bietet?

Das Volk als Aktionär des Staates? Die Wahlen als Aktionärsversammlungen, bei dem das Volk der Führungsmannschaft alle vier Jahre das Vertrauen ausspricht oder es ihr entzieht? Sind Volksabstimmungen über Steuern oder Leistungen des Staates gleichzusetzen mit Abstimmungen über die Dividendenpolitik, die Kapitalveränderungen oder andere wichtige Unternehmensentscheide, welche statutengemäß der Aktionärsversammlung vorbehalten sind?

Der Vergleich des modernen demokratischen Staates im Zeitalter der Globalisierung mit einer Aktiengesellschaft liegt nahe, und doch ist er falsch. Bei der Aktiengesellschaft kann der Aktionär seine Aktien verkaufen, wenn er mit der Politik der Unternehmensleitung nicht mehr einverstanden ist und in der Aktionärsversammlung überstimmt wurde. Mit dem gleichen Geld kann er am gleichen Tag andere Aktien kaufen oder den Verkaufserlös anderwärtig verwenden. Ein Bürger, der mit der Politik nicht mehr einverstanden ist und überstimmt wurde, muss auswandern, mit allen damit verbundenen Problemen, falls ihn ein anderer Staat überhaupt aufnimmt. Gewöhnlich dauert es dann aber noch Jahre, bevor er in dem neuen Staat ein Stimmrecht erhält und während dieser Zeit kann sich im neuen Staat die Politik in eine Richtung entwickeln, mit der er genauso wenig einverstanden ist wie im vorherigen Staat.

Der Bürger ist dem Dienstleistungsunternehmen Staat sehr viel stärker ausgeliefert als ein Aktionär irgendeinem Privatunternehmen. Der Staat lässt sich noch am besten mit einem privaten Monopolunternehmen vergleichen, das die Spielregeln festlegt, nach welchen gespielt wird, den Schiedsrichter stellt und selbst Mitspieler ist. Trotz Gewaltentrennung beherrscht in der indirekten Demokratie die Oligarchie Gesetzgebung, Gerichte und Exekutive. Das Volk als Kleinaktionär kann alle vier Jahre an der Generalversammlung nur zwischen wenigen Aktionärssyndikaten wählen, den sogenannten Parteien. Diese Syndikate verhandeln dann untereinander darüber, wie die Spielregeln aussehen, die Schiedsrichterposten besetzt werden und wer überhaupt mitspielen darf. Um das Volk nicht der Willkür der politischen Oligarchie auszuliefern, ist es deshalb so wichtig, neben der Gewaltenteilung und der indirekten Demokratie noch weitere Sicherheiten für den Staat der Zukunft einzubauen.

Monarchie und Oligarchie – ob gewählt oder nicht – bilden in vielen Staaten eine Symbiose, die in der heutigen Zeit direkt oder indirekt auf eine demokratische Legitimation angewiesen sind, um politische Funktionen auszuüben. Dass ein Monarch in einer größeren Gruppe und in einem etwas größeren Territorium auf eine Oligarchie angewiesen ist, leuchtet ein. Ein Monarch kann nicht alle Entscheidungen selbst treffen, umsetzen und kontrollieren, ob diese umgesetzt wurden. Es lässt sich auch nicht alles in Vorschriften und Gesetze fassen, es braucht in einer etwas größeren Gruppe oligarchische Strukturen, seien sie nun formeller oder informeller Art. Die reine Monarchie, ob mit gewählten oder ererbten Monarchen, wäre in einem Staat ohne Oligarchie handlungsunfähig.

Erst recht ist die reine Demokratie handlungsunfähig, da das Volk nicht ständig zusammenkommen kann, um über alles und jedes abzustimmen. Die basisdemokratischen Übungen an einigen Universitäten in den 1960er-Jahren haben gezeigt, wohin dies führt. Einzelne Studentenführer haben mit der Unterstützung kleinerer Gruppen die Entscheidungen gefällt und der Rest musste hinterherlaufen.

Monarchie und Demokratie sind in einem funktionierenden Rechtsstaat auf die Oligarchie angewiesen. Ist die Oligarchie auf Demokratie und Monarchie angewiesen? Auf die Demokratie sicher nicht, wie die Menschheitsgeschichte zeigt, solange sie zur demokratischen Legitimation eine glaubwürdige Alternative findet. Eine reine Oligarchie ohne Monarchie und Demokratie scheint allerdings auch kein Erfolgsmodell zu sein. Eine Oligarchie, die einen Staat führt, neigt zu langsamen, schwerfälligen Entscheidungsprozessen, in denen dann der kleinste gemeinsame Nenner gefunden wird. Darunter leidet die Konkurrenzfähigkeit des Staates. Das alte Polen, das eine Adels-Oligarchie war und 1795 unterging, wird in diesem Zusammenhang oft als Beispiel genannt.

Da der Staat ein Monopolbetrieb ist, kann die Oligarchie in ihren Entscheidungsprozessen relativ leicht einen Kompromiss auf Kosten Dritter finden. Deshalb wird eine starke Oligarchie immer wieder versuchen, einen Monarchen schrittweise auf eine Symbolfunktion zu reduzieren oder überhaupt abzuschaffen. Kompromisse gehen aber nicht nur zu Lasten des Monarchen, sondern auch zu Lasten des Volkes. Steuern und andere Lasten werden soweit als möglich erhöht, um der Oligarchie und ihren Anhängern Vorteile aller Art zu verschaffen. In der Wirtschaft, wo es Konkurrenz gibt, beschränken sich rein oligarchische Führungsstrukturen bei Unternehmen auf wenige Wirtschaftssparten, so zum Beispiel auf kleine Banken, Revisionsgesellschaften oder Anwaltskanzleien. In anderen Wirtschaftssparten hat sich das Modell nicht durchsetzen können.

Eine oligarchische Herrschaft, die sich in einer indirekten Demokratie auf eine demokratische Legitimation stützt, könnte auf Dauer sogar problematischer sein als eine oligarchische Herrschaft, die diesen Anspruch erst gar nicht erhebt. Schon in der alten Römischen Republik war es üblich, sich die Unterstützung des Volkes mit „panem et circenses" („Brot und Spiele") zu kaufen. In den USA, welche bezüglich der indirekten Demokratie auf die längste Erfahrung zurückblicken können, wird dieser Stimmenkauf mit Steuergeldern oder Steuervergünstigungen als „pork" bezeichnet (auf Deutsch Schweinefleisch). Solche Geschenke kosten Geld. Natürlich kann und will der Politiker diese nicht aus der eigenen Tasche bezahlen, sondern diese Geschenke werden mit Steuergeldern bezahlt. Da die Wähler aus unterschiedlichen Gruppen mit unterschiedlichen Interessen bestehen, müssen die jeweiligen Parteien und Politiker einerseits die sogenannten Stammwähler zufriedenstellen, andererseits Gruppen von Wechselwählern oder Stammwähler des politischen Gegners gewinnen. Um dieses Ziel zu erreichen, werden Versprechungen gemacht, die man realistischerweise nicht einhalten kann. Darüber hinaus ist die Versuchung groß, die versprochenen Leistungen nicht durch höhere Steuern zu bezahlen, sondern zuerst einmal durch Schulden oder indem der Staat einfach mehr Geld druckt. Da ein Staat relativ lang Schulden machen und Geld drucken kann, ohne dass der Wähler die Auswirkungen spürt, ist die Wahrscheinlichkeit hoch, dass die dafür verantwortlichen Politiker und Parteien nicht mehr im Amt sind, wenn das Problem sichtbar wird. Das Problem haben dann andere Politiker, Parteien und Regierungen, die sich entweder mit drastischen Sparprogrammen unbeliebt machen müssen oder für das wirtschaftliche Chaos und die Inflation zur Rechenschaft gezogen werden. Da die wenigsten Wähler und die wenigsten Politiker komplexe volkswirtschaftliche Zusammenhänge erkennen, besonders wenn sie langfristiger Natur sind, kann man ihnen keine großen Vorwürfe machen. Das Problem liegt im System und nicht bei den Politikern.

Das System zwingt mehr oder weniger die Politiker, Spezialinteressen und nicht mehr das Gesamtinteresse zu verfolgen, denn sonst läuft der Politiker Gefahr, seine Wahlversprechen zu brechen und damit das Vertrauen seiner Wähler zu verlieren. Darüber hinaus ist es für den Politiker in der indirekten Demokratie sehr schwierig, eine langfristige Politik, die im Gesamtinteresse liegt, zu verfolgen, denn sein Schicksal und jenes seiner Partei entscheidet sich bei der nächsten Wahl.

Geht man davon aus, dass erstens von den drei Elementen Monarchie, Oligarchie, Demokratie die Oligarchie mit Abstand das stärkste Element ist, dass zweitens eine rein oligarchische Herrschaft auf Dauer Probleme aufwirft, dass drittens die Oligarchie dazu neigt, ihre Herrschaft auf Kosten der Monarchie und der Demokratie auszudehnen, so sollte der Staat im dritten Jahrtausend bestrebt sein, die beiden anderen Elemente Monarchie und Demokratie zu stärken. Das ist bei der Monarchie im demokratischen Zeitalter nur über eine demokratische Legitimation möglich, ob aktiv über einen gewählten Präsidenten in einer Republik oder passiv über eine Erbmonarchie, die so wie in Liechtenstein vom Volk jederzeit abgewählt werden kann.

Eine demokratisch legitimierte Erbmonarchie mit klar definierten Rechten, die in der Verfassung verankert sind, ist von einer Oligarchie unabhängiger als ein Präsident, der für seine Wahl und Wiederwahl von der Unterstützung durch die Oligarchie mehr oder weniger abhängig ist. Die Erbmonarchie bringt außerdem ein langfristiges, Generationen übergreifendes Element in die Politik ein, gegenüber der sehr kurzfristigen Perspektive, die sich in fast allen Demokratien durch die häufigen Wahlen ergibt. Wichtiger als die Frage der Monarchie ist aber der Ausbau der direkten Demokratie und des Selbstbestimmungsrechtes auf Gemeindeebene. Nur eine stark ausgebaute direkte Demokratie und das Ende des staatlichen Monopols auf seinem Territorium werden den Staat im dritten Jahrtausend in ein Dienstleistungsunternehmen verwandeln, das dem Menschen dient. Nur so wird verhindert, dass der Staat von Monarchen und Oligarchen missbraucht wird, um andere Menschen zu unterdrücken und auszuplündern. War die indirekte Demokratie die Demokratie für Analphabeten, so ist die direkte Demokratie und das Selbstbestimmungsrecht auf Gemeindeebene die Demokratie für das gebildete Volk.

# 11. Der Staat der Zukunft

Der moderne Staat ist ein sehr komplexes Gebilde, das sich aus vielen Systemen zusammensetzt, die aufeinander abgestimmt sein müssen. Man kann den Staat mit einem großen Verkehrsflugzeug vergleichen. Das Verkehrsflugzeug transportiert seine Passagiere durch den Raum; der Staat seine Passagiere – das Volk – durch die Zeit. Ist das Verkehrsflugzeug eine Fehlkonstruktion, die dazu neigt, dann und wann abzustürzen, so versucht man, die Konstruktionsmängel zu beheben und schiebt die Schuld nicht den Piloten oder Passagieren zu. Bei den Staaten neigt man dazu, die Schuld den Politikern in die Schuhe zu schieben oder dem Volk, das diese Politiker gewählt hat, anstatt Staatssysteme zu konstruieren, die möglichst sicher sind und, falls sie trotzdem abstürzen, den Passagieren das Überleben ermöglichen.

Wie sollte der Staat der Zukunft aussehen, damit er die Bedürfnisse der Menschen im dritten Jahrtausend möglichst optimal abdeckt? Die Analyse der menschlichen Vergangenheit zeigt, dass der Mensch in seiner Genetik und in seinem Sozialverhalten durch eine lange Geschichte und durch einen langen Ausleseprozess geprägt wurde. Um ein Modell für den Staat der Zukunft zu entwerfen, muss von den Realitäten unserer Vergangenheit ausgegangen werden, ob uns diese nun gefallen oder nicht. Zu viele staatliche Utopien sind in der Menschheitsgeschichte kläglich gescheitert, weil von einem idealistischen Menschenbild ausgegangen wurde, das nicht der Realität entsprach. Der Kommunismus ist nur eine dieser Utopien, die viel Leid über die Menschen gebracht haben. Es gibt das Sprichwort, dass der Weg in die Hölle mit guten Vorsätzen gepflastert ist.

Staaten oder staatenähnliche Gebilde, die klein waren und eine geringe Bevölkerung besaßen, wurden zuerst durch die landwirtschaftliche und später durch die industrielle Revolution zu großen Flächenstaaten mit einer sehr großen Bevölkerung. Dies traf die Menschen sozial und genetisch unvorbereitet, da – verglichen mit der langen Menschheitsgeschichte – diese Revolutionen rasch erfolgten. In den großen Staaten gelang es Monarchen und

Oligarchen – ob gewählt oder nicht –, für sich und ihre Nachkommen eine privilegierte Position zu sichern, wozu ihnen zuerst die religiöse Legitimation diente und später eine indirekt demokratische Legitimation, vermischt mit einer ideologischen, auf der Basis des Nationalismus und des Sozialismus.

Die durch weltweite Kommunikation und hoch effiziente Transporttechnologie geprägte globalisierte Welt erlebt nun den nächsten Schritt in der Menschheitsgeschichte. Die Staaten schließen sich in internationalen Organisationen zusammen, um in Fragen, die für die gesamte Menschheit von Bedeutung sind, eine weltweite Zusammenarbeit zu erreichen. Wir befinden uns in einer Zeitperiode tief greifender Veränderungen, vergleichbar mit dem Übergang von der Jäger- und Sammlerkultur in das Agrarzeitalter. Der Übergang in das Agrarzeitalter war ein Prozess, der sich über Jahrtausende erstreckte. Der Übergang vom Agrarzeitalter in das globalisierte Industrie- und Dienstleistungszeitalter sowie in das Zeitalter der Raumfahrt vollzog sich eher in einem Zeitraum von Jahrzehnten denn von Jahrhunderten. Das ist für die Menschheit eine große Herausforderung, von der man nur hoffen kann, dass sie erfolgreich gemeistert wird und nicht in einer Katastrophe endet.

Zwei Weltkriege und die enorme Zunahme an Wissen, das auch kleinen Gruppen erlaubt, Massenvernichtungswaffen herzustellen, sollten uns zu denken geben. Im selben Maß, wie in den vergangenen fünfzig Jahren das weltweite Wissen über atomare, bakteriologische und chemische Waffen zugenommen hat, haben die Produktionskosten dieser Waffen abgenommen. Der Atomsperrvertrag war nicht in der Lage, das Entstehen neuer Atommächte zu verhindern. Selbst ein kleiner Staat wie Israel besitzt nach übereinstimmenden Meldungen seit Jahren Atomwaffen. Ein sehr armer Staat wie Nordkorea steht offensichtlich kurz davor, eine Atommacht zu werden. In fünfzig bis hundert Jahren wird es vielleicht möglich sein, Massenvernichtungswaffen herzustellen, von denen wir heute noch nicht einmal eine theoretische Vorstellung haben. 1930 konnten sich selbst führende Physiker ihrer Zeit die Herstellung einer Atombombe nicht vorstellen, aber 15 Jahre später kam sie bereits zum Einsatz. Die Menschheit muss sich langsam von der Vorstellung lösen, ihre Konflikte mit der Waffe in der Hand auf dem Schlachtfeld auszutragen. Wahrscheinlich verbleiben nur einige Jahrzehnte, um die internationale Politik in eine Richtung zu lenken, welche Katastrophen im dritten Jahrtausend vermeidet, gegenüber denen die beiden Weltkriege am Ende des zweiten Jahrtausends harmlose Auseinandersetzungen waren.

Die Herausforderung im dritten Jahrtausend wird sein, ein Staatsmodell zu entwickeln, das folgende Bedingungen erfüllt – ein Staatsmodell,

1. das Kriege zwischen Staaten sowie Bürgerkriege verhindert.

2. das nicht nur einer privilegierten Schicht von Menschen dient, sondern allen Menschen innerhalb dieses Staates.

3. das den Menschen ein Maximum an Demokratie und Rechtsstaatlichkeit bietet.

4. das im Zeitalter der Globalisierung der Konkurrenz gewachsen ist.

Diese Ziele sind nur erreichbar, wenn der Staat als eine Organisation betrachtet wird, die dem Menschen zu dienen hat und nicht umgekehrt. Der Staat muss zu einem Dienstleistungsunternehmen werden, das sich einer friedlichen Konkurrenz stellt, und kein Monopolbetrieb, das den Kunden vor die Alternative stellen kann, sich mit dem schlechten Service zu den höchsten Preisen abzufinden oder auszuwandern. Wobei daran zu erinnern ist, dass in den sogenannten Volksrepubliken das Auswandern weitgehend verboten war und die Flucht aus der Republik eine Straftat war, die mit langen Gefängnisstrafen geahndet wurde. Viele Menschen wurden bei der Republikflucht erschossen und in der Volksrepublik Nordkorea herrschen leider heute noch solche Zustände. Aber selbst dort, wo die Republikflucht geduldet oder erlaubt ist, besteht das Problem, dass für die große Mehrheit der Menschen das Auswandern kaum möglich ist, da die Einwanderungsmöglichkeiten in anderen Staaten drastisch eingeschränkt wurden. Es kommt hinzu, dass das Auswandern für viele Menschen keine attraktive Alternative darstellt. Bevor sie auswandern, sind sie deshalb bereit, viele Nachteile in Kauf zu nehmen, unter anderem ein schlechtes Service vom Staat zu überhöhten Preisen. Die Alternative für Verzweifelte und Hoffnungslose ist allzu oft nicht das Auswandern, sondern die Gewalt, der Terrorismus, die Revolution und der Bürgerkrieg.

Selbst in demokratischen Rechtsstaaten gibt es immer wieder Minderheiten, die sich zu Recht oder zu Unrecht benachteiligt fühlen. Denken wir nur an Nordirland, das Baskenland, Südtirol, Québec oder die Urbevölkerungen Australiens, Nord- und Südamerikas. In einer Demokratie orientieren sich die Politiker, um Wahlen zu gewinnen, an den Wünschen der Mehrheit und es entscheidet die Mehrheit. Mehrheitsentscheidungen können ungerecht sein und die Mehrheit hat nicht immer Recht. Eine relativ homogene Mehrheit, die sich ethnisch, religiös, sprachlich, kulturell oder politisch definiert, kann unter Umständen dazu gebracht werden, das Staatsterritorium „ethnisch" zu säubern, indem die Minderheit so lange wirtschaftlich, kulturell, religiös oder politisch benachteiligt wird, bis sie entweder auswandert oder zwangsassimiliert wird. In den USA – einem demokratischen Rechtsstaat – war die indianische Urbevölkerung im 19. Jahrhundert sogar Massakern ausgesetzt, die Frauen und Kinder nicht verschonten.

Ein Staatsmodell, das den Frieden, den Rechtsstaat, die Demokratie und den Wohlstand der Bevölkerung sichert, muss dem Staat das Monopol über sein Territorium entziehen. Das „Auswandern" der Bevölkerung wird in unserer heutigen Welt nur dann zu einer realistischen Alternative, wenn die betroffene Bevölkerung mit ihrem Territorium „auswandern" kann. Um dem Staat das Monopol über sein Territorium zu entziehen, muss das Territorium in kleine Einheiten aufgeteilt werden, damit möglichst kleine Bevölkerungseinheiten die Möglichkeit haben, „auszuwandern". Je kleiner die Einheit, desto geringer wird die Wahrscheinlichkeit, dass die betroffene Bevölkerung sich entschließt, leichtfertig „auszuwandern". Sehr kleinen Einheiten fällt es schwer, einen funktionierenden demokratischen Rechtsstaat zu schaffen, welcher der Bevölkerung einen höheren Wohlstand sichert als im alten Staat, wenn dieser einigermaßen gut funktioniert hat. Allerdings steigt der Druck auf einen schlecht funktionierenden Staat, sich zu reformieren, denn sonst löst sich dieser auf.

Je größer die politischen Einheiten – mögen diese nun Provinzen, Länder oder Kantone heißen –, desto größer die Gefahr, dass diese ihr Selbstbestimmungsrecht ausüben, um aus dem Staat auszutreten. Desto größer ist dann aber auch die Gefahr, dass innerhalb des neuen Staates Minderheiten entstehen, die benachteiligt werden und die sich irgendwann mit Gewalt dagegen wehren. Das Auseinanderbrechen Jugoslawiens, der Sowjetunion, der Kolonialreiche oder auch des Kaiserreiches Österreich-Ungarn zeigt die Problematik einer solchen Vorgangsweise. Je kleiner dagegen die politische Einheit, die ihr Selbstbestimmungsrecht ausüben darf, desto kleiner die Gefahr, dass der Staat auseinanderbricht und dass innerhalb des neuen Staates benachteiligte Minderheiten entstehen.

Die kleinsten Einheiten, die politisch und territorial in vielen Staaten einigermaßen klar definiert wurden, sind die Gemeinden, seien dies Dörfer oder Städte. In der Vergangenheit wurden Gemeinden manchmal auseinandergerissen, wie zum Beispiel die Stadt Berlin, aber es ist fraglich, ob dies sinnvoll ist. Vieles spricht dafür, Gemeinden als politische Einheiten zu behandeln, die territorial nicht mehr zu unterteilen sind. Eine Gemeinde kann aus einem Dorf mit weniger als hundert Einwohnern und einigen Quadratkilometern bestehen oder aus einer Stadt mit mehreren Millionen Einwohnern und über tausend Quadratkilometern. In Gemeinden können ebenfalls benachteiligte Minderheiten entstehen, falls sich die Mehrheit der Bevölkerung für einen Austritt aus dem bisherigen Staat entscheidet. Allerdings sind solche Minoritäten innerhalb einer Gemeinde in der Regel besser integriert oder das Auswandern in eine benachbarte Gemeinde ist einfacher. In einer kleineren Gemeinde wird es schwieriger sein, eine Mehrheit der Bevölkerung davon zu überzeugen, dass ein Ausscheiden aus dem bestehenden Staatswesen die richtige Lösung ist.

Für einen erfolgreichen Kleinstaat wie das Fürstentum Liechtenstein mit seinen rund 35.000 Einwohnern und elf Gemeinden waren die Voraussetzungen historisch und geografisch außerordentlich günstig. Selbst in Liechtenstein gab es in der Vergangenheit Stimmen, die an der Sinnhaftigkeit der Souveränität und dem damit verbundenen Selbstbestimmungsrecht zweifelten. Allerdings wollte immer eine deutliche Mehrheit des liechtensteinischen Volkes an der Souveränität festhalten, auch in der kritischen Zeit von 1938 bis 1945, als das Dritte Reich unser Nachbar war. Letzten Endes war aber die Souveränität über die Jahrhunderte hinweg nur aufgrund der engen und guten Beziehungen zu den beiden Nachbarländern sowie der politischen und wirtschaftlichen Unterstützung durch das Fürstenhaus aufrechtzuerhalten. Die im Mittelalter in der Nachbarschaft noch bestehenden unabhängigen politischen Einheiten wurden in die Schweiz und in Österreich integriert.

Das Selbstbestimmungsrecht und damit die Souveränität auf Gemeindeebene ist sicher der ungewöhnlichste und umstrittenste Vorschlag in einem neuen Staatsmodell für das dritte Jahrtausend. Ein Großteil der heutigen Oligarchie, die in den bestehenden Staaten über eine privilegierte Position verfügt, wird sich mit Händen und Füßen dagegen wehren. Jener Teil der Oligarchie, der etwas weiter blickt als bis zu den nächsten Wahlen, wird vielleicht erkennen können, dass sich ihr in diesem neuen Staatsmodell ebenfalls Chancen bieten und sie zu den Gewinnern zählen kann. Ein Staat, der politisch dezentralisiert und im Zeitalter der Globalisierung konkurrenzfähiger ist, liegt auch in ihrem Interesse. Selbst wenn ein alter Staat friedlich auseinanderbricht, weil er in den Augen der Bevölkerung nicht mehr konkurrenzfähig ist, verfügen die alten Oligarchien über eine günstige Ausgangsposition, wenn sie sich rechtzeitig diesem Prozess anschließen.

Versuchen wir einen Blick in eine fernere Zukunft zu werfen, in der die Staaten dieser Welt alle Dienstleistungsunternehmen sind, die in einem friedlichen Wettbewerb um ihre potentielle Kundschaft stehen. Dort ist der Kunde König und kann wählen. So wie er heute wählen kann, ob er den

Hamburger bei McDonald's oder Burger King kauft oder ihn gar selbst brät, mit welcher Airline er fliegen will oder ob er es vorzieht, mit dem Auto zu fahren. Welche Aufgaben bleiben den Staaten im dritten Jahrtausend, welche nicht besser und billiger durch die Privatwirtschaft oder durch die Gemeinden selbst gelöst werden können?

# 11.1. Der Rechtsstaat

Der einzige Bereich neben der Außenpolitik, in dem der Staat meiner Meinung nach noch einen Wettbewerbsvorteil gegenüber der Privatwirtschaft, den Gemeinden oder Gemeindeverbänden bietet, ist die Aufrechterhaltung des Rechtsstaates. Für den überwiegenden Teil der Bevölkerung ist die wichtigste Aufgabe des Staates, ihnen Rechtssicherheit oder „law and order" zu garantieren. Dafür sind die meisten Menschen bereit, sowohl erhebliche finanzielle Opfer auf sich zu nehmen als auch auf manche Freiheiten und politische Rechte zu verzichten. Drohen anarchische Zustände, ist der Ruf nach dem starken Mann oder dem Diktator schnell da, der mit eiserner Hand aufräumen soll. Wem der demokratische Rechtsstaat wichtig ist, wird die Aufrechterhaltung des Rechtsstaates als die mit Abstand wichtigste Aufgabe des Staates betrachten, lange vor den vielen anderen Aufgaben, die der Staat heute noch wahrnimmt.

In einer globalisierten Welt mit einer hohen Mobilität an Menschen, Material und Information ist die Errichtung und die Aufrechterhaltung eines funktionierenden Rechtsstaates eine ständige Herausforderung. Betrachtet man die explosionsartige Zunahme der Rechtsvorschriften in den entwickelten demokratischen Rechtsstaaten über die vergangenen fünfzig Jahre, so stellt man fest, dass die geltenden Rechtsvorschriften bald ganze Bibliotheken füllen. Vom Bürger wird aber verlangt, dass er alle diese Vorschriften kennt und falls er sich nicht daran hält, kann er bestraft werden, gemäß dem Motto „Unwissenheit schützt vor Strafe nicht". Dass die Vorschriften sich teilweise widersprechen, kommt hinzu. Hält sich die natürliche oder die juristische Person an die eine Vorschrift, so verletzt sie die andere. Selbst Richter, Anwälte und die staatliche Verwaltung haben die Übersicht verloren, vom Gesetzgeber ganz zu schweigen. Gesetze und Rechtsvorschriften werden außerdem häufig verändert und sind allzu oft in einer komplizierten Fachsprache geschrieben, die für den Normalbürger kaum verständlich ist. Darüber hinaus herrscht in vielen, selbst hoch entwickelten demokratischen Rechtsstaaten ein erschreckender Mangel an qualifiziertem Personal bei der Polizei, den

Staatsanwaltschaften und den Gerichten. Das erschwert unter anderem die schnelle und effiziente Bekämpfung von grenzüberschreitenden Wirtschaftsverbrechen und zieht entsprechende Verfahren oft über Jahre hinaus.

Für die meisten demokratischen Rechtsstaaten trifft wohl im Großen und Ganzen die Feststellung zu, dass mit der Zahl der Rechtsvorschriften die Rechtssicherheit abgenommen hat und der Staat immer weniger in der Lage ist, den Bürgern die verlangte Sicherheit vor kleineren und größeren Verbrechen zu bieten. Unter solchen Umständen kann der demokratische Rechtsstaat zu einer Fassade werden und eines Tages zusammenbrechen. Es ist sowieso ein kleines Wunder, dass der Rechtsstaat in den meisten Staaten noch einigermaßen gut funktioniert. Das verdanken wir in der Regel Idealisten, die unter großem Einsatz bei Polizei, Staatsanwaltschaft und Gericht tätig sind, obwohl sie in der Privatwirtschaft oft viel mehr verdienen könnten.

Was nützt es, wenn der demokratische Rechtsstaat einen ausgeklügelten Sozialstaat errichtet hat oder die raffinierteste Kulturpolitik betreibt, während sich die Fundamente des demokratischen Rechtsstaates auflösen und der Staat seinen Bürgern keine Sicherheit mehr bieten kann? Deshalb wäre es so wichtig, dass der Staat sich von allen Aufgaben befreit, welche die Gemeinden oder die Privatwirtschaft besser lösen können, sei es, weil sie näher am Bürger und seinen Problemen sind, sei es, weil sie im Unterschied zur öffentlichen Hand der Konkurrenz am freien Markt ausgesetzt sind.

Politiker und Bürokraten sprechen gerne davon, dass in diesem oder jenem Bereich der Markt versagt hat. Dieses angebliche Marktversagen dient ihnen dann als Begründung, immer neue Gebote und Verbote zu erlassen. Die Themen reichen von der Altersvorsorge bis zum Umweltschutz. Wird das angebliche Marktversagen etwas näher betrachtet, handelt es sich fast immer um ein Staatsversagen. Ein Markt kann nur entstehen, wenn es Eigentumsrechte gibt. Versäumt der Staat, durch Gesetze und Verordnungen, diese Eigentumsrechte zu schützen, kann kein Markt entstehen. Eigentum wird oft erst durch staatliche Gesetze geschaffen.

Es lohnt sich auch hier, einen Blick auf die Menschheitsgeschichte zu werfen. Bei den Jägern und Sammlern der Steinzeit gab es zum Beispiel noch keinen Grundbesitz, den der Einzelne kaufen oder verkaufen konnte, sondern nur Jagdreviere, die der Stammesverband gemeinsam nutzte und verteidigte. Der Staat oder Stammesverbände griffen in der Regel erst ein und legten Nutzungsregeln fest, wenn ein vorher von der Allgemeinheit genutztes, im Überfluss vorhandenes Gut knapp und wertvoll wurde. Erst im Agrarstaat wurden dem Einzelnen Grund und Boden als Eigentum zur Nutzung zugeteilt und dadurch handelbar. Neben dem Grund und Boden waren es unter anderem Bodenschätze, Jagd- und Fischereirechte. Die Meeresfischerei ist ein gutes Beispiel aus der Gegenwart, wie Nutzungs- und Eigentumsrechte entstehen. Solange es Fische im Überfluss gab, konnte jeder im offenen Meer Fische fangen. Als die Fischbestände geringer wurden, haben die Staaten in den vergangenen Jahrzehnten begonnen, ihre Hoheitsgebiete entlang der Meeresküste zu erweitern und die Nutzungsmöglichkeiten einzuschränken. Die Schwierigkeit bei der Hochseefischerei besteht darin, die Gebote und Verbote, welche die Nutzung der Fischbestände regeln, so zu gestalten, dass daraus Eigentumsrechte entstehen, mit einem funktionierenden Markt.

Wird die Nutzung eines vorher von jedermann frei genutzten Gutes wie die Hochseefischerei durch Gebote und Verbote eingeschränkt, wird die Freiheit des Einzelnen eingeschränkt. Solche Gebote und Verbote zwingen den Staat, die Einhaltung der Vorschriften ständig zu kontrollieren, was aufwendig ist und den Steuerzahler Geld kostet. Außerdem ist ein solches System anfällig für Korruption und sonstige Missbräuche. Ein Markt mit Eigentumsrechten, die gehandelt werden können, schafft für den Einzelnen Vermögen und reguliert sich weitgehend selbst. Der Staat muss nur noch den Markt beaufsichtigen und allenfalls einzelne Vorschriften anpassen, was sehr viel weniger aufwendig ist. Die Zuteilung über den Markt erfolgt wesentlich effizienter und gerechter als über eine schwerfällige und oft korruptionsanfällige Staatsbürokratie, in der die persönlichen Beziehungen meistens wichtiger sind als die wirtschaftliche Kompetenz. Glücklicherweise zeichnet sich in verschiedenen Staaten auch im Umweltbereich ein langsames Umdenken in Richtung Markt ab.

Um den demokratischen Rechtsstaat für das dritte Jahrtausend zu entwerfen, ist es am sinnvollsten, bei der Gesetzgebung zu beginnen, das heißt, bei jenen Instanzen, welche die Gesetze produzieren. Das sind die Parlamente, die Staatsverwaltungen, die Regierungen und dort, wo es eine direkte Demokratie gibt, das Volk sowie sonstige Instanzen, die an diesem Prozess beteiligt sind. Dabei muss ich an den Ausspruch einer Person denken, die den Gesetzgebungsprozess aus nächster Nähe kannte: „Die Produktion von Gesetzen ist wie die Produktion von Würsten. Es ist besser, man betrachtet diesen Prozess nicht aus der nächsten Nähe, da er unappetitlich ist, sondern das Resultat." Als Staatsoberhaupt hatte ich Gelegenheit, auf nationaler und internationaler Ebene diese Prozesse aus der Nähe zu betrachten und ich muss hinzufügen, dass darüber hinaus leider oft auch das Resultat – die Gesetzeswürste – unappetitlich ist.

Mit Ausnahme von Großbritannien und Neuseeland hat sich in allen Rechtsstaaten das Konzept durchgesetzt, dass als Grundlage der Gesetzgebung eine geschriebene Verfassung dient, in der neben den Grundrechten der Bürger auch die Organisation des Staates verankert ist. Reduziert sich der Aufgabenbereich des Staates im Wesentlichen auf die Aufrechterhaltung des demokratischen Rechtsstaates und die Außenpolitik, so ist eine kurze und leicht verständliche Verfassung möglich. Das hat den Vorteil, dass sich die Bürger mit ihrer Verfassung auseinandersetzen und diese kennen lernen können. Leider sind die meisten Verfassungen, die ich kenne, äußerst umfangreich und schwer verständlich. Verschiedentlich stellt man dann fest, dass Personen die eigene Verfassung kaum kennen, die aufgrund ihres Amtes formell für die Gesetzgebung zuständig sind, wie zum Beispiel Mitglieder eines Parlamentes.

Die Forderung an den Gesetzgeber, kurz und verständlich zu schreiben, sollte neben der Verfassung für jene Gesetzesmaterie gelten, mit der der normale Bürger im Lauf seines Lebens konfrontiert wird. Wenn der Staat einerseits davon ausgeht, dass es Aufgabe des Bürgers ist, Verfassung und Gesetze zu kennen, so muss es andererseits Aufgabe des Staates sein, den Bürger so gut als möglich über den aktuellen Gesetzesstand zu informieren. In diesem Zusammenhang kann man nicht oft genug darauf hinweisen, dass der Staat ein Dienstleistungsunternehmen sein sollte, das dem Bürger zu dienen hat und nicht umgekehrt. In den Schulen wird heute vieles unterrichtet, über dessen Nutzen es unterschiedliche Ansichten gibt. Wäre es nicht Aufgabe des Staates, dafür zu sorgen, dass an den Pflichtschulen Rechtskunde unterrichtet wird? Müsste der Staat nicht jedem Bürger eine Gesetzessammlung schenken, in der neben der Verfassung die wichtigsten Gesetze enthalten und kommentiert sind, sodass der Bürger sich im demokratischen Rechtsstaat zurechtfindet sowie über seine Rechte und Pflichten informiert ist?

Natürlich gibt es eine große Zahl von Gesetzen und Vorschriften, die der Bürger für sein normales Leben nicht kennen muss, die aber trotzdem notwendig sind, um zum Beispiel den Konsumenten oder die Umwelt vor Produkten zu schützen, die schädlich sind. Diese Vorschriften richten sich hauptsächlich an Betriebe der Industrie, der Landwirtschaft oder des Dienstleistungssektors. Besonders für kleine Betriebe stellt diese Vielfalt an Vorschriften eine große Belastung dar. Dabei sind diese kleinen Betriebe für die Beschäftigung und die Innovation in einer Volkswirtschaft äußerst wichtig. Neben hohen Steuern, komplizierten Steuer- und Sozialgesetzen sind sich ständig ändernde Vorschriften ein wichtiger Grund, weshalb Unternehmen erst gar nicht gegründet werden oder bald scheitern. Da die öffentliche Hand, ob Staat oder Gemeinde, von den Unternehmen direkte und indirekte Steuern, Abgaben, Sozialbeiträge usw. kassiert, müsste von Gesetzes wegen eine weitgehend kostenlose Beratungspflicht der öffentlichen Hand gegenüber den Unternehmen verankert werden. Bei widersprüchlichen Vorschriften wären diese zugunsten des Unternehmens bzw. des Steuerzahlers auszulegen. Nur dann werden Staat und Gemeinden den Bürgern dienen und sie nicht ausrauben. Wenn der Staat unklare und widersprüchliche Gesetze erlässt, ist er dafür haftbar und nicht der Steuerzahler.

Neben der nationalen Produktion von staatlichen Gesetzen und Vorschriften hat in den letzten Jahrzehnten aufgrund bilateraler Abkommen zwischen den Staaten, den Mitgliedschaften in regionalen Organisationen wie der EU und in internationalen Organisationen wie der UNO die Zahl der Vorschriften enorm zugenommen, die vom Ausland auf den Staat und seine Bürger einwirken. Grundsätzlich müsste der nationale Gesetzgeber sich ebenfalls mit diesem umfangreichen Rechtsbereich intensiv auseinandersetzen und prüfen, ob diese internationalen Vorschriften für den nationalen Bereich zur Anwendung kommen sollen und wenn ja, wie. Wer sich mit diesem Rechtsbereich beschäftigt, weiß, dass die nationalen Gesetzgeber in der Regel mit dieser Aufgabe überfordert sind und eine Umsetzung dieses internationalen Rechtes nur mangelhaft erfolgt, wobei sich auch da oft Widersprüche zum bestehenden Recht ergeben.

Wenn sich der Rechtsstaat, ob demokratisch oder nicht, auf Dauer als unfähig erweisen sollte, diese Probleme in den Griff zu bekommen, wird er in seiner heutigen Form untergehen. Ich selbst hatte über Jahrzehnte die Möglichkeit, aus nächster Nähe diese unerfreuliche Entwicklung zu verfolgen. Als junger Mensch habe ich im Büro eines amerikanischen Senators – Senator Claiborne Pell von Rhode Island – in Washington D.C. gearbeitet. Obwohl ein amerikanischer Senator hauptamtlich tätig ist und über eine Anzahl Mitarbeiter verfügt, war es den einzelnen Senatoren schon damals nicht mehr möglich, sich einen Überblick zu verschaffen über alle Gesetze, Verträge, Vorschriften und sonstigen Entscheidungen, die im Senat beschlossen wurden. Was in den 1960er-Jahren für den hauptberuflich tätigen Senat mit einer Reihe ebenfalls hauptberuflich tätiger Mitarbeiter zutraf, gilt heute in vermehrtem Maß für alle Parlamente, besonders für jene, deren Mitglieder nicht hauptberuflich tätig sind und die nicht über einen Stab an Mitarbeitern verfügen. In der Gesetzgebung hat sich die Verfassungswirklichkeit von den gültigen Verfassungen entfernt, was die Glaubwürdigkeit des Rechtsstaates in seinen Grundfesten erschüttert.

Wie soll eine Reform der Gesetzgebung aussehen, um diesen für den Rechtsstaat so wichtigen Prozess wieder an die Verfassungsgrundsätze heranzuführen, auf denen heute alle demokratischen Rechtsstaaten beruhen? Entscheidend ist, dass der Staat sich auf seine wichtigste Aufgabe konzentriert – die Aufrechterhaltung des Rechtsstaates – und Aufgaben schrittweise abgibt, die ihm im Lauf der letzten zweihundert Jahre durch eine nationalistische und sozialistische Ideologie übertragen wurden. Die Verlagerung dieser Aufgaben auf die Privatwirtschaft oder die Gemeinden ermöglicht eine Beschränkung der umfangreichen Gesetzeswerke und Verordnungen auf einfache Rahmengesetze, soweit überhaupt notwendig. So sind im sozialen Bereich die Gemeinden viel näher an den Problemen und können diese früher erkennen, schneller lösen, ohne riesige Bürokratie mit unzähligen Vorschriften. Die komplizierten Gesetze und Vorschriften auf der staatlichen Ebene sind oft notwendig, weil dort Rücksicht genommen werden muss auf alle möglichen Spezialfälle, die in den meisten Gemeinden keine Bedeutung haben, und wenn sie dort auftreten, schnell und unbürokratisch gelöst werden können, ohne dass dadurch Präzedenzfälle für andere Gemeinden geschaffen werden.

Eine verfassungsmäßig verankerte Selbstbeschränkung des Staates würde es Parteipolitikern erschweren und in vielen Fällen verhindern, mit immer neuen Versprechungen Stimmen für die nächsten Wahlen zu kaufen. Abgesehen von der Gesetzesflut, die dabei entsteht, sind diese Versprechungen mit hohen Kosten verbunden. Da werden Milliarden für die Erhaltung von alten Industrien und Milliarden für die Schaffung neuer Industrien versprochen. Das Eintreiben dieser Milliarden vom armen Steuerzahler und die Verteilung dieser Milliarden auf eine Reihe von Privilegierten ist ein bürokratischer Vorgang, der bereits einen Teil dieser Milliarden vernichtet. Es ist schon für den Unternehmer in der eigenen Branche schwer genug, den längerfristigen Erfolg seiner Investitionen zu beurteilen. Politiker und Bürokraten sind keine Unternehmer und deshalb in der Regel unfähig zu beurteilen, ob die von ihnen mit den Milliarden des Steuerzahlers gefütterten Unternehmen auf Dauer überlebensfähig sind oder nicht. Deshalb wird bei der Verteilung jener Milliarden, die nach dem Abzug der üppigen Verwaltungskosten übrig geblieben sind, der größte Teil wieder vernichtet. Da diese Steuermilliarden zuerst von erfolgreichen Unternehmen und Personen durch harte Arbeit verdient werden, läuft der ganze Prozess auf eine Geldvernichtungsaktion hinaus, die dem erfolgreichen Teil der Volkswirtschaft eines Landes entzogen wird. Damit wird der gesunde Teil der Volkswirtschaft geschwächt, es wird weniger investiert und erfolgreiche Betriebe und Personen wandern aus. Am Ende bleiben nur mehr die Politiker, Bürokraten und Arbeitslosen zurück und der Staat bricht zusammen.

Die verfassungsmäßige Beschränkung der Parlamentarier auf die Kernaufgaben des Staates, das heißt, auf die Außenpolitik und die Aufrechterhaltung des Rechtsstaates, löst nur einen Teil des Problems. Selbst in Kleinstaaten wird man auf Dauer nicht darum herumkommen, die Parlamentarier hauptberuflich zu beschäftigen und ihnen einen qualifizierten Stab an Mitarbeitern zur Seite zu stellen. Das kostet zwar etwas Geld, aber vergleicht man die Kosten des Parlamentes mit den Kosten, die das Parlament verursacht, und den Gesamtausgaben des Staates, ist dies ein lächerlich kleiner Betrag. Wichtig ist, dass der Parlamentarier seine Mitarbeiter selbst aussuchen kann und dass es sich nicht um unkündbare Beamte handelt, die ihm einfach zugeteilt werden.

Eine weitere sinnvolle Maßnahme besteht darin, die Zahl der Parlamentarier möglichst niedrig zu halten. Die Erwartung, dass die Parlamente in ihrer Zusammensetzung ein Querschnitt der Bevölkerung sind und so das Volk vertreten werden, hat sich von Anfang an als Illusion erwiesen. Die Parlamentarier vertreten ihre Parteien und selbst wenn sie nicht immer gemäß der Parteilinie abstimmen, sind sie von ihrer Herkunft her kein Spiegelbild der Bevölkerung. Mit der Größe des Parlamentes steigt zwar die Länge der Debatten, aber nicht deren Qualität. Ein weiterer Nachteil eines großen Parlamentes besteht darin, dass sich die Mitglieder untereinander kaum kennen und eine gute Zusammenarbeit dadurch schwieriger wird. Je größer das Parlament, desto größer die Gefahr, dass die gesetzgebenden Entscheidungsprozesse sich weitgehend auf die Regierung, die Parteien, die staatliche Bürokratie oder andere Gruppen verlagern.

Wie viele Abgeordnete ein Parlament haben soll, ist schwer zu beurteilen und dürfte von Fall zu Fall unterschiedlich sein. Im Zweifelsfall wäre die kleinere Zahl zu wählen. Das liechtensteinische Parlament bestand lange Zeit aus 15 Abgeordneten und einigen Ersatzabgeordneten, von denen keiner hauptberuflich als Abgeordneter tätig war. Verglichen mit sehr viel größeren Parlamenten hat das liechtensteinische Parlament damals eine gute Arbeit geleistet. Wegen der zunehmenden außenpolitischen Verpflichtungen der Parlamentarier durch die Mitgliedschaft Liechtensteins in internationalen Organisationen wurde 1988 in einer Volksabstimmung mit recht knappem Ausgang die Zahl der liechtensteinischen Abgeordneten im Parlament von 15 auf 25 erhöht. So sehr die liechtensteinischen Abgeordneten die Erhöhung für die außenpolitischen Verpflichtungen als Erleichterung empfanden, so sehr empfanden sie die Erhöhung für die laufende Arbeit im Parlament als Nachteil.

Wichtiger als ein großes und nicht repräsentatives Parlament ist für die Einbindung des Volkes in den ganzen Prozess der Gesetzgebung die direkte Demokratie. Wie in Kapitel 9 dargelegt, erscheint mir das liechtensteinische Modell der direkten Demokratie dem schweizerischen Modell überlegen zu sein. Die Bedenken gegen eine stark ausgebaute direkte Demokratie könnten damit ausgeräumt werden, dass man dem Staatsoberhaupt ein Vetorecht gegen Volksentscheide einräumt. Nachdem der Fürst von Liechtenstein schon ein Vetorecht hat, gibt es keinen Grund, dieses dem Präsidenten einer Republik zu verweigern. Beide brauchen sie das Vertrauen des Volkes, um mit ihrem Veto eine Fehlentscheidung des Volkes zu verhindern. Vielleicht gibt es einen Unterschied. Ein Monarch, der durch Geburt in sein Amt gelangt, ist unabhängiger als ein Präsident, der sich um seine Wiederwahl bemüht.

Wird den Gemeinden ein hohes Maß an Autonomie bis hin zur Sezession zugestanden und werden die Aufgaben des Staates verfassungsmäßig im Wesentlichen auf die Aufrechterhaltung des demokratischen Rechtsstaates und die Außenpolitik beschränkt, stellt sich die Frage, ob ein Zweikammernsystem sinnvoll ist. Ein Parlament mit einem Zweikammernsystem ist aufwendiger und schwerfälliger in der Entscheidungsfindung. In fast allen Staaten mit einem Zweikammernsystem spiegelt die eine Kammer eine historische Entwicklung wider, die an Bedeutung verloren hat. So sind in der zweiten Kammer meistens die Bundesstaaten, Bundesländer, Kantone, Provinzen usw. mit Abgeordneten vertreten, unabhängig von der Bevölkerungszahl. Da die Gemeinden im Staat der Zukunft über eine größere Autonomie verfügen werden als vorher die Bundesstaaten, Bundesländer, Kantone, Provinzen usw., ist eine zweite Kammer sicher entbehrlich. Den einzelnen Gemeinden steht es im Rahmen ihrer Autonomie weiterhin frei, sich zu diesen historisch gewachsenen Regionalverbänden zusammenzuschließen, ob dies nun Bundesstaaten, Provinzen oder Kantone sind. Dabei wird man davon ausgehen können, dass historisch gewachsene regionale Einheiten wie das Land Bayern oder die Kantone in der Schweiz weiter bestehen bleiben, um in vielen Bereichen zusammenzuarbeiten, in denen der Staat nicht mehr tätig sein wird.

Bei einem Staat, der sich als Dienstleistungsunternehmen für das Volk versteht, sind außerdem bei jenen Instanzen, die über die Einhaltung der staatlichen Gesetze und Vorschriften wachen, Verbesserungen angebracht, wie zum Beispiel bei der Polizei. Manche Mängel verursacht die Gesetzgebung und diese müssen dort behoben werden, wie die bereits erwähnte komplizierte und widersprüchliche Gesetzgebung, welche die Aufgaben der Polizei erschwert. Gesetze, die in großen Teilen der Bevölkerung abgelehnt werden, lassen sich durch die Polizei schwer vollziehen, wobei gewöhnlich in den Augen der Bevölkerung die Polizei und nicht der Gesetzgeber schuld daran ist. Dies ist ein Mangel, der bei der direkten Demokratie seltener in Erscheinung tritt, da solche Gesetzesentwürfe, wenn sie in das Bewusstsein der Bevölkerung treten, in einer Volksabstimmung abgelehnt werden können.

In vielen Staaten klagt die Polizei über fehlende personelle und finanzielle Ressourcen oder über die fehlende Unterstützung seitens der Politik. Für Staaten, die sich neben der Außenpolitik im Grunde genommen nur mehr auf die Aufrechterhaltung des Rechtsstaates konzentrieren müssen, sollte dies kein größeres Problem mehr darstellen. Politiker und Parteien, die in diesem Bereich versagen, können dies nicht mit positiven Leistungen in anderen Bereichen ausgleichen und gefährden dadurch ihre Wiederwahl. Für den Wähler wird es einfacher, eine klare Entscheidung zu treffen, da das System transparenter wird.

Was in einer globalisierten Welt für Waren, Dienstleistungen und Touristen gilt, gilt auch für die Verbrecher, die weltweit zusammenarbeiten können und sehr mobil sind. Um das internationale Verbrechen wirksam zu bekämpfen, braucht es eine internationale Zusammenarbeit auf verschiedensten Gebieten. Dazu benötigen die Staaten hoch qualifizierte Polizeibeamte, die mehrere Sprachen können und sich in verschiedenen Kulturen zurechtfinden. Besonders Wirtschaftsverbrechen werden international organisiert mit der Zwischenschaltung von verschiedenen Gesellschaften in verschiedenen Staaten. Neben den Sprachkenntnissen benötigen Beamte, die Wirtschaftsverbrechen untersuchen, zusätzlich gute Kenntnisse der internationalen Wirtschaft. Das kostet Geld, aber es wäre falsch, hier zu sparen, denn der Schaden, der durch Wirtschaftsverbrechen international angerichtet wird, ist um ein Vielfaches höher als die Kosten seiner Bekämpfung.

In diesem Zusammenhang sollte ein Problem erwähnt werden, das in den vergangenen vierzig Jahren ganz entscheidend dazu beigetragen hat, dass sich gut finanzierte internationale Verbrecherbanden schnell ausbreiten konnten, und zwar das Drogenproblem. Mit der Produktion, dem Handel und dem Vertrieb von verbotenen Drogen werden gemäß Schätzungen der internationalen Organisationen jährlich zweistellige Milliardenbeträge in Dollar verdient. Die internationale Drogenmafia verdient ein Vielfaches von dem, was die Staaten zu ihrer Bekämpfung ausgeben können. Die Folgekosten des Drogenproblems sind ebenfalls enorm. Da sind einmal die Gesundheitsprobleme, die der Drogenkonsum direkt und indirekt verursacht. Drogenabhängige, noch dazu, wenn sie sich über verschmutzte Nadeln mit Aids, Gelbsucht oder anderen Krankheiten anstecken, sind meistens nicht mehr arbeitsfähig und die Allgemeinheit muss neben ihrer Therapie noch ihren Lebensunterhalt finanzieren. Für den Rechtsstaat und damit für die Polizei von besonderer Bedeutung ist aber die Beschaffungskriminalität der Drogenabhängigen, die damit ihren Drogenkonsum finanzieren. Das Drogenproblem dürfte in den meisten Industriestaaten einer der Hauptgründe für die starke Zunahme der Kriminalität während der letzten Jahrzehnte sein, wobei ein Ende nicht abzusehen ist.

Im Grunde genommen gibt es drei Optionen, wie die Staaten mit dem Drogenproblem umgehen können:

1. Die Fortsetzung der jetzigen Politik eines strikten Verbotes. Diese Politik ist nicht nur klar gescheitert, sondern sie hat darüber hinaus der Drogenmafia ermöglicht, mit Hilfe von Gewinnspannen, die um ein Vielfaches höher liegen als in jedem legalen Geschäft, ein weltweites Vertriebsnetz aufzuziehen, das weiter reicht als jenes von Coca Cola. Das Verteilernetz der Drogenmafia reicht bis in die entlegensten Dörfer, nicht trotz der weltweiten Drogenpolitik, sondern wegen der weltweiten Drogenpolitik. Die Politik des strikten Alkoholverbotes in den USA vor dem 2. Weltkrieg ist nach wenigen Jahren kläglich gescheitert, nur bei den anderen Drogen hält man unbeirrt daran fest.

2. Die Freigabe und Legalisierung der verbotenen Drogen. Ob dies politisch möglich und aus heutiger Sicht wünschenswert ist, erscheint fraglich. Es gibt eine Reihe von wissenschaftlichen Untersuchungen, die vermuten lassen, dass die verbotenen Drogen zumindest für die Mehrheit der Menschen gefährlicher sind als die Droge Alkohol.

3. Die Gesetze der Marktwirtschaft und die Heilung der Drogensüchtigen stehen bei der Bekämpfung der verbotenen Drogen im Vordergrund. Über den Erfolg einer solchen Strategie entscheidet, ob die Staaten einerseits bereit sind, den Drogenproduzenten, zumeist arme Bauern in den Entwicklungsländern, die für die Herstellung der Drogen benötigten Rohstoffe zu einem höheren Preis abzukaufen als dies die Drogenmafia kann. Andererseits müssten dann den Drogenabhängigen die Drogen zu einem sehr viel niedrigeren Preis abgegeben werden, als dies die Drogenmafia kann. Da die Drogenmafia in der Illegalität arbeitet, sind ihre Kosten für Produktion, Transport und Verteilung bedeutend höher als für eine legale und rationell arbeitende Organisation. Das illegale Drogengeschäft müsste weiterhin solange intensiv bekämpft werden, bis das ganze Geschäft für die

Drogenmafia uninteressant wird. Die Drogenabhängigen wiederum dürften die billig abgegebenen Drogen nur unter Aufsicht in dafür vorgesehenen Räumen konsumieren, wo sie von qualifiziertem Personal über die Gefahren des Drogenkonsums informiert und im Hinblick auf eine Therapie beraten werden. Die Kosten für so ein Programm wären wesentlich geringer als die Kosten, welche durch die jetzige Politik des strikten Verbotes verursacht werden. Vielleicht wäre es sogar möglich, einen Teil der Kosten abzudecken, wenn beim Verkaufspreis an den Drogenkonsumenten eine Gewinnspanne enthalten ist. Schließlich kann der Drogenkonsument nicht erwarten, dass alle Kosten, die er verursacht, von der Allgemeinheit getragen werden. Die Beschaffungskriminalität würde durch so eine Strategie weitgehend verschwinden, die Städte wären wieder sicherer und die Polizei könnte sich anderen Aufgaben widmen. Hoffentlich werden jene Politiker, besonders aus den USA, die der ganzen Welt zu Recht die Vorteile der Marktwirtschaft predigen, endlich erkennen, dass die Gesetze der Marktwirtschaft in der Drogenpolitik nicht einfach ignoriert werden können.

Der Staat wird den Missbrauch von legalen und illegalen Drogen nie ganz verhindern können. Es gehört aber sicher nicht zu den Aufgaben des Staates und der öffentlichen Hand, diesen Missbrauch durch Vorschriften, die auf die Gesetze des Marktes keine Rücksicht nehmen, auch noch zu fördern. Die heutige Drogenpolitik des strikten Verbotes untergräbt nicht nur in den Industriestaaten den Rechtsstaat, sondern in viel größerem Ausmaß den Rechtsstaat in den weniger entwickelten Staaten. Die Milliardengewinne aus der Produktion, dem Handel und dem Vertrieb von Drogen finanzieren dort neben dem organisierten Verbrechen auch noch terroristische Organisationen und Guerillakriege. Hohe Ideale und beste Absichten haben zur heutigen Drogenpolitik geführt, betrachtet man aber das Ergebnis der vergangenen Jahrzehnte, kann man sich der Tatsache nicht ganz verschließen, dass es sich um eine wenig intelligente Politik gehandelt hat. Gäbe es einen Nobelpreis für Dummheit, so könnte man die Erfinder dieser Drogenpolitik in den Kandidatenkreis aufnehmen.

Ein Staat, der den Gemeinden viele Aufgaben überträgt, muss ihnen die Kompetenz geben, innerhalb der festgelegten Rahmenbedingungen eigene Vorschriften zu erlassen, die den örtlichen Verhältnissen angepasst sind, und für deren Einhaltung zu sorgen. Gesetze für den Verkehr, die Umwelt, die Raumplanung, das Sozialwesen, Bauvorschriften und vieles mehr könnte innerhalb festgelegter Rahmenbedingungen von den Gemeinden geregelt werden. Dabei stellt sich die Frage, ob die von den Gemeinden oder regionalen Verbänden erlassenen Vorschriften nicht besser durch Beamte oder

Polizisten kontrolliert werden, die den Gemeinden oder Regionalverbänden direkt unterstellt sind und von ihnen bezahlt werden. In einigen Fällen wird es vorteilhaft sein, solche Kontrollfunktionen an private Unternehmen zu vergeben, die im Auftrag der öffentlichen Hand tätig werden, wie das in manchen Staaten bereits der Fall ist.

In einem Staat, der sich als Dienstleistungsunternehmen für das Volk versteht, müssen die Staatsbeamten gegenüber ihren Kunden, dem Volk und den Gemeinden, so auftreten, wie dies in einem gut geführten Dienstleistungsunternehmen üblich ist. Für einen Staat, dessen innenpolitische Aufgabe in erster Linie die Aufrechterhaltung der Rechtsordnung ist, wird der einzelne Polizist für den normalen Bürger in der Regel die wichtigste Kontaktperson zum Staat sein. Dazu ist zu bemerken, dass in vielen demokratischen Rechtsstaaten diesbezüglich große Fortschritte erzielt wurden. Der Werbespruch „Die Polizei, dein Freund, Beschützer und Helfer“ wurde in weiten Bereichen verwirklicht. Polizisten bringen Kindern in den Schulen die Verkehrsregeln bei, sie beraten Hausbesitzer, wie sie sich vor Einbrechern schützen können, und so manches mehr. Vergleicht man das Dienstleistungsunternehmen Staat mit einem Dienstleistungsunternehmen in einer anderen Branche, zum Beispiel einem Restaurant, so ist der Polizist der Kellner und der Gesetzgeber die Küche. Der Gast wird nur zufrieden sein und wiederkommen, wenn der Service freundlich und effizient ist sowie das Essen gut und preiswert.

Ein Rechtsstaat besteht bekanntlich nicht nur aus einem Gesetzgeber und Instanzen wie der Polizei, welche die Einhaltung der Gesetze kontrollieren, sondern auch aus einer unabhängigen Gerichtsbarkeit. Die Gerichtsorganisation im Staat der Zukunft kann sich an den bewährten Modellen moderner Verfassungsstaaten orientieren:

1. Die ordentliche Gerichtsbarkeit, die üblicherweise aus drei Instanzen besteht.

2. Ein Verfassungsgerichtshof, der darüber wacht, dass Gesetze, Verordnungen und Entscheide der Staatsverwaltung sowie der Gemeinden den Verfassungsbestimmungen entsprechen.

3. Ein Verwaltungsgerichtshof, der den Betroffenen die Möglichkeit gibt, gegen Verwaltungsentscheide Berufung einzulegen.

Das Fürstentum Liechtenstein war mit der Einführung der Verfassung von 1921 einer der ersten Verfassungsstaaten weltweit, die diese voll ausgebaute

Gerichtsbarkeit in die Praxis umgesetzt haben. Dabei konnte man sich eng an das damals neu entwickelte österreichische Modell halten, wobei zu sagen ist, dass die österreichische Rechtsentwicklung immer einen großen Einfluss im Fürstentum Liechtenstein hatte und weiterhin noch hat. Bei der Verfassungsreform von 2003 wurden neben den Erfahrungen der vergangenen 80 Jahre im Fürstentum Liechtenstein zusätzlich jene aus Österreich und aus anderen Staaten berücksichtigt. In einem Staat der Zukunft, selbst wenn er sehr viel größer ist als das Fürstentum Liechtenstein, wird man an diesem Aufbau und an dieser Organisation nichts Grundsätzliches ändern müssen.

Die Schwierigkeit bei der Gerichtsbarkeit in den meisten Staaten liegt weniger darin, eine effiziente Gerichtsorganisation und deren Unabhängigkeit in Verfassung und Gesetz zu verankern, sondern vielmehr darin, die Unabhängigkeit der einzelnen Richter gegenüber der Parteipolitik und anderen Interessengruppen abzusichern. Direkte Interventionen der Politiker bei den Richtern sind selten und lassen sich schwer nachweisen. Die Entscheidungen so mancher Richter und Gerichtshöfe lassen sich allerdings kaum anders erklären als durch ein Verhalten gegenüber den Politikern, das man als vorauseilenden Gehorsam bezeichnen kann. Ein Grund dafür ist der erheblich Einfluss, den Parteien und Interessengruppen auf die Ernennung von Richtern ausüben können.

Wer Gelegenheit hatte, auf nationaler und internationaler Ebene Gerichtsentscheide zu studieren, die politisch sensible Bereiche berühren, bei denen angeblich Interessen des Staates auf dem Spiel stehen, stellt selbst in demokratischen Rechtsstaaten fest, dass Gerichte Entscheidungen fällen, die dem Sinn und dem Wortlaut der Gesetzesbestimmungen widersprechen. Diese Entscheidungen sind dann so abgefasst, dass sie meist nur vom Fachmann als klare Fehlentscheidungen erkannt werden. Der breiteren Öffentlichkeit ist es dann schwer zu erklären, dass das Gericht bewusst falsch entschieden hat, um gewisse Interessen zu schützen, bei denen das Staatsinteresse oft nur vorgeschoben wird. Eine solche Vorgangsweise stellt mit der Zeit die Glaubwürdigkeit des Rechtsstaates nicht nur in Fachkreisen in Frage.

Die Problematik liegt darin, dass die Parteienoligarchie alle Schlüsselpositionen im Staat besetzt, von der Legislative über die Exekutive bis zur Gerichtsbarkeit. Wenn der Staat außerdem gegenüber früheren Jahrhunderten aufgrund seiner vielfältigen Aufgaben, die er übernommen hat, zu einer dominierenden Kraft in der Volkswirtschaft geworden ist, so wird die Freiheit des einzelnen Menschen langsam ausgehöhlt, bis nur mehr eine Fassade übrig bleibt. Die im Kapitel 9 beschriebene liechtensteinische Lösung für die

Richterernennungen, kombiniert mit einer radikalen Reduktion der Staatsaufgaben auf die Außenpolitik und die Aufrechterhaltung des demokratischen Rechtsstaates, ist eine Möglichkeit, um diese Gefahr abzuwenden.

Neben der Ernennung der Richter ist die Abberufung eines Richters ein heikles Thema. Es wird sogar bei sorgfältigster Auswahl immer wieder Richter geben, die ihren Aufgaben nicht mehr gewachsen sind. Ein Mensch verändert sich im Lauf der Zeit. Seine geistigen oder körperlichen Kräfte lassen nach, gewisse Charaktereigenschaften können hervortreten, welche die Person für ein Richteramt als wenig geeignet erscheinen lassen.

Selbst in demokratischen Rechtsstaaten werden außerdem Personen aus politischen Gründen zu Richtern ernannt, von denen man annehmen musste, dass sie ihrer Aufgabe nicht gewachsen sind. Einen solchen Fall habe ich in Liechtenstein selbst aus nächster Nähe miterlebt. Der Richter war unfähig, eine Entscheidung zu treffen, und die einzelnen Gerichtsfälle blieben jahrelang liegen. Die betroffene Bevölkerung beklagte sich zuerst bei den Politikern, ohne Erfolg, da der Richter der damaligen Mehrheitspartei politisch nahestand. Darauf kamen die betroffenen Bürger zu mir als Staatsoberhaupt. Nach jahrelangen Bemühungen und nachdem der Richter weitere Probleme für den Staat in der internationalen Rechtshilfe verursachte, war es schließlich möglich, ihn mit vereinten Kräften in den vorzeitigen Ruhestand zu schicken. In einem Kleinstaat wie Liechtenstein werden solche Missstände zumeist früher erkannt als in größeren und wenn der politische Wille da ist, lassen sich die Missstände schneller beheben. Trotzdem benötigt selbst ein kleiner Staat ein Kontrollsystem, um solche Missstände frühzeitig zu erkennen. Damit ein unfähiger Richter aus dem Amt entfernt werden kann, braucht es ein geregeltes Verfahren, das einerseits transparent und nachvollziehbar ist, andererseits die Privatsphäre der betroffenen Person schützt. Wer mit der internationalen Rechtshilfe zu tun hat, weiß, dass auch in Europa in den demokratischen Rechtsstaaten erhebliche Unterschiede bestehen, was die Effizienz des gesamten Gerichtswesens betrifft.

Ein weiteres Problem in den meisten Rechtsstaaten liegt darin, dass es zu wenig Richter gibt, was dazu führt, dass viele Verfahren sich über Jahre hinziehen. Der Mangel an qualifiziertem Personal bei Polizei, Staatsanwaltschaft und Gerichten führt de facto zu einer Rechtsverweigerung seitens des Staates gegenüber seinen Bürgern. Einzelne Fälle werden gar nicht mehr näher untersucht, selbst wenn der begründete Verdacht besteht, dass ein Serienmörder sein Unwesen treibt, wie zum Beispiel in einem aus den Medien bekannten Fall in Belgien.

Beim Europarat, der auf höherer Ebene die Prinzipien des demokratischen Rechtsstaates in Europa verteidigen sollte, steht es diesbezüglich ebenfalls nicht zum Besten. Der Europarat gibt gerne innerhalb und außerhalb Europas ungebetene Ratschläge über die Einhaltung der Menschenrechte und über die Prinzipien des demokratischen Rechtsstaates. Derselbe Europarat verfügt über den Europäischen Gerichtshof für Menschenrechte, bei dem seit Jahren rund 90.000 Klagen über teilweise schwerwiegende Menschenrechtsverletzungen liegen geblieben sind, wie man einem Bericht des Europarates aus dem Jahr 2006 entnehmen kann. Als ob dies nicht schon traurig genug wäre, findet derselbe, vollkommen überlastete Gerichtshof die Zeit, sich des Langen und Breiten mit Fällen auseinanderzusetzen, die gar nicht in seine Kompetenz fallen, aber die für einige einflussreiche Politiker wichtig sind. Wie der Europarat dabei gegen Grundprinzipien des demokratischen Rechtsstaates verstößt, konnte ich aus nächster Nähe in Fällen beobachten, die das Fürstentum Liechtenstein betrafen. Der österreichische Professor Günther Winkler, einer der bedeutendsten deutschsprachigen Verfassungs- und Europarechtler, hat in einem Buch einen dieser Fälle sorgfältigst untersucht („Der Europarat und die Verfassungsautonomie seiner Mitgliedsstaaten", herausgegeben 2005 im Springer Verlag, Wien und New York).

Eingeklemmt zwischen einer sich erweiternden EU, der OSZE (Organisation für Sicherheit und Zusammenarbeit in Europa) und der UNO hat der Europarat für die Mitgliedsstaaten stark an Bedeutung verloren. Grundsätzlich gibt es für den Europarat drei Alternativen: eine grundlegende Reform, um sich wieder glaubwürdig für die Grundprinzipien des demokratischen Rechtsstaates einsetzen zu können; die Auflösung, denn ein Europarat, der in den Augen der europäischen Bevölkerung die Grundprinzipien des demokratischen Rechtsstaates schützen soll und dies in der Vergangenheit auch getan hat, aber jetzt diese Grundprinzipien sowie die eigenen Verfahrensvorschriften grob missachtet, schadet mehr, als dass er nützt; die Beibehaltung des Status quo. Realistischerweise wird man aber davon ausgehen müssen, dass es weder eine grundlegende Reform noch eine Auflösung des Europarates geben wird. So wie in der Vergangenheit wird er weiterhin den Mitgliedsstaaten als Versorgungsinstitut und als Einnahmenquelle für Politiker, Beamte und Gutachter dienen, auf Kosten der europäischen Steuerzahler.

Europäische Staaten, zusammen mit den USA, waren weltweit im 19. und 20. Jahrhundert Vorreiter bei der Entwicklung des demokratischen Rechtsstaates. Auf beiden Seiten des Atlantiks treten jetzt allerdings beim Rechtsstaat Erosionserscheinungen auf. Erodiert der Rechtsstaat bei uns, was passiert dann in anderen Ländern, in denen der Rechtsstaat noch ein sehr schwaches

Pflänzchen ist? Die Politiker und Völker der demokratischen Rechtsstaaten der sogenannten 1. Welt müssen sich ihrer weltweiten Verantwortung bewusst sein und den Staat vom Ballast der letzten hundert Jahre befreien, der ihn von seinen beiden Kernaufgaben ablenkt: die Aufrechterhaltung des demokratischen Rechtsstaates und die Außenpolitik. Über eine Beschränkung auf diese Kernaufgaben entscheidet im demokratischen Rechtsstaat letzten Endes das Volk. Das Volk muss konsequent bei Wahlen all jenen Politikern und Parteien das Vertrauen entziehen, die mit den Steuergeldern des Volkes versuchen, Stimmen zu kaufen. Lässt sich das Volk mit dem eigenen Geld von Politikern und Parteien bestechen, darf es sich über korrupte Politiker und Parteien nicht wundern.

Neben dem Gesetzesgeber, der Polizei und anderen Organen, die über die Einhaltung der Gesetze wachen, sowie den Gerichten, die darüber entscheiden, ob Gesetzesüberschreitungen vorliegen, wird der Staat der Zukunft über ein Organ verfügen müssen, das üblicherweise als Regierung bezeichnet wird. Mit der stark reduzierten Zahl der Staatsaufgaben lässt sich die Zahl der Regierungsmitglieder drastisch senken. An der Spitze der Regierung steht gewöhnlich ein Premierminister, Regierungschef oder Kanzler, der die Regierungssitzungen leitet, über eine gewisse Richtlinienkompetenz verfügt und für die Regierungsarbeit die Hauptverantwortung trägt gegenüber dem Volk, dem Parlament und gegebenenfalls dem Staatsoberhaupt. Ein Außenminister leitet das Außenministerium mit allen Außenvertretungen. Einem Innenminister unterstehen die Polizei und all jene Instanzen, welche die Einhaltung der Gesetze überwachen. Ein Justizminister ist für die Justizverwaltung sowie das reibungslose Funktionieren der Gerichte und, soweit vorhanden, der Staatsanwaltschaften zuständig. Das Justizministerium unterstützt die Regierung und das Parlament bei der Ausarbeitung der Gesetzesentwürfe. Der Finanzminister schließlich trägt die Verantwortung für die Staatsfinanzen und die Steuerverwaltung.

Für die Bestellung und die Abberufung der Regierung gibt es in den einzelnen Demokratien unterschiedliche Modelle. In manchen haben die Parlamente keinen Einfluss auf die Zusammensetzung der Regierung. Dies ist dort der Fall, wo die Regierungsmitglieder direkt vom Volk gewählt werden, wie in vielen Schweizer Kantonen, oder wo der Regierungschef direkt vom Volk gewählt wird und seine eigene Regierungsmannschaft zusammenstellt, wie zum Beispiel der Präsident der USA, der gleichzeitig Regierungschef und Staatsoberhaupt ist. Allerdings müssen in den USA die vom Präsidenten ernannten Regierungsmitglieder vom Senat bestätigt werden. Gewöhnlich wird die Regierung entweder vom Staatsoberhaupt dem Parlament vorgeschlagen und von diesem gewählt, oder die Regierung wird direkt vom Parlament gewählt und vom Staatsoberhaupt, falls ein solches vorhanden, ernannt. Dem Staatsoberhaupt steht in vielen Fällen das Recht zu, die Regierung zu entlassen, das Parlament aufzulösen und Neuwahlen anzuordnen.

Die einzelnen Modelle haben ihre Vor- und Nachteile. Eine Regierung, die sich auf keine Mehrheit im Parlament stützen kann, hat es in der Regel schwer, ihr Regierungsprogramm zu verwirklichen. In den USA und in vielen Schweizer Kantonen sind die Regierungen ohne Mehrheiten im Parlament einigermaßen handlungsfähig und werden von der oppositionellen Mehrheit im Parlament in ihrer Arbeit nicht stark behindert. Dies liegt wohl darin, dass die Parteien in diesen beiden Staaten nicht so stark sind und die Parlamentarier deshalb in ihren Entscheidungen über einen größeren Spielraum verfügen. In der Schweiz und in einigen amerikanischen Bundesstaaten gibt es darüber hinaus die direkte Demokratie, sodass die Blockade im Parlament durch eine Volksabstimmung umgangen werden kann.

Wichtiger als das Regierungsmodell ist die Frage, ob über eine starke Erbmonarchie wie im Fürstentum Liechtenstein eine längerfristige und von der Parteipolitik unabhängige Komponente in die Politik eines Staates eingebracht werden soll. Der Monarch in einer Erbmonarchie ist nicht den einzelnen Parteien verpflichtet und muss nicht auf die nächsten Wahlen schielen, sondern kann sich für das langfristige Wohl des Staates und seiner Bevölkerung einsetzen. Im Fürstentum Liechtenstein war es durch die jeweilige gute und enge Zusammenarbeit zwischen den einzelnen Generationen des Fürstenhauses möglich, eine langfristige Politik über Generationen hinweg zu verfolgen, zum Wohl von Staat und Volk.

Eine Frage, die sich immer wieder stellt, ist, ob ein Staatsbeamter – wie in der Privatwirtschaft – ohne Weiteres gekündigt werden kann oder nicht. Bei Richtern und, soweit im Rechtssystem vorgesehen, bei Staatsanwälten ist deren Unabhängigkeit von der Politik und den politischen Parteien wichtig, denn diese beherrschen in der Regel bereits über das Parlament die Gesetzgebung und über die Regierung die sogenannte Exekutive. Ein Staatsanwalt oder Richter muss eine Untersuchung einleiten und ein Urteil fällen können, selbst wenn die Politiker oder die öffentliche Meinung damit nicht einverstanden sind. Deshalb sollte eine Kündigung von Richtern oder Staatsanwälten, wie vorher erwähnt, in einem geregelten Verfahren nur in Ausnahmefällen erfolgen.

Bei den übrigen Staatsbeamten war es in einer Reihe von Staaten Tradition, dass auch sie, wie die Richter, de facto unkündbar sind. In Staaten, in denen es entweder keine Verwaltungsgerichtsbarkeit gibt oder in denen diese nur schwach ausgebaut ist, lassen sich zweifellos gute Argumente finden, weshalb den Staatsbeamten eine ähnliche Unabhängigkeit eingeräumt wird wie den Richtern. Bei einer gut ausgebauten Verwaltungsgerichtsbarkeit hat aber der Bürger die Möglichkeit zu klagen, wenn er der Meinung ist, die Entscheidung der Behörden wäre willkürlich oder würde gegen das Gesetz verstoßen, womit eine wesentliche Begründung für eine Gleichstellung mit den Richtern entfällt.

Wird den Staatsbeamten die gleiche Unabhängigkeit in ihren Entscheidungen eingeräumt wie den Richtern, so erhalten die Staatsbeamten den Ermessensspielraum, der in einem demokratischen Rechtsstaat im Grunde genommen der Regierung zustehen sollte. Deshalb spricht vieles dafür, die Staatsbeamten den Angestellten in der Privatwirtschaft gleichzustellen und ihnen keinen besonderen Kündigungsschutz zu geben. Es kommt hinzu, dass eine Beschränkung des Staates auf seine Kernaufgaben nur mit einer massiven Reorganisation des Staatsapparates möglich ist. Viele Staatsbeamte werden in die Gemeinde- oder Regionalverwaltungen oder in die Privatwirtschaft wechseln, sofern diese Aufgaben des Staates übernehmen. Es wird aber leider Fälle geben, bei denen Kündigungen notwendig sind und der Staatsbeamte muss sich ein völlig neues Aufgabengebiet suchen. In den USA war es immer schon üblich, dass eine neue Regierung die meisten Spitzenbeamten der alten Regierung auswechselt. Eine neue Regierung sollte schließlich in der Lage sein, zumindest einen Teil des Regierungsprogramms umzusetzen, sofern es sich im Rahmen von Verfassung und Gesetz bewegt. Deshalb brauchen die Regierungsmitglieder Mitarbeiter ihres Vertrauens. Selbst in den USA, wo der Wechsel von der Privatwirtschaft zum Staat und wieder zurück Tradition hat, beschränkt sich jeweils der Wechsel auf einen kleinen Prozentsatz der Staatsbeamten.

## 11.2. Der Sozialstaat

Wie in Kapitel 4 „Die Rolle der Religion bei der Staatenbildung“ dargelegt, gehört das soziale Verhalten zum Wesen des Menschen. Soll es aber die Aufgabe des Staates in Zukunft sein, den bestehenden Sozialstaat aufrechtzuerhalten oder gar weiter auszubauen?

Das genetisch beeinflusste Sozialverhalten des Menschen entspricht noch weitgehend den politischen Strukturen sowie den wirtschaftlichen Verhältnissen in den Jäger- und Sammlerkulturen. Dort ist das gegenseitige Teilen und Helfen für das Überleben des Einzelnen und der Gruppe entscheidend. Dieses System ist recht effizient, da die soziale Kontrolle des Einzelnen durch die Gruppe leichter fällt als in einem großen Staat. Die Quelle des Reichtums war bei den Jäger- und Sammlerkulturen das gemeinsam genutzte Revier, das notfalls gegenüber anderen Gruppen zu verteidigen war. Es wurde geerntet, aber nicht gesät. Das persönliche Eigentum beschränkte sich im Wesentlichen auf Kleider, Waffen, Hausrat, Zelte oder einfache Hütten.

Bereits im Agrarzeitalter bekam das persönliche Eigentum von Grund und Boden und damit an den Produktionsmitteln eine zentrale Bedeutung. Der Landwirt musste nun jedes Jahr seinen Boden bearbeiten, anbauen und ernten. Die Natur war zwar noch wichtig, aber sie produzierte nicht mehr den Reichtum. Gegen Steuern und Abgaben übernahmen Monarchen und Oligarchen beziehungsweise der Staat Aufgaben, welche die kleine Gruppe vorher übernommen hatte, wie den Schutz vor Angriffen von außen und die Aufrechterhaltung von Recht und Ordnung im Inneren. Das Teilen und Helfen beschränkte sich auf die traditionellen Gruppen: die Großfamilie, die dörflichen Gemeinschaften oder die Region.

Das genetisch beeinflusste Sozialverhalten des Menschen und die staatlichen Strukturen begannen sich langsam auseinanderzuentwickeln. In den Dörfern und kleinen Städten war die soziale Kontrolle durch die Gruppe noch möglich, da man sich gegenseitig kannte, in den großen Städten und

Staaten war das nicht mehr möglich. Die Industrialisierung, die Landflucht, der Verlust der Großfamilie und der dörflichen Strukturen haben dieses Auseinanderbrechen von Sozialverhalten und staatlichen Sozialstrukturen weiter beschleunigt. Ein wachsender Teil der Bevölkerung war in den industrialisierten Staaten nicht mehr in den traditionellen Gruppen integriert. Damit ging das Teilen und Helfen, aber auch die soziale Kontrolle in den kleinen Gruppen weitgehend verloren. Ein Staat mit einer großen Bevölkerung kann diese Kontrolle nicht mehr ausüben. Versuche, es doch zu tun, führen in den Polizeistaat, in den Verlust der Freiheit und in die Korruption.

Der Versuch des Kommunismus, zum gemeinsamen Besitz und zum Teilen der Jäger- und Sammlerkulturen zurückzukehren, war eine wirtschaftliche und politische Katastrophe. Der Anreiz für den einzelnen Menschen, jedes Jahr neuen Reichtum zu produzieren, war nicht mehr gegeben, da der Reichtum von einer staatlichen Oligarchie dem Einzelnen zugeteilt wurde. Es gab keinen Wettbewerb mehr um die besten Produktionsmethoden des Reichtums, sondern nur um dessen Verteilung. Das Sozialverhalten der Steinzeit lässt sich nicht auf die sozialen, wirtschaftlichen und politischen Strukturen der Agrar- und Industriestaaten übertragen.

In der sozialen Marktwirtschaft wird der Versuch unternommen, unter Beibehaltung des privaten Eigentums und der Marktwirtschaft das Sozialverhalten in den Dörfern und kleinen Städten aus dem Agrarzeitalter auf den Staat zu übertragen. Dieser Versuch war erfolgreicher als jener der Kommunisten, aber auch dieses Modell befindet sich in einer Krise und wird wohl scheitern. Der Sozialstaat versucht mit Gesetzen das natürliche Sozialverhalten des Menschen in der kleinen Gruppe in eine Pflicht für das gesamte Volk zu verwandeln. Dazu benötigt der Staat einen umfangreichen bürokratischen Apparat, um dies zu kontrollieren. Neben den hohen Kosten droht der Verlust an Freiheit und die Parteien erhalten in einer Demokratie darüber hinaus die Möglichkeit, mit dem Geld des Steuerzahlers Stimmen zu kaufen. In einer globalisierten Welt mit einer rasch zunehmenden Mobilität an Personen, Dienstleistungen und Ähnlichem stößt der Sozialstaat an seine Grenzen.

In unserer weltweiten Informationsgesellschaft kämpft der Sozialstaat darüber hinaus mit einem moralischen Problem. Der Mensch ist ein soziales Wesen, das sich um seine Nächsten kümmern soll, wie dies im Christentum und in anderen Religionen verlangt wird. Aber schon Christus hat die Juden darauf hingewiesen, dass der Nächste ein Fremder sein kann und man seine Feinde lieben soll. Ist für einen gut verdienenden und hart arbeitenden Familienvater in München wirklich der Beamte in Berlin der Nächste, dem er seine Pension mitzahlen muss, damit dieser mit 60 in Pension gehen darf und die nächsten 25 Jahre seine Freizeit genießt, sei es in Berlin oder während des Winters irgendwo im Süden? Ist für den Familienvater in München nicht viel eher der Familienvater in irgendeinem Entwicklungsland der Nächste, dessen Familie unterernährt ist und für die mangels irgendeiner medizinischen Betreuung schon die einfachsten Krankheiten und Verletzungen lebensbedrohend sind? Ist der Sozialstaat nicht das Produkt einer Ideologie, an dem einige gut verdienen, anstatt das Produkt der Nächstenliebe? Wird dem Volk nicht vorgegaukelt, dass durch den Sozialstaat und die Zwangssolidarität für dieses auserwählte Volk das Himmelreich auf Erden geschaffen wird, während der wahre Nutznießer nur eine sehr kleine auserwählte Schicht ist?

Wenn die Menschheit als große Familie durch die Globalisierung noch mehr zusammenwächst, ist es sozial vertretbar, wenn die Nationalstaaten über Zwangsabgaben ihre Bevölkerung zwingen, einer privilegierten Schicht ein bequemes Leben zu bezahlen? Ist es nicht sozialer, den einzelnen Menschen und den Gemeinden die Möglichkeit zu geben, direkt mit ihren Spenden den Ärmsten der Armen unserer großen Familie zu helfen oder einzelne, gut geführte Gemeinden in den Entwicklungsländern bei ihren schwierigen Aufgaben zu unterstützen? Gelder für die monatlichen Pensionszahlungen eines einzigen Beamten in Berlin können in Entwicklungsländern nicht nur das Leben Dutzender Kinder retten, sondern ihnen darüber hinaus noch eine einfache Ausbildung finanzieren. War die staatliche Entwicklungshilfe, abgesehen von wenigen Ausnahmen, nicht eine Verschwendung von Steuergeldern, die allzu oft mehr geschadet als genützt hat?

Der Sozialstaat hat außerdem der staatlichen Oligarchie ermöglicht, tiefen Einblick in das Privatleben der Untertanen zu bekommen, höhere Steuern von diesen einzutreiben, um das weitere Wachstum der staatlichen Bürokratie zu finanzieren und einen Schuldenberg aufzubauen, mit dem noch die nächsten Generationen belastet sein werden. Experten warnen seit Langem, dass der Sozialstaat in dieser Form auf Dauer nicht mehr finanzierbar ist, aber mit Versprechungen über den weiteren Ausbau des Sozialstaates wurden von den Politikern jeweils vor den Wahlen Stimmen gekauft. Jene Politiker, die diese Versprechen abgeben, konnten bis jetzt darauf zählen, dass sie sich noch rechtzeitig mit hohen Politikerpensionen in den Ruhestand begeben können. Zu bedauern sind jene Politiker, die ausgerechnet dann die Wahlen gewinnen, wenn tiefe Einschnitte im Sozialstaat unvermeidlich werden.

Begonnen hat das Unheil gegen Ende des 19. Jahrhunderts, als der deutsche Reichskanzler Bismarck den Untertanen des neu gegründeten Deutschen

Kaiserreichs eine staatliche Pension ab dem 65. Lebensjahr versprach. Die 65 Jahre entsprachen ungefähr der damaligen Lebenserwartung und da die Pensionen bescheiden waren, schien eine Finanzierung mit Steuergeldern kein großes Problem. Seither ist die Lebenserwartung stark gestiegen, ebenso die Pensionsleistungen, während das Rentenalter gesenkt wurde. Fast alle anderen Industriestaaten haben in der Zwischenzeit das deutsche System übernommen und stehen vor den gleichen Finanzproblemen.

Nur wenige Staaten konnten sich dazu durchringen, dass wenigstens ein Teil der Pensionen zuerst angespart wird. Aber selbst in diesen Fällen gab es Missbräuche, sei es aufgrund mangelnder Aufsicht, sei es wegen mangelhafter Vorschriften. Die Erfahrungen der vergangenen hundert Jahre in den verschiedensten Industriestaaten sprechen dagegen, dass das Pensionswesen eine Aufgabe des Staates sein soll. Die Gefahr des Missbrauchs auf Kosten zukünftiger Generationen ist einfach zu groß.

Es kommt hinzu, dass die staatlichen Pensionen, die mit Steuern im sogenannten Umlageverfahren finanziert werden, wahrscheinlich auch zu den stark fallenden Geburtenzahlen in fast allen Industriestaaten beitragen. In der Vergangenheit waren für die meisten Menschen ihre Kinder die Altersversicherung. Kinder sind für die Eltern nicht nur eine Quelle der Freude, sondern können ebenso eine finanzielle und zeitliche Belastung sein. Warum soll denn jemand heute noch die Kosten und Mühen für das Aufziehen von Kindern übernehmen, wenn er einerseits vom Staat gezwungen wird, Pensionen anderer Leute zu finanzieren, die er nicht kennt, und ihm andererseits vom Staat versichert wird, dass der Staat seine Altersversorgung garantiert? Langsam reift die Erkenntnis, dass der Staat diese Verpflichtungen gar nicht übernehmen wird, denn die materialistische Spaßgesellschaft produziert, wie erwähnt, zu wenig Erben.

Lebenslanges Arbeiten bedeutet für unsere westliche Zivilisation eine grundlegende geistige Umstellung, obwohl das staatliche Pensionssystem erst eine relativ junge Errungenschaft ist. Deshalb wird eine radikale Streichung des staatlichen Pensionssystems in westlichen Industriestaaten, außer in einer großen Krise, politisch kaum möglich sein. Jene Menschen, die schon in Pension sind oder kurz davor stehen, benötigen ihre staatlichen Pensionen, um zu überleben, da sie kaum mehr Arbeit finden. Pensionserhöhungen über der Inflationsrate lassen sich allerdings unter diesen Bedingungen nicht mehr rechtfertigen, denn nachfolgende Generationen werden sich ihre Pension selbst finanzieren müssen, wenn sie das Leben eines Pensionisten genießen wollen.

Um größere Krisen zu verhindern, muss langsam das Pensionsalter angehoben werden und das Pensionssystem schrittweise von einem Umlage- auf ein Kapitaldeckungsverfahren umgestellt werden. Ist das Pensionssystem einmal auf das Kapitaldeckungsverfahren umgestellt, bleibt es jedem Einzelnen überlassen, wann er in Pension geht. Vorschriften, welche die Anstellung älterer Arbeitskräfte unattraktiv machen, müssten aufgehoben werden. Die Gesellschaft wird sich daran gewöhnen müssen, dass mit steigender Lebenserwartung die Menschen länger arbeiten. Länger zu arbeiten bei einer Arbeit, die keine körperlichen Schäden verursacht, scheint dazu beizutragen, dass Menschen sowohl geistig als auch körperlich länger fit bleiben, was für sie selbst und ihre Umgebung von Vorteil ist. Das Kapitaldeckungsverfahren bietet dem Einzelnen darüber hinaus die Möglichkeit, seine Ansprüche weiter zu vererben, falls er auf Pensionszahlungen ganz oder teilweise verzichtet.

Von den Gegnern eines Kapitaldeckungsverfahrens wird manchmal eingewendet, dass es unsozial ist, weil es nur jenen zugute kommt, die es sich leisten können, etwas einzuzahlen. Das trifft deshalb nicht zu, weil genauso wie beim Umlageverfahren eine allgemeine Einzahlungsverpflichtung gesetzlich verankert werden kann, die eine Umverteilung zugunsten der sozial Schwachen vorsieht. Heute schon sind im Umlageverfahren Personen mit hohem Einkommen weit mehr an der Finanzierung der Pensionen beteiligt als Personen mit niedrigerem Einkommen. Personen ohne Einkommen leisten überhaupt keinen Beitrag zur Finanzierung der Pensionen und erhalten trotzdem eine Pension. Die Frage, ob das Pensionssystem über das Umlage- oder Kapitaldeckungsverfahren finanziert wird, lässt sich von der Frage, wer das finanziert, vollkommen trennen.

Ein weiteres Argument der Gegner ist, dass private Pensionskassen, besonders innerbetriebliche, die ihr Geld im Betrieb selbst anlegen, zu Missbräuchen und Kapitalverlusten führen können. Grundsätzlich sollte es innerbetrieblichen Pensionskassen nicht gestattet sein, die Gelder im eigenen Betrieb anzulegen. Missbräuche und Verluste gibt es in den öffentlichen Pensionssystemen aber leider ebenfalls. Durch entsprechende Vorschriften und eine effiziente Aufsicht lassen sich solche Missbräuche jedoch weitgehend vermeiden.

Eine Mindestversicherung im Bereich Unfall und Krankheit mit einer sozialen Komponente, ähnlich wie beim Pensionssystem, ließe sich ebenfalls verwirklichen. Es wäre sinnvoll, die Prämien für diese Versicherungen gemäß den Risiken zu staffeln. Heute schon verlangen die meisten Versicherungen

Zuschläge für Risikosportarten, bei denen das Verletzungsrisiko relativ hoch ist. Es ist nicht ganz einzusehen, weshalb die Allgemeinheit die Risiken jener Menschen übernehmen soll, die durch ihren ungesunden Lebenswandel hohe Gesundheitskosten verursachen, wie übermäßiges Rauchen, Essen, Trinken oder zu wenig Bewegung. Erhöhte Risiken, die durch den Versicherten nicht verschuldet werden, wie Alter, Geschlecht oder erblich bedingte Gesundheitsrisiken, sollten dagegen von der Allgemeinheit mitgetragen werden.

Bei den Unfall- und Krankenversicherungen wird die Gefahr der Verschwendung und des Missbrauches immer groß sein. Der Patient und der Arzt haben ein Interesse daran, dass die medizinische Betreuung optimal ist, da bei dem einen die Gesundheit auf dem Spiel steht und beim anderen der Verdienst. Der Arzt setzt sich außerdem der Gefahr einer Schadenersatzklage aus, falls er bei Untersuchung und Therapie nicht alle Möglichkeiten ausgeschöpft hat. Beide neigen deshalb zu einem medizinischen „Rolls-Royce", was begreiflich ist, wenn man bedenkt, dass ein Dritter, und zwar die Versicherung, die Kosten zu übernehmen hat. Unter diesen Umständen ist es erstaunlich, dass die Gesundheitskosten in den Industriestaaten nicht noch viel höher sind.

Es gibt allerdings im Bereich der Unfall- und Krankenversicherungen Möglichkeiten, die Gefahren der Verschwendung und des Missbrauches einzuschränken. Eine Möglichkeit besteht darin, dem Patienten einen Selbstbehalt zuzumuten, ähnlich den Versicherungen in anderen Bereichen, so zum Beispiel bei der Autoversicherung. Für Menschen, deren Einkommen sich im Bereich des Existenzminimums bewegen, wird die öffentliche Hand, ob Staat oder Gemeinde, die Minimalprämie und den Selbstbehalt übernehmen müssen. Dem Autobesitzer kann der Gesetzgeber eine Minimalversicherung und einen Selbstbehalt vorschreiben und zumuten, da der Autobesitzer notfalls auf sein Auto verzichten kann. Es würde aber wohl den sozialen, ethischen und religiösen Vorstellungen des Staates im dritten Jahrtausend widersprechen, würde er von einem armen Menschen verlangen, dass er auf seine Gesundheit verzichtet.

In vielen Industriestaaten mit einem ausgebauten Sozialsystem war die Arbeitslosigkeit lange Zeit kein großes Problem. Heute ist sie ein Problem und wird es auf absehbare Zeit bleiben, wegen des raschen Strukturwandels in der Weltwirtschaft. Der Strukturwandel von der Agrargesellschaft zur Industriegesellschaft und von der Industriegesellschaft zur Dienstleistungsgesellschaft betrifft nicht nur den Einzelnen, sondern oft ganze Branchen und Regionen. Deshalb stößt eine private Arbeitslosenversicherung im Unterschied zur

Unfall- oder Krankenversicherung auf ein grundsätzliches Problem. Welche Versicherung ist schon willens oder in der Lage, die Landwirte in den Entwicklungsländern gegen Arbeitslosigkeit zu versichern?

Die beste Versicherung gegen Arbeitslosigkeit bleibt eine staatliche Wirtschaftspolitik, welche die Schaffung von neuen Arbeitsplätzen in Unternehmen, die in einer globalisierten Weltwirtschaft konkurrenzfähig sind, zum Ziel hat. In der Vergangenheit war dies nur mit einer liberalen Wirtschaftspolitik möglich, mit niedrigen Steuern, wenig Bürokratie, einem funktionierenden Rechtsstaat und einer gut ausgebildeten Bevölkerung. Es sieht nicht danach aus, als ob sich daran im dritten Jahrtausend viel ändern wird.

Kann der Staat im dritten Jahrtausend die Unterstützung der Arbeitslosen an die Gemeinden delegieren? Grundsätzlich ja, wenn man sich das Fürstentum Liechtenstein mit seinen 35.000 Einwohnern betrachtet. Das Fürstentum Liechtenstein hat aber über Jahrzehnte die oben beschriebene liberale Wirtschaftspolitik betrieben und verfügt heute über eine stark diversifizierte Wirtschaftsstruktur mit einer Vielzahl von Unternehmen, die ohne Subventionen auf dem Weltmarkt konkurrenzfähig sind. Trotzdem spricht vieles dafür, die Verantwortung für die Arbeitslosenunterstützung selbst in jenen Staaten auf die Gemeinden zu übertragen, die noch nicht den Entwicklungsstand Liechtensteins erreicht haben. Der Staat wird aber vorher den Arbeitsmarkt und die Arbeitslosenunterstützung grundlegend reformieren müssen.

In vielen Staaten gibt es zu hohe Mindestlöhne mit hohen Sozialabzügen, die das Schaffen neuer Arbeitsplätze behindern. Ein wichtiges Ziel einer solchen Reform wäre, die Arbeitslosen möglichst rasch wieder in den Arbeitsprozess einzugliedern, denn die Erfahrung zeigt, dass, je länger jemand arbeitslos war, es für ihn umso schwieriger wird, einen neuen Arbeitsplatz zu finden.

Die hohen Kosten des Sozialstaates werden immer mehr zum Problem werden. Einerseits werden junge, tüchtige Menschen versuchen, der steigenden Steuerlast auszuweichen, indem sie auswandern, sei es physisch oder finanziell. Andererseits zieht der stark ausgebaute Sozialstaat Menschen an, die kaum in der Lage oder willens sind, diesen zu finanzieren, sondern dessen Angebot nutzen wollen. Das offensichtliche Missverhältnis zwischen den hohen finanziellen Leistungen des Sozialstaates und den lächerlich geringen Beträgen, mit denen Menschenleben in Entwicklungsländern gerettet werden können, führt nicht nur zu illegalen Einwanderungen, sondern immer mehr zu politischen Spannungen, welche die Gefahren von Konflikten in unserer Welt erhöhen.

Vieles spricht dafür, dass sich der Staat im dritten Jahrtausend schrittweise ganz aus dem Sozialwesen zurückziehen sollte. Der erste Schritt wäre der fließende Übergang vom Umlage- zum Kapitaldeckungsverfahren im Pensionssystem und die Erhöhung des Pensionsalters. Der zweite Schritt wäre die Reform des Arbeitsmarktes. Der dritte Schritt wäre die Übertragung des gesamten Sozialwesens auf die Gemeindeebene.

Auf Gemeindeebene ist das Gefühl der Solidarität höher, die Probleme werden früh erkannt und damit oft auch die Lösungen, Entscheidungen können schneller gefällt und Missbräuche leichter bekämpft werden. Es bleibt dann den Gemeinden überlassen, inwieweit sie sich zu Regionalverbänden in dieser Frage zusammenschließen und in welchem Umfang sie das Sozialwesen subventionieren wollen. Wenn der Staat den Gemeinden und der Privatwirtschaft den gesamten Sozialbereich überträgt, wird er auf dem Gesetzesweg gewisse Rahmenbedingungen erlassen und deren Einhaltung kontrollieren müssen, um Missbräuche zu verhindern. Innerhalb dieses Rahmens soll aber die Konkurrenz zwischen den Gemeinden spielen können und den Gemeinden die Möglichkeit geben, innovative Lösungen einzuführen. Das Fürstentum Liechtenstein, mit 35.000 Einwohnern nicht größer als eine Kleinstadt, verfügt über ein gut funktionierendes Sozialwesen, wobei ein Großteil der Pensionen im Kapitaldeckungsverfahren finanziert wird. Die Übertragung des Sozialwesens vom Staat auf die Gemeinden bedingt selbstverständlich eine Neuordnung des gesamten Steuer- und Finanzwesens. Diesen Problemkreis werde ich in Kapitel 11.5. behandeln.

Die Globalisierung der Weltwirtschaft führt dazu, dass sich längerfristig die Preise für Waren und Dienstleistungen tendenziell angleichen. Von dieser weltweiten Konkurrenz profitiert gewöhnlich in erster Linie der Konsument, was sozial zu begrüßen ist. In vorher abgeschotteten Märkten ohne Konkurrenz bringt die Öffnung in fast allen Sektoren durch die internationale Konkurrenz niedrigere Preise, höhere Qualität und eine größere Auswahl. Diese Entwicklung lässt sich zum Beispiel im Automobilsektor gut verfolgen, in dem sich, zumindest teilweise, Weltmarktpreise durchgesetzt haben. In Osteuropa oder Indien sind seit der Öffnung die Preise für Autos stark gefallen, bei steigender Qualität und Auswahl. Ähnliche Beispiele gibt es im Dienstleistungssektor, so bei der Telekommunikation oder den Finanzdienstleistungen.

Weltmarktpreise bei Waren und Dienstleistungen bedeuten allerdings, dass sich die Kosten längerfristig ebenfalls anpassen müssen, damit die Konkurrenzfähigkeit des Unternehmens und damit die Arbeitsplätze erhalten bleiben. Deshalb führen Weltmarktpreise für Waren und Dienstleistungen unweigerlich zu Weltmarktpreisen bei den Kosten, auch bei den Arbeitskosten. Dass die betroffenen Arbeitnehmer und Arbeitgeber versuchen, durch protektionistische Maßnahmen diese Entwicklung aufzuhalten, ist menschlich verständlich, verschiebt aber das soziale Problem nur in die Zukunft und vergrößert es.

Der indische Wirtschaftswissenschaftler Jagdish Bhagwati ist ein oft genannter Kandidat für den Wirtschaftsnobelpreis. Er hat die Auswirkungen der Globalisierung der Weltwirtschaft auf die Armut in Indien und China untersucht und ist zum Ergebnis gelangt, dass die Globalisierung der Weltwirtschaft ein wichtiges Element war, um die Armut in Indien und China zu reduzieren. Seine Gegner teilt er in Realisten und Idealisten ein. Die Realisten sind jene, die sich durch Protektionismus wirtschaftliche Vorteile auf Kosten der Konsumenten verschaffen. Die Realisten können, wie erwähnt, Arbeitgeber und Arbeitnehmer sein. Die Idealisten – hauptsächlich in den Industriestaaten – sehen in der Globalisierung den Grund für fast alle Probleme in den Entwicklungsländern, von der Armut bis zur Umweltverschmutzung. Aus Realisten und Idealisten ist eine weltweite Koalition von Globalisierungsgegnern entstanden, wobei man etwas überspitzt festhalten kann, dass die Idealisten die nützlichen Idioten jener Realisten sind, die sich durch den Protektionismus auf Kosten der Allgemeinheit bereichern. Die Bewegung der Globalisierungsgegner ist deshalb im Grunde genommen eine zutiefst unsoziale Bewegung, welche die Armut in den Entwicklungsländern vergrößert, ohne die Arbeitsplätze in den Industriestaaten langfristig zu erhalten.

Zweifellos sind in den vergangenen Jahrzehnten Arbeitsplätze in den Industriestaaten durch die Globalisierung verloren gegangen. In den vergangenen Jahrzehnten sind aber noch sehr viel mehr Arbeitsplätze durch die rasch voranschreitende Automatisierung in allen drei traditionellen Sektoren der Wirtschaft verloren gegangen: im primären Sektor – der Land- und Forstwirtschaft; im sekundären Sektor – der Industrie, dem Gewerbe, dem Bergbau; im tertiären Sektor – dem Handel, dem Verkehr und den sonstigen Dienstleistungen. Die mit der Globalisierung und der Automatisierung verbundenen sozialen Probleme lassen sich nicht durch Protektionismus und die Zerstörung von Maschinen und Computern lösen. Im Gegenteil, so eine Politik führt zurück in eine „wirtschaftliche Steinzeit", in der ein Staat ohne Importe und Exporte – von der globalisierten Weltwirtschaft abgeschnitten – in ein „protektionistisches Reservat" verwandelt wird. Die Arbeitslosigkeit ist dann vielleicht kurzfristig beseitigt, weil es keine Maschinen, keine Computer, keine Autos usw. gibt, aber bei einer Missernte droht die Hungersnot. Im „protektionistischen Reservat" der Globalisierungsgegner würde darüber hinaus die Produktivität der Landwirtschaft stark sinken, denn eine moderne Landwirtschaft ist von Importen genauso abhängig wie die Industrie.

Die beste Versicherung gegen Arbeitslosigkeit ist die Schaffung von neuen Arbeitsplätzen in Unternehmen, die in einer globalisierten Weltwirtschaft konkurrenzfähig sind. Dabei spielt das Bildungswesen, das im folgenden Kapitel behandelt wird, eine zentrale Rolle.

## 11.3. Das Bildungswesen

Lange vor der Einführung des Sozialstaates, zu Beginn des 19. Jahrhunderts, wurde in einigen europäischen Staaten, darunter im Fürstentum Liechtenstein, die allgemeine Schulpflicht für Kinder gesetzlich vorgeschrieben. Staat und Gemeinden errichteten zuerst Volksschulen, dann Gymnasien und schließlich Universitäten. Schrittweise übernahm die öffentliche Hand in den meisten Staaten im 19. und 20. Jahrhundert de facto das gesamte Bildungssystem. Kirchliche und private Schulen, soweit vorhanden und nicht verstaatlicht, wurden in das staatliche Schulsystem integriert. Wenn man berücksichtigt, dass eine moderne Wirtschaft und ein moderner Staat nicht von Analphabeten betrieben werden können, muss ein Staat sich um die Ausbildung seiner Bevölkerung bemühen. Ein Analphabet ist in unserer modernen Welt stark benachteiligt und es dürfte ihm schwerfallen, eine gut bezahlte Arbeit zu finden.

Trotzdem stellt sich die Frage, ob das gesamte Bildungssystem im Staat der Zukunft eine Staatsaufgabe sein soll. Manches spricht dafür, dass ähnlich dem Sozialwesen das gesamte Bildungswesen privatisiert oder an die Gemeinden delegiert wird. Die Rahmenbedingungen wären weiterhin vom Staat gesetzlich zu verankern und zu kontrollieren. Der Betrieb der Bildungsstätten vom Kindergarten bis zur Universität läge bei der Privatwirtschaft, bei den Gemeinden, den Gemeindeverbänden oder Mischgesellschaften zwischen der Privatwirtschaft und den Gemeinden. Die Finanzierung des Bildungssystems, soweit sie durch die öffentliche Hand erfolgt, sollte über Gutscheine stattfinden, die den Eltern der Kinder zugeteilt werden. Obwohl politisch nicht populär, ist es ein System, das zwischen Kindern aus armen und reichen Elternhäusern Chancengleichheit im schulischen Bereich schafft.

Das Schulsystem über Gutscheine zu finanzieren, geht auf die folgende Überlegung zurück: Die öffentliche Hand, ob Staat oder Gemeinde, finanziert heute das Schulsystem vom Kindergarten bis zur Universität mit direkten Zuschüssen. Das ist ein ineffizientes und oft ungerechtes System. Wer das Pech hat, in einer Gegend zu wohnen, in der die Schule schlecht ist, wird sich damit abfinden müssen, dass seine Kinder eine schlechte Ausbildung erhalten, wenn es ihm nicht möglich ist, seine Kinder auf teure Privatschulen zu schicken. Das ist ausgesprochen unsozial, entspricht aber einer nationalistischen und sozialistischen Ideologie, die staatliche Einrichtungen mit den Geldern der Bürger fördert, private Einrichtungen hingegen behindert oder ganz unterbindet.

Anstatt die Schulen mit Steuergeldern zu subventionieren, ist es besser, die Eltern bzw. die Schüler zu subventionieren, damit sie sich jene Schulen aussuchen können, die für sie die besten sind. Schulen, die gut geführt sind und den Ansprüchen der Eltern und Schüler entsprechen, werden erfolgreich sein, die anderen werden sich umstellen müssen oder vom Markt verschwinden. Um Missbräuche bei Eltern und Schulen zu verhindern, sollen die Subventionen den Eltern oder Schülern nicht bar ausbezahlt werden, sondern in Gutscheinen, die in Schulen, die gewisse Mindestanforderungen erfüllen, eingelöst werden können. Gutscheine könnten von Eltern nur dann bar eingelöst werden, wenn sie sich gegenüber dem Staat verpflichten, ihre Kinder selbst oder privat auszubilden. Diese Befreiung von der Schulpflicht gibt es in einigen Staaten heute schon, wenn nachgewiesen wird, dass die Kinder eine gleichwertige Ausbildung bekommen wie in den öffentlich zugänglichen Schulen.

Schulen, die von der öffentlichen Hand betrieben werden, neigen dazu, wie andere Betriebe der öffentlichen Hand, früher oder später bürokratisch und ineffizient zu werden. Politiker scheuen davor zurück, Schulleiter oder Lehrer, die ihrer Aufgabe nicht mehr gewachsen sind, zu entlassen. In vielen Fällen ist die Gesetzeslage so, dass eine Entlassung nur in Ausnahmefällen möglich ist, verbunden mit einem langen Prozess unter den Augen einer breiten Öffentlichkeit. Einflussreiche Lehrergewerkschaften, denen begreiflicherweise das Wohl der Lehrer wichtiger ist als das Wohl der Schüler und Studenten, sind in vielen Staaten eine weitere Hürde, die ein effizientes Schulsystem erschweren. Es sind diese politisch einflussreichen Lehrergewerkschaften, die in den meisten Staaten den Widerstand gegen ein Gutscheinsystem organisieren.

Dass das öffentliche Schulsystem vom Kindergarten bis zur Universität den Ansprüchen von Eltern und Kindern nicht mehr entspricht, beweist die Tatsache, dass immer mehr Eltern und Studenten bereit sind, erhebliche finanzielle Opfer auf sich zu nehmen, um sich eine in der Regel sehr viel teurere Ausbildung auf privaten Schulen und Universitäten zu leisten. Trotz dieser finanziellen Opfer zwingt sie der Staat, mit ihren Steuergeldern weiterhin ein ineffizientes Schulsystem zu finanzieren, das sie nicht benützen wollen. Allerdings wird es nach der Einführung eines allgemeinen Gutscheinsystems eine Zeit lang dauern, bis alle Eltern und Studenten eine Schule oder Universität ihrer Wahl aussuchen können, denn der Aufbau eines flächendeckenden Schulsystems auf rein privater Basis wird voraussichtlich Jahre in Anspruch nehmen.

Der Staat soll und wird in einem Gutscheinsystem weiterhin eine zentrale Aufgabe zu übernehmen haben, die aber im Unterschied zu heute die soziale Gerechtigkeit in der Gesellschaft fördert und nicht behindert. Bei den Rahmenbedingungen, die der Staat durch Gesetz oder Verordnung festlegt, werden solche Fragen zu klären sein, wie hoch der Wert eines Gutscheines mindestens sein muss, wie lange Eltern für ihre Kinder einen Rechtsanspruch auf Gutscheine haben, welche Mindestanforderungen an die Schulen gestellt werden, an denen die Gutscheine eingelöst werden können, und so manches mehr.

Die Gemeinden sollen die Freiheit bekommen, selbst zu entscheiden, ob sie lieber ihre Steuergelder in ein großzügiges Ausbildungssystem investieren wollen und den Wert der Gutscheine erhöhen oder in das Sozialwesen, in die Kultur oder in andere Bereiche. Manche Gemeinden werden sich für niedrigere Steuern entscheiden, weil ihnen die Erhaltung oder Schaffung von Arbeitsplätzen wichtiger ist. Das sind alles Entscheidungen, die das Leben der Bürger direkt beeinflussen und die am besten so nahe am Bürger auf Gemeindeebene zu treffen sind und dort nicht nur über die beschränkte indirekte Demokratie, sondern über die direkte Demokratie.

Das liechtensteinische Volk fällt mit seinen rund 35.000 Einwohnern schon lange diese Entscheidungen, sei es direkt durch Volksabstimmungen oder indirekt über ihre Vertretungen in den Parlamenten des Staates und der elf Gemeinden. Sind die Liechtensteiner so viel intelligenter als die anderen Völker dieser Erde? So sehr ich das liechtensteinische Volk schätze, so sehr bin ich überzeugt, dass die anderen Völker dieser Erde genauso intelligent sind wie wir. Jene ausländischen Politiker, die dies bezweifeln und glauben, dass ihre Völker für Gemeindeautonomie und direkte Demokratie unfähig sind, sind herzlich eingeladen, über eine wissenschaftliche Studie zu untersuchen, ob ihre Völker tatsächlich dümmer sind als das liechtensteinische. Aber selbst wenn dem so wäre, wäre dies in einem demokratischen Rechtsstaat kein Grund, ihnen die Entscheidungsbefugnisse vorzuenthalten, wie ihre Steuergelder in Bereichen verwendet werden, die sie und ihre Familien direkt betreffen.

## 11.4. Das Verkehrswesen

Soll das Verkehrswesen eine Staatsaufgabe sein? Für den Nationalisten aus dem letzten Jahrtausend war es selbstverständlich, dass der Staat Nationalstraßen braucht, nationale Wasserwege, eine nationale Eisenbahn, eine nationale Fluglinie, eine nationale Automobilindustrie, eine nationale Flugzeugindustrie usw. usf. Diese nationale Verkehrspolitik hat weltweit Hunderte von Milliarden Dollar an Steuergeldern verschlungen und verschlingt sie weiterhin. Sehr kleine Staaten wie das Fürstentum Liechtenstein konnten und können sich, abgesehen vom Straßenbau, glücklicherweise eine so verschwenderische Verkehrspolitik auf Kosten des Steuerzahlers nicht leisten.

Es ist ein interessantes Gedankenexperiment, sich vorzustellen, wie Europa und andere Teile der Welt aussehen würden, hätte der Staat in den vergangenen zweihundert Jahren nicht massiv in das gesamte Verkehrswesen eingegriffen. Der grundlegende Wandel des Transportwesens begann vor knapp zweihundert Jahren mit der Entwicklung der Eisenbahn. Im 19. Jahrhundert entstand eine Reihe von privaten Eisenbahngesellschaften, die ein Schienennetz errichteten und wirtschaftlich erfolgreich waren. Die Politiker erkannten die Bedeutung der Eisenbahngesellschaften und begannen, sich immer häufiger – natürlich im nationalen Interesse – einzumischen. Die Eisenbahngesellschaften wurden verstaatlicht oder mit solchen Auflagen versehen, dass sie gegenüber der neu entstehenden Automobilindustrie zu Beginn des 20. Jahrhunderts nicht mehr konkurrenzfähig waren. Es kam hinzu, dass die Eisenbahngesellschaften das Schienennetz aus eigenen Mitteln errichten und unterhalten mussten, während das Straßennetz mit Steuergeldern errichtet und unterhalten wurde. Eines jener unzähligen Beispiele, bei welchem Politiker, ohne viel über die Konsequenzen nachzudenken, mit Steuergeldern und gesetzlichen Vorschriften den Wettbewerb verzerren.

Ohne diesen Eingriff hätten sich die Eisenbahngesellschaften mit ihrem Schienennetz wohl schnell weiterentwickelt, anstatt technisch fast hundert Jahre lang stehen zu bleiben, in einer Zeit, als sich das Auto und das Flugzeug rasant weiterentwickelten. Wahrscheinlich hätte sich ohne Eingriff des Staates das Verkehrssystem sehr viel stärker auf das Schienennetz gestützt, was für Mensch und Umwelt günstiger gewesen wäre als das heutige System. So wird die Welt von einem dichten Straßennetz überzogen, über das eine Blechlawine rollt, die nicht nur viele Tote und Verletzte zur Folge hat, sondern darüber hinaus die Umwelt mit Abgasen verpestet und mit Lärm verseucht.

Verschiedenste Faktoren beeinflussen die menschliche Siedlungsstruktur. Einer dieser Faktoren sind die Verkehrssysteme. Ein Verkehrssystem, das auf einem hoch entwickelten Eisenbahnnetz ruht, anstatt auf einem Straßensystem, würde wohl eine Siedlungsstruktur hervorbringen, die sich vermehrt auf kleinere und größere Städte stützt, die mit Hochgeschwindigkeitszügen verbunden sind. Das Elektroauto wäre nicht vom Benzin- und Dieselauto verdrängt worden, sondern hätte im Stadtverkehr mit den kurzen Strecken und den niedrigen Geschwindigkeiten eine gute Chance gehabt, sich durchzusetzen. Ein Schienennetz mit Hochgeschwindigkeitszügen braucht wesentlich weniger Fläche als ein Straßennetz und bewältigt ein größeres Verkehrsvolumen mit höheren Geschwindigkeiten. Es kann elektrisch und ohne Abgase betrieben werden, wobei sich der Lärmschutz einfacher und billiger lösen lässt als beim Straßenverkehr. Ein Schienennetz mit Hochgeschwindigkeitszügen würde auf den mittleren Strecken das Flugzeug ersetzen, das mit seinen Abgasen und dem Lärm in der näheren und weiteren Umgebung des Flugplatzes für Menschen und Umwelt eine Belastung darstellt.

Das dichte, mit Steuergeldern errichtete Straßennetz hat dazu beigetragen, die Siedlungsstruktur des Agrarzeitalters mit den kleinen Dörfern bis in unsere Zeit hin zu konservieren. Diese Siedlungsstruktur ist mit sehr hohen Infrastrukturkosten verbunden, vom Verkehr über die Schulen, das Gesundheitssystem, den Strom, das Wasser, die Telekommunikation usw. Die Menschen haben auf dem Land in diesen kleinen Siedlungen nur ein beschränktes Angebot an Arbeitsplätzen, was wiederum dazu geführt hat, dass der politische Druck groß ist, die Arbeitsplätze in der Landwirtschaft unter hohen Kosten für Steuerzahler und Konsumenten zu erhalten. In den Staaten der OECD (Organization for Economic Cooperation and Development) kostet die Landwirtschaftspolitik die Steuerzahler und Konsumenten gemäß verschiedenen Untersuchungen ca. eine Milliarde Dollar pro Tag.

Abgesehen von den Kosten für die Konsumenten und Steuerzahler hatten die staatlichen Eingriffe in die Landwirtschaft noch weitere Nachteile. Die durch hohe Preise und Subventionen mögliche Intensivlandwirtschaft, noch dazu auf Flächen, die dafür nicht unbedingt geeignet sind, ist zu einer

Belastung für die Umwelt geworden. Flüsse wurden begradigt, Feuchtgebiete trockengelegt und Wiesen in Äcker verwandelt, um die landwirtschaftliche Produktion zu steigern. Das Ergebnis ist eine Überproduktion, die der Staat mit Steuergeldern vernichtet oder zu Schleuderpreisen auf den Weltmarkt wirft.

Erst jetzt findet langsam ein Umdenken statt. Die Intensivlandwirtschaft, besonders in Europa, wird von Umweltschützern kritisiert. In den Entwicklungsländern reift die Erkenntnis, dass die billigen Landwirtschaftsprodukte aus den Industrieländern, die teilweise sogar verschenkt werden, die eigene Landwirtschaft zerstören. Die Landwirte in den Entwicklungsländern sind gegenüber der subventionierten Landwirtschaft der Industriestaaten weder auf den Weltmärkten noch auf ihren Heimmärkten konkurrenzfähig und stürzen in die Armut. Der Schaden, der durch diese staatliche Landwirtschaftspolitik in den Entwicklungsländern entstanden ist, lässt sich nur schwer beziffern. Er könnte aber in einer Größenordnung liegen, die vergleichbar ist mit den vorher erwähnten Kosten für Konsumenten und Steuerzahler in den OECD-Staaten.

Die vernünftigste Lösung wäre zweifellos, so wie im industriellen Bereich größtenteils bereits geschehen, auch im Bereich der Landwirtschaft den freien Handel weltweit zuzulassen. Die Steuerzahler, die Konsumenten und die Umwelt in den Industriestaaten sowie die Bauern in den Entwicklungsländern würden direkt daraus Nutzen ziehen und mit ihnen die gesamte Weltwirtschaft. Benachteiligt wären in einer ersten Phase die Bauern in den Industriestaaten. Aber das große Bauernsterben haben wir in fast allen Industriestaaten trotz hoher Subventionen bereits hinter uns und nur mehr ein kleiner Prozentsatz der Bevölkerung lebt von der Landwirtschaft. Dieser Anteil wird in den nächsten Jahren, mit oder ohne Subventionen, noch weiter fallen, da die bäuerliche Bevölkerung überaltert ist und es für viele Bauernhöfe keine Nachfolger gibt, die den Betrieb übernehmen wollen.

Eine wirkliche Öffnung der Märkte in den OECD-Staaten für die landwirtschaftlichen Produkte der Entwicklungsländer und die weltweite Einführung der Marktwirtschaft im Bereich Landwirtschaft stößt zweifellos auf erheblichen politischen Widerstand. Deshalb sind Übergangslösungen notwendig für jene Bauern in den OECD-Staaten, die der Konkurrenz auf dem Weltmarkt nicht gewachsen sind. Manche werden es als ungerecht empfinden, die Bauern gegenüber allen anderen Berufen, die ebenfalls im Lauf der vergangenen hundert Jahre an Bedeutung verloren haben, so zu privilegieren. Die Schuster, Schneider, Schmiede oder Kutschenbauer haben bis auf wenige Ausnahmen alle ihren Beruf verloren, ohne dass Konsumenten und Steuerzahler deswegen jährlich viele Milliarden Dollar zu zahlen hatten. Trotzdem ist es sehr viel billiger, die Bauern umzuschulen oder vorzeitig zu pensionieren, als das jetzige System beizubehalten, das weltweit so enorme Kosten verursacht.

Leider wird aber die Politik mehr durch Emotionen als durch Intelligenz geprägt. Die Menschheit lebt mentalitätsmäßig noch im Agrarzeitalter und beginnt sich erst jetzt langsam daraus zu lösen. Der Verlust einer durch das Agrarzeitalter geprägten Landschaft kann selbst für jene Stadtmenschen ein Problem sein, die den Bauernhof mit seinen Feldern, Wiesen und Kühen nur aus dem Bilderbuch und dem Fernsehen kennen. Gemeinden, die aus touristischen oder anderen Gründen ihre landwirtschaftlich geprägte Landschaft beibehalten wollen, wird es aber immer möglich sein, zu wesentlich geringeren Kosten Bauern als Landschaftsgärtner anzustellen. Dort kann dann der Bauernhof aus dem Bilderbuch und aus dem Heimatfilm besichtigt werden. Andere landwirtschaftliche Flächen wird man in Parklandschaften umwandeln, in denen sich die Menschen erholen.

Landwirtschaftliche Flächen in den Industriestaaten, die international konkurrenzfähig sind, werden weiterhin landwirtschaftliche Produkte produzieren. Dort wird sich eine intensive Landwirtschaft weiterentwickeln, die den Konsumenten mit all jenen Produkten versorgt, die er sich wünscht. Wünscht der Konsument landwirtschaftliche Produkte, bei denen weder Kunstdünger noch sonstige Mittel aus der Chemie zur Anwendung kommen sollen, wird eine moderne Landwirtschaft ihn mit diesen Produkten versorgen. Mit dem Wegfall der staatlichen Interventionen wird sich die Landwirtschaft der Industrieländer auf die Wünsche ihrer Kunden ausrichten können und müssen, falls sie überleben will.

Bei diesem Exkurs in die Landwirtschaftspolitik der OECD-Staaten könnte der Eindruck entstehen, dass die fehlgeleitete Landwirtschaftspolitik von heute die Folge einer falschen Verkehrspolitik von gestern ist, die das Auto und den Straßenbau gegenüber der Eisenbahn privilegiert hat. Wahrscheinlich ist es aber umgekehrt. Unser Denken, vom Agrarzeitalter geprägt, hat eine Verkehrspolitik hervorgebracht, die auf die Agrargesellschaft und nicht auf die Industrie- und Dienstleistungsgesellschaft zugeschnitten ist. Abgesehen davon haben beim Straßenbau seit der Antike militärische Gesichtspunkte eine wichtige Rolle gespielt. Der Staat im dritten Jahrtausend wird nicht nur das Problem lösen müssen, wie er eine vollkommen unsinnige Landwirtschaftspolitik beendet, die den Konsumenten und Steuerzahler

Milliarden kostet, sondern auch, wie er sich aus einer Verkehrspolitik zurückzieht, die ebenfalls Milliarden kostet, die Umwelt mit Lärm und Abgasen belastet, große Flächen beansprucht und die Landschaft zersiedelt.

Glücklicherweise zeichnen sich durch die moderne Technik Lösungen ab. Grundsätzlich lassen sich elektronische Mautsysteme auf Autobahnen und auf normalen Straßen einsetzen. Damit könnte das gesamte Straßensystem privatisiert werden und der Autofahrer sowohl mit den direkten als auch mit den indirekten Kosten belastet werden, die er verursacht. Auf Straßenabschnitten, bei denen die Lärmbelästigung ein Problem für die Anlieger bedeutet, ließe sich ein Lärmzuschlag erheben, mit dem die Anlieger entschädigt werden. Gegenüber einem privatisierten Straßennetz, in dessen Gebühren alle direkten und indirekten Kosten hineingerechnet werden, könnte ein privatisiertes Eisenbahnnetz wieder konkurrenzfähig werden. Langsam ließe sich das Verkehrssystem und die Siedlungsstruktur in jene Richtung entwickeln, in die sie sich voraussichtlich entwickelt hätten, wäre es nicht zu den massiven Eingriffen des Staates in den letzten hundert bis zweihundert Jahren gekommen.

Kleine Städte, die der Mensch leicht zu Fuß durchqueren kann und die in einer Parklandschaft liegen, würden eine sehr hohe Lebensqualität bieten. Die Kosten für die Infrastruktur wären niedriger als bei den heutigen Megastädten und den Streusiedlungen, die eine große Fläche mit einer geringen Bevölkerungsdichte beanspruchen. Sind diese Kleinstädte mit Hochgeschwindigkeitszügen verbunden, entsteht ein Netzwerk von kleineren Städten, die gemeinsam den Bewohnern eine Vielfalt an Arbeits- und Ausbildungsplätzen, kulturellen und sportlichen Möglichkeiten bieten können, vergleichbar mit einer Großstadt, nur zu niedrigeren Kosten und mit einer höheren Lebensqualität.

## 11.5. Die Staatsfinanzen

Ein wichtiger Punkt ist die Frage, wie sich der Staat der Zukunft finanziert. Beschränken sich die Staatsaufgaben im Wesentlichen auf die Aufrechterhaltung des Rechtsstaates, die Außenpolitik und die Finanzierung des Bildungswesens, sind die Staatsfinanzen vollkommen neu zu überdenken. Der Staat wird einen wesentlichen Teil seiner Steuereinnahmen und seiner Steuerhoheit auf die Gemeinden übertragen müssen, wenn diese zusätzliche Aufgaben übernehmen sollen. Vieles spricht dafür, beim Staat alle indirekten Steuern zu belassen, wie die Mehrwertsteuer, und den Gemeinden die Steuerhoheit für alle direkten Steuern zu übertragen.

Ein Rechtsstaat mit seiner eigenen Außenpolitik stellt ein eigenes Wirtschaftsgebiet dar, selbst wenn er über eine Mitgliedschaft bei der WTO (World Trade Organization) in die Weltwirtschaft und über eine Mitgliedschaft bei der EU in die europäische Wirtschaft voll integriert ist. Soweit noch Zölle erhoben werden, können diese nicht von den Gemeinden eingehoben werden, sondern vom Staat oder einer Organisation, wie die EU, welcher der Staat diese Kompetenz abgetreten hat. Für Steuern, die auf Waren und Dienstleistungen erhoben werden, zum Beispiel in Form einer Mehrwertsteuer oder Warenumsatzsteuer, sollte sinnvollerweise die Kompetenz ebenfalls beim Staat liegen, da es sonst zu Wettbewerbsverzerrungen kommt, die letzten Endes der gesamten Volkswirtschaft schaden. Waren und Dienstleistungen werden dann nicht dort produziert und verkauft, wo sie am günstigsten produziert bzw. angeboten werden oder wo der Kunde sitzt, sondern dort, wo die Steuern am niedrigsten sind.

In den USA liegt die Steuerhoheit für die indirekten Steuern, die sogenannte „sales tax“, auf regionaler Basis. Dies schränkt die Höhe der Steuer auf vielen Produkten und Dienstleistungen stark ein. So gab es zum Beispiel in Texas in den 1970er-Jahren keine „sales tax“, dafür war der Verkauf von Alkohol im Osten von Texas stark besteuert und eingeschränkt. In Arkansas, das an den Osten von Texas grenzt, war wiederum der Verkauf von Alkohol frei, dafür die „sales tax" hoch. Damals hatte ich oft geschäftlich in der Stadt Texarkana zu tun, die an der Grenze von Texas und Arkansas liegt. Die Hauptstraße von Texarkana liegt genau an der Staatsgrenze, wo sich damals folgendes Bild bot: Auf der texanischen Straßenseite hatten alle Autohändler ihre Geschäfte, während auf der anderen Seite der Straße alle Restaurants, Bars und Geschäfte angesiedelt waren, die Alkohol verkauften. Das Einzugsgebiet der Geschäfte auf den beiden Straßenseiten reichte jeweils über die Stadtgrenzen von Texarkana weit in das Gebiet des anderen Staates hinein, und Kunden waren bereit, weite Strecken zurückzulegen, um einen Drink oder ein Auto zu kaufen. Die Wettbewerbsverzerrungen waren offensichtlich.

Indirekte Steuern einzuziehen, ist, verglichen mit dem Einzug der direkten Steuern, relativ einfach. Vieles kann automatisiert werden und der Staat benötigt für diese Aufgabe nur wenige Staatsbeamte. Eine zentralisierte Verwaltung für die indirekten Steuern würde sich selbst dann anbieten, wenn die Steuerhoheit bei den Gemeinden liegen würde. Deshalb sollten bei einer Aufteilung der Steuerhoheit zwischen Gemeinden und Staat die indirekten Steuern vom Staat eingehoben werden.

Die meisten Staaten haben bei den indirekten Steuern wie der Mehrwertsteuer unterschiedliche Steuersätze mit der überraschenden Begründung, dies wäre sozial gerechter. So gibt es den allerhöchsten Satz für Luxusgüter, oder was die Politiker als solche bezeichnen, sowie verschiedene Steuersätze für andere Güter und Dienstleistungen, bis hin zur vollkommenen Befreiung von den indirekten Steuern. Das macht das ganze System der indirekten Steuern wieder unnötig kompliziert, weshalb zusätzliche Staatsbeamte benötigt werden. Das gibt allerdings dem Parteipolitiker die Möglichkeit, seine Parteifreunde beim Staat zu beschäftigen. Außerdem eröffnet es den Politikern und Parteien Tür und Tor, Stimmen zu kaufen, indem nicht Steuergelder, sondern Steuervergünstigungen angeboten werden. Der Einfluss des Staates und damit der Politiker auf die Wirtschaft wird vergrößert, da je nach Gutdünken dieses oder jenes Produkt in die eine oder andere Steuerkategorie eingereiht wird.

Die unterschiedlichen Steuersätze bei den indirekten Steuern haben mit sozialer Gerechtigkeit ebenso wenig zu tun wie der Teufel mit dem Weihwasser. Von den niedrigen Steuersätzen auf einzelnen Produkten und Dienstleistungen profitiert der Reiche in der Regel mehr als der Arme, da er mehr konsumiert. Auch der Arme konsumiert dann und wann ein Produkt oder eine Dienstleistung, die von den Politikern aus oft unerfindlichen Gründen bei den Luxusgütern eingereiht wurde. Mit unterschiedlichen Sätzen bei der

Mehrwertsteuer Sozialpolitik betreiben zu wollen, kostet den Staat und den Steuerzahler nur Geld, ohne dem sozial Schwachen zu helfen. Dem sozial Schwachen muss man direkt helfen, wenn man ihm wirklich helfen will.

Falls die Steuerhoheit für die direkten Steuern bei den Gemeinden und für die indirekten Steuern beim Staat liegt, so sprechen sozialpolitische und wirtschaftliche Gründe nicht nur für einen einheitlichen, sondern auch für einen relativ hohen Steuersatz. Die indirekten Steuern werden dann zum einzigen Instrument, um eine gewisse Umverteilung innerhalb des Staates von den reichen zu den armen Regionen zu erreichen.

Ein Staat, der nur mehr für die Außenpolitik, die Finanzierung des Bildungswesens und die Aufrechterhaltung des Rechtsstaates zuständig ist, benötigt weniger Steuergelder. Mit hohen Einnahmen aus den indirekten Steuern sollte er in der Lage sein, einen erheblichen Überschuss zu erzielen. Einen Teil dieser Überschüsse wird er verwenden müssen, um die Staatsschulden zu bedienen und in absehbarer Zeit zurückzuzahlen. Der Staat sollte außerdem sämtliches Staatsvermögen, das er für die Erfüllung dieser Aufgaben nicht mehr benötigt, verkaufen. Erlöse aus dem Verkauf von Staatsvermögen könnten teilweise in einen Pensionsfonds fließen, um das Pensionssystem möglichst rasch auf ein Kapitaldeckungsverfahren umzustellen, wie in Kapitel 11.2. beschrieben. Das würde die Umstellung des Pensionssystems und den Verkauf von Staatsvermögen politisch erleichtern. Ziel sollte es aber sein, den Staat langfristig ganz zu entschulden, sodass die Überschüsse aus den indirekten Steuern pro Kopf der Bevölkerung vollumfänglich den Gemeinden ausbezahlt werden können. Mit diesen Zuweisungen des Staates können die Gemeinden zumindest einen Teil ihrer Ausgaben abdecken. Den Rest müssten sie über direkte Steuern oder andere Einnahmen finanzieren.

Die Aufteilung der Steuerhoheit hätte den großen Vorteil, dass die Gemeinden und damit die gesamte Bevölkerung innerhalb eines Staates ein sehr großes Interesse hätte, dass der Staat möglichst sparsam wirtschaftet und sich nicht verschuldet. Nur dann werden die Überschüsse aus den indirekten Steuern in vollem Umfang den Gemeinden und deren Bevölkerung zugute kommen. Auf Gemeindeebene und mit der direkten Demokratie hat die Bevölkerung eine wesentlich bessere Kontrolle über die Verwendung ihrer Steuergelder.

Die in der Geschichte immer wieder festzustellende Entwicklung in Richtung einer fast unaufhaltsamen Stärkung des Zentralstaates auf Kosten der Gemeinden und Regionen könnte damit unterbunden werden. Sobald der

Staat versucht, durch die Übernahme neuer Aufgaben seinen Einfluss auszudehnen, reduziert dies das Einkommen der Gemeinde und ihrer Bevölkerung aus den indirekten Steuern.

Damit der Staat seine Aufgaben nicht durch Verschuldung finanziert, ist es außerdem wichtig, dem Staat jede Verschuldung verfassungsmäßig erheblich zu erschweren. Darüber hinaus darf der Staat der Zukunft keine Haftungen für Gemeinden und Gemeindeverbände übernehmen. Eine Gemeinde muss in Konkurs gehen können und in ihrer Existenz bedroht sein, nur dann wird sich die große Mehrheit der stimmberechtigten Gemeindebürger dazu durchringen, für eine langfristig solide Finanzpolitik auf Gemeindeebene zu stimmen. Die Gefahr eines Konkurses wird auch die Geldgeber zwingen, gegenüber den Gemeinden eine verantwortungsvolle Kreditpolitik zu betreiben. Bis jetzt haben in verschiedenen Staaten oft allerlei Unternehmen und Banken ahnungslosen Gemeindeoberhäuptern überdimensionierte Projekte und Kredite verkauft, in der Gewissheit, dass letzten Endes der Staat dafür zahlen wird.

Nur so wird der Staat längerfristig zu einem solid geführten Dienstleistungsunternehmen zum Wohl seines Volkes. Was dem ursprünglich armen Staat Liechtenstein – sowie einigen anderen Staaten – ohne natürlichen Reichtum gelungen ist, nämlich schuldenfrei zu sein, müsste bei einer seriösen Finanzpolitik allen anderen Industriestaaten ebenfalls möglich sein.

Ein Staat, der sich auf die Außenpolitik, die Finanzierung des Bildungswesens und die Aufrechterhaltung des Rechtsstaates beschränkt, wird wieder ein schlanker und übersichtlicher Staat ohne Schulden werden, der zu seiner Finanzierung nur mehr einen kleinen Prozentsatz des Bruttosozialproduktes benötigt. Die Überschüsse aus den Einnahmen der indirekten Steuern würden direkt den Gemeinden zufließen, die außerdem über die Steuerhoheit bei den direkten Steuern verfügen. Das wären die Steuern auf natürliche und juristische Personen, Häuser, Grundstücke, Hunde, Katzen oder was den Gemeindepolitikern sonst noch alles an Steuern einfällt. Grundsätzlich wäre es denkbar, dass den Gemeinden die Möglichkeit eingeräumt wird, zusätzlich zu den indirekten Steuern des Staates weitere indirekte Steuern auf gewisse Produkte und Dienstleistungen zu erheben. So könnte eine Gemeinde Genussmittel wie Alkohol oder Tabak zusätzlich besteuern, um deren Konsum aus gesundheitlichen Überlegungen einzuschränken. Die Marktwirtschaft wird dafür sorgen, dass die Steuersätze eine gewisse Grenze nicht überschreiten werden.

Mit den Finanzzuweisungen des Staates und der Steuerhoheit über die direkten Steuern müsste es selbst ärmeren Gemeinden möglich sein, eine Mindestversorgung im sozialen Bereich und im Schulwesen zu finanzieren, noch dazu, wenn das Schulwesen über den Weg der Gutscheine im Wesentlichen vom Staat finanziert wird. Die finanziellen Belastungen aus der Altersvorsorge würden bei einem Anheben des Pensionsalters und der Zunahme privater Pensionsversicherungen langsam weniger werden. Allerdings hängt dies in hohem Maß vom Beschäftigungsgrad der Bevölkerung und der wirtschaftlichen Entwicklung ab. Eine solche grundsätzliche Reorganisation des Staates wird jedoch die Privatwirtschaft stark entlasten, dem privaten Konsum neue Impulse verleihen, das Wachstum der Wirtschaft beschleunigen und damit die Nachfrage nach Arbeitskräften erhöhen. Das dürfte besonders für jene Gemeinden zutreffen, welche die Einkommenssteuern und die sozialen Programme so gestalten, dass für die Menschen das Arbeiten und für die Unternehmen das Einstellen von Arbeitskräften wieder attraktiv wird.

Die Angst, dass nun zwischen den einzelnen Gemeinden innerhalb eines Staates ein Wettlauf um die niedrigsten Steuersätze einsetzt, dürfte unbegründet sein. Das Beispiel der Schweiz und des Fürstentums Liechtenstein zeigt, dass von Gemeinde zu Gemeinde unterschiedliche Steuersätze nur beschränkt zu einem Abwandern der Unternehmen und der Menschen von Gemeinden mit höheren Steuersätzen zu solchen mit niedrigeren führen. Für Mensch und Unternehmen sind Steuersätze nur einer von vielen Faktoren, die über den Wohnort und den Unternehmenssitz entscheiden. Für Unternehmen spielen oft andere Faktoren eine größere Rolle wie die Verfügbarkeit von Arbeitskräften, eine gut ausgebaute Infrastruktur oder die Nähe zum Markt. Für die meisten Menschen wiederum spielen die Steuern in der Regel bei der Wahl des Wohnortes nicht die entscheidende Rolle. Es ist die Nähe zum Arbeitsplatz, gute Schulen für die Kinder und ähnliche Faktoren. Eine Gemeinde mit hohen Steuern und schlechtem Service wird allerdings über einen längeren Zeitraum Menschen und Unternehmen verlieren. In der direkten Demokratie entscheiden dann die Gemeindebürger, wie attraktiv sie ihre Gemeinde für Unternehmen und Menschen gestalten wollen.

Der Staat der Zukunft wird der Bevölkerung in den einzelnen Gemeinden einen sehr viel höheren Entscheidungsspielraum geben, wie sie für sich und ihre Nachkommen die Zukunft gestalten wollen. Es wird Gemeinden geben, die höhere Steuern verlangen, aber einen besseren Service anbieten. Einige Gemeinden werden ihren Service auf die Bedürfnisse älterer Personen ausrichten, andere wiederum auf jene von jungen Familien. Über Steuern, Sozialpaket, Schul- und Verkehrswesen, kulturelles Angebot, Bauvorschriften, Angebot an

Bauplätzen usw. haben die Gemeinden im Staat der Zukunft eine große Freiheit, nach den besten Lösungen zu suchen, die den Wünschen ihrer Bevölkerung und den Voraussetzungen ihrer Landschaft entsprechen.

Wird die Steuerhoheit für die direkten Steuern vom Staat auf die Gemeinden übertragen, so ist es empfehlenswert, wenn der Staat gewisse Rahmenbedingungen festlegt, innerhalb derer die Gemeinden ihre Steuern erheben. Fehlen solche Rahmenbedingungen, wären die einzelnen Gemeinden gezwungen, untereinander Doppelbesteuerungsabkommen abzuschließen. Das würde die meisten Gemeinden überfordern und innerhalb des Staates zu unnötigen Komplikationen für die Bevölkerung und die Wirtschaft führen. Es steht dann den einzelnen Gemeinden innerhalb dieses gesetzlichen Rahmens frei, über Art und Höhe der Steuern zu entscheiden. Große Gemeinden werden ihre eigene Steuerverwaltung führen, kleinere Gemeinden werden die Verwaltung des Steuerwesens gemeinsam vornehmen oder an Dritte übertragen.

Für günstige steuerliche Rahmenbedingungen ist folgende Frage entscheidend: Wie viel Steuerwettbewerb bleibt zwischen den Gemeinden und den Staaten erhalten? Je mehr Wettbewerb, desto besser für den Bürger und Steuerzahler. Der Steuerwettbewerb ruiniert nicht den Staat und die Gesellschaft, sondern den Politiker, der mit dem Geld der Steuerzahler versucht, die Stimmen der Wähler zu kaufen.

Im Zusammenhang mit den Staatsfinanzen sollte ein Problem erwähnt werden, das im Lauf der Menschheitsgeschichte Ursache vieler Kriege war – und das sind die Bodenschätze. Sollen die Bodenschätze dem Staat, den Gemeinden oder den Menschen gehören, welche die Eigentümer des Bodens sind, unter denen sich die Bodenschätze befinden? Der Staat als Eigentümer der Bodenschätze scheidet im Staat der Zukunft aus, sonst könnte dies zum Austritt der Gemeinden führen, auf deren Territorium sich Bodenschätze befinden. Es kann auch nicht Aufgabe der Gemeinde sein, als Eigentümer und Verwalter jener Bodenschätze aufzutreten, die sich zufällig auf dem Gemeindegebiet befinden. Die Gemeinde im Staat der Zukunft hat genügend Aufgaben zu erfüllen und sie soll sich nicht mit Aufgaben belasten, die besser von der Privatwirtschaft gelöst werden können. Deshalb sollten die Bodenschätze mit dem Grundeigentum verbunden sein.

Die USA sind ein Beispiel, wo die Bodenschätze grundsätzlich dem Grundeigentümer zustehen. In den USA kann allerdings der Grundeigentümer seine potentiellen Rechte an den Bodenschätzen, die sogenannten

„mineral rights", die Mineralrechte, vom Grundeigentum trennen und dann ganz oder teilweise verkaufen. Diese Regelung hat zwar die Entwicklung einer Rohstoffindustrie in den USA nicht beeinträchtigt, aber ob dies wirklich die ideale Lösung darstellt, ist fraglich. Oft wurden die „mineral rights" vor Jahrzehnten verkauft, geteilt, weiterverkauft und vererbt, was zu komplizierten Strukturen führte. Das Gleiche ist in diesen Jahrzehnten gewöhnlich mit den Grundstücken passiert, die verkauft, geteilt oder vererbt wurden. Entschließt sich nach Jahrzehnten irgendein Unternehmen, diese Bodenschätze abzubauen, steht das Unternehmen vor einer komplexen Eigentümerstruktur und der Grundeigentümer unter Umständen vor einer bösen Überraschung.

Manches spricht dafür, die Rechte auf die Bodenschätze mit dem Grundeigentum fest zu verbinden. Dem Staat steht immer noch das Recht zu, gesetzlich gewisse Rahmenbedingungen festzulegen, in denen die Interessen der betroffenen Gemeinden und der angrenzenden Grundeigentümer berücksichtigt werden, so zum Beispiel bei der Nutzung der Wasserreserven oder im Bereich des Landschafts- und Umweltschutzes. Wenn den Gemeinden die Steuerhoheit bei den direkten Steuern zusteht, werden sie über die anfallenden Steuern beim Grundeigentümer und dem Rohstoffunternehmen selbst zum Nutznießer eines solchen Abbaus. Die Gemeinde und die stimmberechtigten Gemeindebürger werden von Fall zu Fall abwägen müssen, inwiefern allfällige Beeinträchtigungen im Umweltbereich durch höhere Steuereinnahmen und zusätzliche Arbeitsplätze aufgewogen werden.

Vielleicht wird ein radikaler Verfechter des Privateigentums den Standpunkt vertreten, dass dem Staat und den Gemeinden ein zu großes Mitspracherecht eingeräumt wird. Man darf aber nicht übersehen, dass erstens gegen den geschlossenen Widerstand in einer Gemeinde der Abbau von Bodenschätzen im Staat der Zukunft nicht möglich sein wird, da sonst die Gemeinde den Staat verlässt und die Bodenschätze auf dem Gemeindegebiet zum Gemeindeeigentum erklärt. Zweitens ist die vorgeschlagene Lösung besser, als wenn die Bodenschätze einfach Staatseigentum sind, was heute in den meisten Staaten der Fall ist.

Voraussichtlich werden Staaten, deren Einnahmen im Wesentlichen aus dem Abbau von Bodenschätzen bestehen, wie zum Beispiel die Erdöl und Erdgas produzierenden Staaten, eine Privatisierung der Bodenschätze ablehnen. Nur müssen sich jene Staaten darüber im Klaren sein, dass sie früher oder später genauso wie alle anderen Staaten ihre Ausgaben über Steuern werden finanzieren müssen. Eines Tages werden die Bodenschätze abgebaut sein oder eine technische Revolution, die jeweils schwer vorauszusehen ist, entzieht dem weiteren Abbau dieser Bodenschätze jede wirtschaftliche Grundlage. Je früher, desto besser wäre es für diese Staaten und ihre Bevölkerung, sich auf die unvermeidliche Umstellung vorzubereiten, denn sonst könnten sie eines Tages selbst verschwinden, so wie andere Staaten in der Menschheitsgeschichte, deren Reichtum auf dem Abbau von Bodenschätzen beruhte.

Der Staat wird wahrscheinlich weiterhin der beste Eigentümer jener Mineralrechte sein, die sich in seinen Hoheitsgewässern bzw. auf dem Kontinentalsockel in der ihm zustehenden Wirtschaftszone befinden. Aber auch dann wird der Staat die Interessen der betroffenen Gemeinden berücksichtigen müssen, sonst werden diese den Staat verlassen und selbst Eigentümer der Mineralrechte.

# 11.6. Die nationale Währung

Was die Staatsfinanzen betrifft, so muss eine Einnahmequelle angesprochen werden, die den Staaten immer wieder zur Finanzierung ihrer Ausgaben dienen musste – das Monopol über die Produktion des Geldes. Die Erfindung des Geldes hat bekanntlich den Handel wesentlich erleichtert. Wer eine Kuhherde besaß und drei Kühe gegen zwei Pferde eintauschen wollte, musste nicht mehr den Besitzer einer Pferdeherde finden, der bereit war, zwei seiner Pferde gegen drei Kühe einzutauschen, sondern er konnte seine drei Kühe auf dem Markt an den Viehhändler verkaufen und mit dem erlösten Geld beim Besitzer der Pferde oder beim Pferdehändler seine zwei Pferde einkaufen. Damit das Geld allgemein angenommen wurde, musste es einen hohen anerkannten Wert haben. Das Geld musste darüber hinaus über längere Zeitperioden lagerungsfähig sein, ohne seinen Wert zu verlieren, und leicht zu transportieren. Edelmetalle wie Gold, Silber oder Kupfer waren naheliegend. Sie hatten gegenüber Edelsteinen den Vorteil, dass sie in kleine Einheiten unterteilt oder wieder zu großen Einheiten verschmolzen werden konnten, ohne ihren Wert zu verlieren.

Schon vor über 2.000 Jahren setzte sich in der antiken Welt die Idee durch, dass Herrscher für ihr Staatsgebiet Münzen prägen, auf denen der Metallwert der Münze angegeben ist. Die Versuchung für den Herrscher bzw. für den Staat war immer groß, den Metallwert zu reduzieren, die Wertangabe aber unverändert zu lassen und so das Volk zu betrügen. Der Metallwert der Münzen ließ sich mit einem gewissen Aufwand überprüfen und wurde der Unterschied zwischen Metall- und Nominalwert der Münzen zu groß, verlor das Volk das Vertrauen in diese Münzen. Das Volk kehrte zum Tauschhandel zurück oder stieg auf andere, wertvollere Münzen um. Heute würden wir sagen, dass die schwache Währung durch eine starke Währung verdrängt wurde wie im damals sozialistischen Osteuropa der Dollar und die D-Mark die weitgehend wertlosen nationalen Währungen teilweise verdrängten.

Solange die Kontrolle des Staates über das Volk und das Staatsgebiet schwach war und die Konkurrenz der Nachbarstaaten mit starken Währungen groß, war es für die einzelnen Staaten schwer, sich durch das Prägen von wertlosen Münzen längerfristig zu finanzieren. Das Wachstum des Geldvolumens in einem Staat war eng gekoppelt an das reale Wachstum der Wirtschaft. Perioden der Geldentwertung bzw. der Inflation waren in einem solchen System relativ kurz und häufig die Folge von Kriegen oder dem Zufluss größerer Mengen von Edelmetallen. Ein bekanntes Beispiel aus der Währungsgeschichte sind die großen Zuflüsse von Gold und Silber nach der Entdeckung Amerikas, die besonders in Spanien, aber auch im übrigen Europa eine Inflation auslösten. In der Regel pendelte sich aber über den freien Markt bald wieder ein neues Gleichgewicht ein.

Dem chinesischen Reich ist es schon früh gelungen, die Metallwährung durch eine Papierwährung ohne Materialwert zu ersetzen. Dass dies so viel früher als in Europa möglich war, lag wohl im Wesentlichen daran, dass es für das chinesische Reich in der unmittelbaren Nachbarschaft keine ernsthaften Konkurrenten bezüglich der Währung gab. Die schwache chinesische Papierwährung konnte nicht durch eine starke Metallwährung verdrängt werden. Verschiedene Versuche im Europa des 17. und 18. Jahrhunderts, die Metallwährungen durch Papierwährungen zu ersetzen, misslangen. Zwar setzte sich langsam das Papiergeld durch, aber dies ging einher mit der Verpflichtung, das Papiergeld in Gold umzutauschen. Der stärker werdende Einfluss des Nationalstaates auf seine Bürger im Lauf des 19. Jahrhunderts, die Gründung von Nationalbanken, die Vereinheitlichung der nationalen Wirtschaftsräume und deren vermehrte Abschottung durch Zölle und diverse Vorschriften schufen die Voraussetzungen, dass die europäischen Nationalstaaten den Ersten Weltkrieg teilweise mit Papiergeld finanzieren konnten. Es kamen massive Steuererhöhungen dazu, oft zusammen mit der erstmaligen Einführung einer allgemeinen Einkommenssteuer. Die Folge waren hohe Inflation und der Verlust des Vertrauens eines Großteils der Bevölkerung in die eigene Währung. Um das Vertrauen wieder herzustellen und die Inflation in den Griff zu bekommen, wurde zwar eine formelle Golddeckung der einzelnen nationalen Währungen beschlossen, aber de facto konnte der Bürger sein Papiergeld nicht mehr in Gold umwandeln. Strenge Devisenvorschriften verhinderten darüber hinaus die Konkurrenz zwischen den einzelnen Papierwährungen in Europa. Gegen Ende des 20. Jahrhunderts hatten sich alle Währungen von ihrem Metallwert gelöst.

Es stellt sich die Frage, ob der Staat in einer globalisierten Weltwirtschaft überhaupt eine nationale Währung und eine Nationalbank benötigt. In einer globalisierten Weltwirtschaft wäre theoretisch eine einheitliche Währung mit Metalldeckung wohl die beste Lösung, falls sie von einer unabhängigen Währungsbank herausgegeben wird, die der Geldwertstabilität verpflichtet ist. Den Welthandel würden nicht die Kosten von Währungsschwankungen belasten und die anderen Risiken, die von wertlosen Papierwährungen ausgehen. In der Praxis wird aber der Staat voraussichtlich noch lange den Risiken der Papierwährungen ausgesetzt sein und sich damit abfinden müssen, dass in einzelnen Staaten das Geldvolumen starken Schwankungen ausgesetzt ist.

Der Staat hätte im Grunde drei Möglichkeiten, sich dagegen einigermaßen abzusichern, wenn man davon ausgeht, dass die Ausgabe einer eigenen Papierwährung die Kosten und Risiken für die Volkswirtschaft nur vergrößert:

Erstens kann der Staat eine andere Währung übernehmen, von der aufgrund seiner Größe, der Seriosität der Nationalbank und seiner Organe, des Fehlens von einschränkenden Devisenvorschriften und weiteren Faktoren angenommen werden kann, dass die Risiken gering sind. Für das kleine Liechtenstein war die Übernahme der Kronenwährung vom Kaiserreich Österreich-Ungarn im 19. Jahrhundert von Vorteil, bis diese Währung dann im Ersten Weltkrieg zusammenbrach und nach dem Ersten Weltkrieg im Fürstentum Liechtenstein durch den Schweizer Franken abgelöst wurde. Der Schweizer Franken hat den Vorteil, dass er eine stabile und voll konvertible Währung ist, das heißt, sie kann jederzeit ohne Einschränkungen in andere Währungen umgetauscht werden. Darüber hinaus ist der Schweizer Franken aufgrund seiner Vergangenheit eine Fluchtwährung, weshalb für das relativ kleine Währungsgebiet die Zinssätze niedriger sind als in anderen Währungen. In anderen kleinen Währungsgebieten sind die Zinssätze in der Regel höher als in größeren Währungsgebieten, wegen der höheren Währungsschwankungen. Aufgrund des geringeren Geldvolumens fällt es Spekulanten leichter, eine kleine Währung zu einer Auf- oder Abwertung zu zwingen. Andere Kleinstaaten haben sich deshalb für die Übernahme des US-Dollars entschlossen. Die meisten EU-Mitglieder haben mit dem Euro eine neue Währung geschaffen, die neben dem Dollar die bedeutendste Währung geworden ist.

Ein Staat könnte zweitens grundsätzlich alle voll konvertiblen Währungen zulassen und es dann seinen Bürgern überlassen, welche Währung sie benützen wollen. Der Staat wird voraussichtlich in so einem Fall festlegen, in welcher Währung ihm die Steuern und Abgaben zu zahlen sind und in welcher Währung er seine Zahlungen leisten wird. Ebenso werden die einzelnen Gemeinden festlegen wollen, in welcher Währung sie ihren Zahlungsverkehr abwickeln möchten. Dies wäre die Rückkehr zu einem freien Wettbewerb zwischen den Währungen. Möglicherweise würde sich mit der Zeit in so einem Fall wieder die Metallwährung durchsetzen.

Die dritte Möglichkeit, auf die ich ausführlicher eingehen möchte, da sie etwas komplizierter ist, wäre die Rückkehr zu einer Metallwährung. Damit könnte selbst ein kleiner Staat eine eigene Währung herausgeben, ohne sich den Risiken einer Papierwährung auszusetzen. Kleine Staaten haben gerne ihre eigene Währung, entweder, um nicht von der Geldpolitik anderer Staaten abhängig zu sein, oder aus Nationalstolz.

Ich habe diese Alternative entwickelt, als das Fürstentum Liechtenstein noch keinen Währungsvertrag mit der Schweiz hatte, den Schweizer Franken benutzte und die Schweiz Anfang der 1970er-Jahre bei Währungsunruhen Liechtenstein zum Währungsausland erklärte und für Ausländer einschließlich der Liechtensteiner die Benutzung des Schweizer Frankens einschränkte. 1980 konnte Liechtenstein dann einen Währungsvertrag mit der Schweiz abschließen und ich habe die Pläne für eine liechtensteinische Metallwährung nicht mehr weiterverfolgt.

Für die Wirtschaft eines Staates sind möglichst stabile Wechselkurse gegenüber den Währungen der wichtigsten Handelspartner von großem Vorteil. Je größer die Schwankungen der Wechselkurse, desto größer die Risiken für den Importeur und den Exporteur von Waren und Dienstleistungen. Diese Risiken lassen sich zwar teilweise über Termingeschäfte abdecken, was aber Kosten verursacht. In jedem Fall müssen Importeure und Exporteure höhere Handelsspannen einkalkulieren, um diese Kosten und Risiken abzudecken. Die Volkswirtschaft eines kleinen Staates ist sehr viel stärker vom Außenhandel abhängig als ein großer Staat, weshalb die Wechselkursschwankungen kostenmäßig vermehrt ins Gewicht fallen.

Die alten Metallwährungen hatten den Vorteil, dass die Nationalbank zwar den Wechselkurs gegenüber anderen Währungen fixieren konnte, aber den Nachteil, dass die Währungen den Schwankungen der Weltmarktpreise der Metalle ausgesetzt waren, üblicherweise jenen von Gold und Silber. Das Gewicht der Münze sowie deren Inhalt an Gold oder Silber waren festgelegt. Stieg der Preis von Gold und Silber über den Wert der Münze hinaus, war es für einen Spekulanten finanziell interessant, diese zu kaufen, einzuschmelzen, um anschließend das Gold und Silber zu verkaufen. Dieses Spiel konnte solange betrieben werden, bis die Nationalbank ihre Reserven von Gold und Silber aufgebraucht hatte.

Dies ist im Wesentlichen, was der Amerikanischen Nationalbank mit dem Dollar passiert ist, der bis 1971 zwar sehr eingeschränkt, aber immerhin die einzige Metallwährung von Bedeutung war. Gegenüber den anderen Nationalbanken hatten sich die USA verpflichtet, den amerikanischen Dollar zu einem Preis von 35 Dollar je Unze in Gold umzutauschen. Für die eigenen Bürger war der Dollar schon lange vorher eine reine Papierwährung, denn sie besaßen seit 1933 nicht mehr das Recht, ihre Dollarguthaben in Gold umzutauschen. Die Amerikanische Nationalbank ließ das Geldvolumen in amerikanischen Dollars wesentlich stärker ansteigen als die Goldreserven, womit das Vertrauen in den amerikanischen Dollar verloren ging. Der Preis des Goldes stieg darauf über den festgelegten Preis von 35 Dollar je Unze. Trotz des Drucks der amerikanischen Regierung, dies zu unterlassen, wechselten die ausländischen Nationalbanken solange ihre amerikanischen Dollars in Gold um, bis die Amerikanische Nationalbank die Bindung des Dollars an das Gold endgültig aufheben musste.

Mit einer Metallwährung in einer Welt des Papiergeldes kann sich ein Kleinstaat noch viel weniger als die USA leisten, einen festgelegten Metallpreis, sei es in Gold, Silber oder Kupfer, zu garantieren. Deshalb braucht es eine andere Lösung, die ich am Beispiel des fiktiven liechtensteinischen Talers erklären möchte. Das Fürstentum Liechtenstein hatte schon einmal im 19. Jahrhundert einen eigenen Taler herausgegeben, bevor die Kronenwährung übernommen wurde, womit wir immerhin auf eine gewisse Tradition zurückblicken können, was eine eigene Währung betrifft. Die Münzen würden je nach ihrem Wert aus Gold, Silber oder Kupfer bestehen. Der Wert des Liechtensteiner Talers gegenüber den anderen wichtigsten Währungen würde von einer Liechtensteinischen Nationalbank regelmäßig festgelegt werden, wobei sich ein sogenannter Währungskorb ergibt, der die konvertiblen Währungen der wichtigsten Handelspartner widerspiegeln würde. Für das Fürstentum Liechtenstein ist der wichtigste Handelspartner die Eurozone, gefolgt vom amerikanischen Dollar und dem Schweizer Franken. Die Liechtensteinische Nationalbank könnte den Wechselkurs so festlegen, dass ein Liechtensteiner Taler zehn Euro entspricht. Bleibt der Kurs zwischen dem Liechtensteiner Taler und dem Euro fixiert, muss der Metallwert der liechtensteinischen Talermünzen sich gemäß den Schwankungen der Metallpreise in Gold, Silber und Kupfer verändern.

Natürlich kann nicht im Nachhinein der Metallwert aller geprägten Münzen den täglichen Schwankungen auf den Weltmärkten angepasst werden. Es kann aber am Tag der Münzprägung der Metallwert dem Weltmarktpreis angeglichen werden, wobei die Liechtensteinische Nationalbank einen gewissen Unterschied zwischen Metallwert und Nominalwert festlegen wird, mit dem die Kosten und der Gewinn der Bank abgedeckt werden. Beträgt der Unterschied zwischen Nominal- und Metallwert 10%, erhält der Käufer für zehn Euro einen Liechtensteiner Taler. Diese Münze hätte am Tag der Prägung einen Metallwert von neun Euro. Die Zahl der pro Tag geprägten Münzen und ihr jeweiliger Metallwert wäre fortlaufend zu veröffentlichen und zu kontrollieren, um Missbräuche zu verhindern und das Vertrauen in die Metallwährung aufzubauen. Durch Legierungen der verschiedenen Metalle, wie zum Beispiel Gold- und Silberlegierungen, kann der Metallwert verändert, aber die Größe der Münze unverändert bleiben. Auf den Münzen wären neben den sonst üblichen Informationen das Datum der Prägung festzuhalten und eventuell eine durchlaufende Nummerierung der einzelnen Münzen pro Tag.

Steigt der Metallwert einer Hundert-Taler-Goldmünze von Euro 900,– am Ausgabetag aufgrund der höheren Goldpreise auf Euro 1.100,–, so kann der Eigentümer seine Münze einem Händler zum Metallwert verkaufen und macht einen Gewinn von rund Euro 100,–, unter der Annahme, dass der Wechselkurs zwischen Taler und Euro eins zu zehn beträgt. Fällt dagegen der Goldpreis um Euro 200,–, so würde der Metallwert der 100 Taler nur mehr Euro 700,– betragen. Dem Eigentümer der Münze steht es dann allerdings jederzeit frei, seine Hundert-Taler-Münze zum festgelegten Preis von Euro 1.000,– der Liechtensteinischen Nationalbank zu verkaufen. Allerdings erhält er dann reines Papiergeld, das keinen Metallwert besitzt, sondern unter Umständen ein Entsorgungsproblem wird, falls der Euro nur mehr noch das Papier wert ist, auf dem er gedruckt wurde.

Wie ersichtlich, ist für den Käufer der liechtensteinischen Metallwährung das Währungsrisiko relativ gering. Er kann sich sein Guthaben jederzeit in liechtensteinischen Talern auszahlen lassen, die einen hohen Metallwert haben, verglichen mit dem Papiergeld anderer Währungen. Die Frage stellt sich, ob die Liechtensteinische Nationalbank ähnlich wie die Amerikanische Nationalbank 1971 zahlungsunfähig wird?

Die Liechtensteinische Nationalbank erzielt beim Verkauf ihrer Münzen einen Gewinn von 9%, wenn man davon ausgeht, dass die Produktionskosten solcher Münzen bei 1% liegen. Beim Verkauf einer Hundert-Taler-Goldmünze erhält die Liechtensteinische Nationalbank Euro 1.000,– und erzielt einen Buchgewinn von rund Euro 90,–. Die Euro 1.000,– kann die Liechtensteinische Nationalbank zinsbringend anlegen und erzielt so weitere Gewinne, bis der Eigentümer der Hundert-Taler-Goldmünze diese bei der

Liechtensteinischen Nationalbank wieder in Euro 1.000,– umtauscht. Fällt in der Zwischenzeit der Metallwert der Hundert-Taler-Münze auf Euro 700,–, erleidet die Liechtensteinische Nationalbank einen Buchverlust von Euro 210,–, abzüglich des Zinsertrages. Verfügt die Liechtensteinische Nationalbank aber über genügend Euro, wird sie die Hundert-Taler-Goldmünze nicht einschmelzen und das Gold verkaufen, sondern die Münze einlagern und wieder gegen Euro 1.000,– oder eine andere konvertible Währung eintauschen, falls die Nachfrage nach Liechtensteiner Talern steigt. Deshalb wird eine große Vielfalt an Münzen im Umlauf sein mit unterschiedlichem Metallwert. Die meisten Eigentümer der Münzen werden den Aufwand scheuen, die Münzen nach ihrem Datum und ihrem Nominalwert zu sortieren, um dann den Metallwert zu überprüfen und die einzelnen Münzen einzuschmelzen oder gegen eine andere Währung einzutauschen. Es kommt hinzu, dass normalerweise der Bestand der Münzen und Noten relativ stabil ist und in den meisten entwickelten Volkswirtschaften nur einen kleinen Anteil des gesamten Geldvolumens ausmacht. Der größte Teil besteht aus elektronischem Geld, über den fast der gesamte Zahlungsverkehr abgewickelt wird.

Gibt die Liechtensteinische Nationalbank Liechtensteiner Taler in Form von elektronischem Geld aus, erhält sie, wie andere Nationalbanken, elektronische Währungen oder Devisen, seien dies Euro, US-Dollar oder Schweizer Franken, die sie zinsbringend am Markt anlegen kann. Diesbezüglich unterscheidet sich eine Liechtensteinische Nationalbank nicht grundlegend von anderen Nationalbanken. Die Liechtensteinische Nationalbank wäre allerdings gesetzlich verpflichtet, die eigene Währung zu 100% entweder mit Devisenbeständen in anderen voll konvertiblen Währungen abzudecken oder mit den Metallbeständen der eigenen Münzen. Die Anlage der Devisenbestände wäre auf erstklassige Banken zu beschränken und die Gewährung von Krediten an die öffentliche Hand im eigenen Staat wäre zu verbieten.

An einer Liechtensteinischen Nationalbank dürfte sich die öffentliche Hand nicht beteiligen, um die politische Unabhängigkeit zu garantieren. Der Staat soll die Rahmenbedingungen festlegen, die Nationalbank beaufsichtigen, aber nicht betreiben. Die Zeichnung des Aktienkapitals wäre Privatpersonen und Unternehmen der Privatwirtschaft vorbehalten. Gewinne könnten nur aus den Zinserträgen ausgeschüttet werden und dies nur, wenn Kapital und Reserven der Nationalbank im Vergleich zum gesamten Geldvolumen einen gewissen Prozentsatz erreicht haben. Verboten wäre die Ausschüttung des Buchgewinnes beim Verkauf der Münzen, da dem gegenüber eine zumindest theoretische Verpflichtung besteht, die Münzen zum Nominalwert zurückzukaufen.

Unter solchen Bedingungen sollte es einem Kleinstaat ohne Weiteres möglich sein, eine eigene Währung zu haben, die stabil ist und international großes Vertrauen genießt. Eine solche Währung könnte sich, ähnlich dem Schweizer Franken, mit der Zeit sogar zu einer Fluchtwährung entwickeln, mit dem Vorteil niedriger Zinsen.

Wie erwähnt, wäre wahrscheinlich in einer globalisierten Weltwirtschaft eine Einheitswährung auf Metallbasis, wie beschrieben, die beste Lösung. Aber diese liegt in weiter Ferne und aus heutiger Sicht wäre eine „internationale Währungsbank" wohl weitgehend von den Regierungen der einzelnen Staaten abhängig, mit all den Gefahren, die damit verbunden sind. Die Konkurrenz zwischen den Währungen und den Währungsblöcken garantiert der Menschheit vorderhand ein größeres Maß an Freiheit und einen größeren Schutz vor dem Missbrauch durch die Politiker als ein theoretisch besseres System mit geringeren Kosten für die Weltwirtschaft. In der Menschheitsgeschichte gibt es leider genug Beispiele, wie neue Systeme, die auf den ersten Blick kostengünstig erscheinen, sich langfristig als teurer herausstellen, wenn dadurch die Freiheit der Menschen eingeschränkt wird. Die Zusammenlegung politischer Einheiten, ob von Gemeinden, Kantonen, Bundesländern, Staaten usw., wurde als besonders kostengünstige Rationalisierung verkauft, mit dem Ergebnis, dass es nachher mehr Beamte und höhere Ausgaben gab als vorher. Die Konkurrenz zwischen den politischen Einheiten ging verloren und die Kontrolle des Bürgers über die Politiker sowie den Staatsapparat wurde schwächer.

Währungsprobleme wirken sich gewöhnlich auf die Finanzdienstleistungsindustrie aus und umgekehrt deren Probleme auf die Währungen. Im Jahr 2008 wurde die Finanzdienstleistungsindustrie von einer ihrer periodischen Krisen erschüttert. In einer globalisierten Weltwirtschaft kann eine Finanzkrise in einem Staat nicht nur die nationale, sondern auch die internationale Wirtschaft erschüttern. Da Nationalbanken und Staaten in einer solchen Krise eine wichtige Rolle zu spielen haben, dürften einige Bemerkungen in diesem Zusammenhang angebracht sein.

Als ich damit begann, das Familienvermögen (das über viele Jahre viel Geld verloren hatte) zu reorganisieren und neu aufzubauen, war eine der wichtigsten Aufgaben die Reorganisation einer kleinen Lokalbank in Liechtenstein. Diese Bank wurde nach dem 1. Weltkrieg von einer Gruppe privater Investoren gegründet und musste 1929 durch den damaligen Fürsten vor dem Bankrott gerettet werden. Nach dem 2. Weltkrieg wurde die Bank benützt, die übrigen Unternehmen der Familie zu finanzieren, und sie war deshalb in einem kritischen Zustand. Mit Hilfe eines guten Teams ist es mir gelungen, die Bank zu stabilisieren und dann auf einen Wachstumskurs zu bringen. Sie ist jetzt eine sehr solide und profitable Privatbank, die nicht nur in Europa, sondern auch außerhalb Europas aktiv ist.

Ich habe mich auch für eine Liberalisierung der Gesetze eingesetzt, welche die Banken und den Finanzdienstleistungssektor in Liechtenstein regulieren. Vor der Liberalisierung war es nur drei Banken gestattet, in Liechtenstein tätig zu sein: die Staatsbank – die Liechtensteinische Landesbank (LLB); eine Privatbank – die Verwaltungs- und Privatbank (VPB); und unsere eigene Privatbank – die Liechtenstein Global Trust Bank (LGT). Nach der Liberalisierung wurden zwölf weitere Banken gegründet. Keine dieser 15 Banken kam in Schwierigkeiten und musste gerettet werden, weder in der Krise von 2008 noch in den vorhergehenden Krisen, welche die Finanzdienstleistungsindustrie getroffen haben.

Man kann sich fragen, warum ein kleines Finanzzentrum all diese Finanzkrisen sehr viel besser überlebt hat, und das ohne Staatshilfe, als sehr viel größere Finanzzentren. Ein Grund war sicher, dass die liechtensteinischen Banken weniger im Investmentbanking oder in sehr komplexen Immobilienprojekten involviert waren. Vielleicht aber noch wichtiger waren die liechtensteinischen Gesetze, welche die Banken und den Finanzdienstleistungssektor regulieren, und die Qualität der Finanzdienstleistungsaufsicht.

Die Finanzkrise von 2008 hat wieder einmal gezeigt, dass in einer Reihe von wichtigen Finanzzentren die Qualität der Gesetze und Vorschriften sowie die Bankenaufsicht mangelhaft waren. Was im Kapitel 11.1. über den Rechtsstaat gesagt wurde, trifft auch auf die Verantwortung der staatlichen Institution gegenüber der Finanzdienstleistungsindustrie zu. Gesetze und Verordnungen müssen einfach und leicht verständlich sein, sonst geben sie Raum für alle möglichen Interpretationen. Schlupflöcher entstehen, die früher oder später im harten Konkurrenzkampf ausgenützt werden. Dubiose oder inkompetente Mitbewerber im Finanzdienstleistungssektor nützen dann diese Möglichkeiten aus und erschweren die Aufsicht über einen zentralen Sektor einer modernen Wirtschaft. Die Finanzdienstleistungsindustrie ist von Natur aus ein abstrakter und komplizierter Wirtschaftssektor.

Ein Schlupfloch war immer, dass gewisse Aktiven und Passiven in der Bilanz nicht ausgewiesen wurden. Dieser Mangel an Transparenz erhöht in einer Finanzkrise dramatisch die Unsicherheit. Aktiven sollten zu den Anschaffungskosten ausgewiesen werden oder darunter, wenn der Marktpreis niedriger ist. Ist der Marktpreis höher, sollte dies in einer Fußnote erwähnt werden, aber nicht den Gewinn erhöhen, der dann ausgezahlt wird. Hohe Bewertungen, die sich auf enge oder intransparente Märkte stützen, haben in der Vergangenheit zu Finanzkrisen geführt, und sie werden es auch in der Zukunft tun, wenn dieses Problem nicht gelöst wird. Heute können sogar die Schulden einer Bank dem Marktpreis angepasst werden. Wird die Bonität einer Gesellschaft durch eine Ratingagentur herabgesetzt, reduziert das in der Bilanz die Schulden der Gesellschaft.

Ernste Finanzkrisen, die sich dann auf den Rest der Wirtschaft ausbreiten, beginnen gewöhnlich mit einem Liquiditätsproblem oder der Zahlungsunfähigkeit eines großen Institutes. Das kann eine große Bank sein oder ein anderes großes Finanzinstitut. Gesetze, Verordnungen und die Aufsicht sollten sich deshalb in erster Linie auf die Liquidität und die Zahlungsfähigkeit der großen Finanzinstitute konzentrieren.

Ein Liquiditätsproblem ist leichter zu lösen. Der Staat selbst oder eine Institution wie eine Nationalbank kann dem Finanzinstitut einen Kredit einräumen, der durch die Aktiven dieses Institutes abgesichert ist. Die Konditionen, unter denen dieser Kredit gewährt wird, sollten jenen entsprechen, die ein vorsichtiger Banker oder Kaufmann anwenden würde. Staaten oder staatliche Institutionen sind die Treuhänder des Volkes und der Steuerzahler und nicht private Investoren, welche die Freiheit haben, ihr Geld nach ihrem Gutdünken zu investieren. Es ist problematisch, Aktiven zu kaufen, die ihren Wert verloren haben, oder Kredite Finanzinstituten einzuräumen, die zahlungsunfähig sind. Staaten und staatliche Institutionen neigen leider oft dazu, vergangene Fehler in der Regulierung und in der Aufsicht der Finanzdienstleistungsindustrie mit einem Rettungspaket, das schnell beschlossen und realisiert wird, zu vertuschen. Eine Finanzkrise ist nicht ein Marktversagen, sondern ein Versagen des Staates, seiner Gesetze, seiner Verordnungen und seiner Aufsichtsaufgaben.

Wie sollte die Finanzdienstleistungsindustrie reguliert und überwacht werden? Wie vorher erwähnt, muss die Bilanz eines solchen Unternehmens transparent sein; sie muss alle Passiven zeigen und die Aktiven nach dem Niedrigstwertprinzip ausweisen, also zu Kosten- oder zu Marktpreisen, was immer der niedrigere Wert ist; und entsprechend der Liquidität der Aktiven und Passiven muss ein Unternehmen über eine ausreichende Liquidität verfügen. Die jüngste Finanzkrise hat wieder einmal gezeigt, dass verschiedene Sektoren im Banken- und Versicherungsbereich, aber auch in anderen Bereichen der Finanzdienstleistungsindustrie recht hohe Risiken bergen. Eine

Gesellschaft außerhalb des Finanzdienstleistungssektors mit ähnlichen Risiken müsste einen hohen Anteil an Eigenkapital ausweisen, um einen Kredit von einer Bank zu erhalten. Eine Gesellschaft mit einem Eigenkapital unter 10% hätte große Schwierigkeiten, einen Kredit von einer Bank zu bekommen, zumindest einer vorsichtigen Bank. Aber fast jeder ist bereit, Banken Geld zu geben, die abgesehen von wenigen Ausnahmen über ein Eigenkapital verfügen, das unter 10% liegt, wenn alle Aktiven und Passiven berücksichtigt werden. Deshalb erstaunt es nicht, dass der Finanzdienstleistungssektor in regelmäßigen Abständen von Krisen erschüttert wird. Es ist eher erstaunlich, dass diese Krise nicht häufiger vorkommen.

Eine Bank mit einem Liquiditätsproblem und einem Eigenkapital unter 10% kann schnell zahlungsunfähig werden, weil sie ihre Aktiven mit Verlust verkaufen muss, um ihr Liquiditätsproblem zu lösen. In einer Finanzkrise verlieren viele Bankanlagen ihren Wert und reduzieren deshalb das Eigenkapital einer Bank. Abhängig von der Liquidität und den inhärenten Risiken der Aktiven und Passiven sollte das Eigenkapital gut über 10% finanzieren.

Man erhielt nicht den Eindruck, dass jene Staaten, die 2008 in der Finanzkrise intervenieren mussten, auf so eine Krise gut vorbereitet waren. Dieser Umstand hat die Unsicherheit auf den nationalen und globalen Finanzmärkten verstärkt. Gesetze, Verordnungen und Aufsicht waren mangelhaft, und es gab kein klares Konzept, wie man vorgehen soll. Sich durch eine solche Krise durchzuwursteln, ist mit hohen Kosten für die Wirtschaft und den Steuerzahler verbunden. Leider ist dies die vorherrschende Politik und eine grundsätzliche Reform ist nicht in Sicht.

Eine grundsätzliche Reform des Finanzdienstleistungssektors in einer globalisierten Wirtschaft verlangt nach einer Zusammenarbeit der großen internationalen Teilnehmer: Staaten benötigen klare und einfache Gesetze und eine kompetente Aufsicht, große Banken eine bessere Liquidität und ein sehr viel höheres Eigenkapital. Man gewinnt oft den Eindruck, dass die Märkte, Kunden und Aufsichtsbehörden mehr von der absoluten Höhe des Eigenkapitals in der Bilanz beeindruckt sind als vom prozentualen Anteil des Eigenkapitals an allen Aktiven und Passiven. Weniger als 10% zuzulassen, ist unverantwortlich, wenn man die Finanzkrisen der Vergangenheit berücksichtigt; mehr als 20% zu verlangen, wird politisch schwierig sein, denn es würde über eine längere Zeitperiode das Kreditvolumen verringern und die Zinssätze erhöhen.

Deshalb werden große, internationale Banken, die in Bereichen mit hohen

Risiken tätig sind, weiterhin eine Gefahrenquelle darstellen, sowohl für die nationale als auch für die globale Wirtschaft. Für einen Zusammenbruch sind sie zu groß. Solange diese Banken noch verwertbare Aktiven haben, die man entweder verkaufen oder als Sicherheit für einen Kredit benützen kann, wird voraussichtlich die Liquidität nicht das Hauptproblem sein. Das Hauptproblem wird auch in Zukunft die Zahlungsunfähigkeit sein.

Nehmen wir an, dass in Zukunft die Mächtigen im Finanzbereich, wie die USA, die EU, Japan und andere, sich auf neue Regeln einigen können, ähnlich wie sie in diesem Kapitel beschrieben sind. Nehmen wir weiter an, dass eine große, internationale Bank, zu groß, um sie untergehen zu lassen, mit einem Eigenkapitalanteil von 18% nicht nur ein Liquiditätsproblem, sondern auch noch ein Problem mit ihrer Zahlungsfähigkeit hat, weil sie mehr als die Hälfte ihres Eigenkapitals verloren hat. Gemäß den heutigen Vorschriften wäre so eine Bank immer noch ausreichend kapitalisiert und zahlungsfähig. Unter den neuen Vorschriften wäre es denkbar, dass private Investoren nicht mehr bereit wären, so eine Bank zu refinanzieren. In so einem Fall werden die Staaten, in denen diese Bank aktiv ist und beaufsichtigt wird, zusammenarbeiten müssen, um diese gemäß den lange vorher vereinbarten und publizierten Regeln zu retten. Die Staaten werden diese Bank zu Bedingungen refinanzieren, die für sie und die Steuerzahler attraktiv sind, vielleicht das Management ersetzen und die Bank so reorganisieren, dass das investierte Kapital in absehbarer Zeit zurückgezahlt werden kann, entweder durch den Verkauf der Anteile oder durch irgendeinen anderen Mechanismus.

Sollte die Finanzkrise von 2008 die wichtigsten Finanzmächte überzeugen, dass grundlegende Reformen notwendig sind, um die nächste Finanzkrise zu vermeiden oder zumindest ihre Auswirkungen zu reduzieren, so hätte die vergangene Finanzkrise wenigstens zu einigen Verbesserungen geführt. Es wird natürlich einige Jahre dauern, bis die großen Banken und einige der anderen großen Unternehmen im Finanzdienstleistungsbereich ihr Eigenkapital auf ein ausreichendes Niveau gehoben haben. Je früher dieser Prozess beginnt, umso besser wird man auf die nächste Finanzkrise vorbereitet sein, denn diese wird sicher kommen.

# 11.7. Weitere Staatsaufgaben

Die Staaten haben in den vergangenen zweihundert Jahren, neben der Aufrechterhaltung des Rechtsstaates sowie der Außen- und Verteidigungspolitik, eine Vielzahl von weiteren Aufgaben übernommen. Diese werden mit Steuergeldern finanziert. Man kann sich zu Recht fragen, ob in Zukunft nicht wie bei den vorher erwähnten Aufgaben die Privatwirtschaft, die Gemeinden oder sonstige regionale Verbände diese besser bewältigen können, wie z.B. das Betreiben staatlicher Radio- und Fernsehstationen, die Post, die Telekommunikation, nationale Kulturinstitutionen, wie Museum, Oper, Theater, die Finanzierung von Künstlern und so manches mehr. Die USA zeigen, dass ein Staat solche Institutionen weder betreiben noch finanzieren muss und trotzdem über Radio, Fernsehen, Telekommunikation, Museen, Opern, Theater, Künstler usw. verfügt, dazu noch oft von besserer Qualität als die staatlich finanzierte Konkurrenz. Nur die Post, die in den USA vom Staat betrieben wird, war immer ein leuchtendes Beispiel staatlicher Inkompetenz. In den USA und in Europa haben sich deshalb neben den staatlichen Postdiensten private Zustelldienste erfolgreich etabliert und es ist nicht einzusehen, weshalb die Post nicht vollständig privatisiert werden soll.

Die Verteidigungspolitik hat traditionell für Staaten eine zentrale Rolle gespielt. Wie im ersten Teil dieses Buches erwähnt, waren Kriege keine Erfindung des Agrarzeitalters, sondern haben die Menschheitsgeschichte wohl seit ihren Ursprüngen begleitet. Sie haben nicht nur viel Leid über die Menschen gebracht, sondern waren noch sehr viel kostspieliger als die dümmste Landwirtschaftspolitik. Die militärischen Ausgaben der OECD-Staaten übersteigen selbst in Friedenszeiten die Ausgaben für die Landwirtschaft um ein Vielfaches. Hoffentlich werden die Staaten dieser Erde eines Tages sich zu friedlichen Dienstleistungsunternehmen wandeln, die von den Menschen nicht mehr verlangen, dass sie ihr Leben für Gott und Vaterland opfern. Um dieses Ziel zu erreichen, müssen die Staaten, die Politiker und die Völker sich mit der Tatsache abfinden, dass Staaten keine Götter sind, denen die Menschen zu dienen haben oder gar ihr Leben opfern müssen, sei es zur höheren

Ehre der Nation oder um einem auserwählten Volk das Himmelreich auf Erden zu schaffen. Die Staaten der Zukunft sollten in einem friedlichen Wettbewerb auf der Basis guter Leistungen und niedriger Kosten untereinander um ihre Kunden – die Gemeinden und deren Bevölkerung – kämpfen. Im Kapitel 13 werde ich auf mögliche Strategien näher eingehen, wie in den nächsten Jahrzehnten die Menschheit das Ziel erreichen kann, dass die Staaten nur noch im friedlichen Wettbewerb um ihre Kunden kämpfen.

Solange eine neue, friedlichere Weltordnung nicht verwirklicht wird, wird es kriegerische Konflikte geben. Seit dem Ende des Kalten Krieges ist glücklicherweise sowohl die Gefahr eines Dritten Weltkrieges als auch die Gefahr großer und langer Kriege zwischen Staaten stark gesunken. Ein Angreifer setzt sich dem Risiko aus, dass die führenden Militärmächte mit Zustimmung der UNO dem angegriffenen Staat zu Hilfe eilen und den Angreifer vernichtend schlagen, so wie dies beim Überfall des Irak auf Kuwait geschehen ist.

Es gab in den vergangenen Jahrzehnten Kriege zwischen Staaten, bei denen die Großmächte nicht direkt eingegriffen haben, wie zum Beispiel jene zwischen Indien und Pakistan oder zwischen China und Vietnam. Sie waren vergleichsweise kurz, lokal begrenzt und brachten dem Angreifer keine bedeutenden Geländegewinne oder entscheidende Siege, wenn man vom Sieg Israels über seine arabischen Nachbarn absieht. Aber dieses Ereignis fand 1967 statt und in der Zwischenzeit hat sich Israel aus einem Teil der besetzten Gebiete zurückgezogen, ohne sein wichtigstes Kriegsziel zu erreichen, nämlich einen Friedensvertrag mit allen seinen Nachbarn und international anerkannten Grenzen.

Gefahren drohen heute weniger von konventionellen oder atomaren Kriegen zwischen Staaten, sondern vielmehr vom Terrorismus, den Guerilla- und Bürgerkriegen, wobei auch da Massenvernichtungswaffen zum Einsatz kommen könnten. Diese Gefahren lassen sich aber kaum mit einer traditionellen Armee und einer traditionellen Verteidigungspolitik bannen. Im Gegenteil, sie scheinen diese Gefahren und die damit verbundenen Probleme tendenziell eher zu vergrößern. Um diese Gefahren abzuwenden, benötigt man vielmehr einen funktionierenden Rechtsstaat, der in der Lage ist, die politischen, wirtschaftlichen und sozialen Probleme zu lösen.

Die Außenpolitik wird der Staat der Zukunft weiterhin gegenüber anderen Staaten sowie als Mitglied regionaler und internationaler Organisationen betreiben müssen. In einer globalisierten Welt wird die Außenpolitik an Bedeutung weiter zunehmen, da die wirtschaftlichen, sozialen, touristischen, kulturellen Verflechtungen, um nur einige zu nennen, zwischen den Staaten bzw. ihren Völkern sehr viel enger werden. Die Beziehungen zwischen den Staaten werden neben den Außenministerien und ihren Botschaften in immer stärkerem Maß über internationale Organisationen gepflegt, wie die UNO, die WTO, die WHO, die EU, die OAS, die ASEAN, die NATO und so weiter. In internationalen Organisationen finden regelmäßige Treffen auf verschiedensten Ebenen statt, vom Staatsoberhaupt bis hinunter zu den Beamten und Fachleuten. Organisationen auf staatlicher Ebene und jene, in denen die Exekutive in irgendeiner Form vertreten ist, sind nur ein Teil der außenpolitischen Netzwerke, welche die Staaten in vielfältiger Weise miteinander verknüpfen. Es gibt auf regionaler und internationaler Ebene Organisationen, in denen die Legislative und die Justiz über Parlamentarier und Richter vertreten sind. Unterhalb der staatlichen Ebene, auf der Ebene der Gemeinden, Städte und Regionen, sind Netzwerke entstanden, die über die Staaten und Kontinente hinausreichen.

Was in unserer globalisierten Welt an Netzwerken im öffentlichen Bereich entstanden ist, setzt sich nun im privaten Bereich fort, wie in der Wirtschaft, den NGOs, der Kultur, im Tourismus und so weiter. Natürlich kann ein Staat versuchen, diese privaten und öffentlichen Netzwerke zu unterbrechen. Welche Folgen dies für die Bevölkerung hat, konnte man am realen Sozialismus Osteuropas feststellen und heute noch in Nordkorea oder Myanmar, dem ehemaligen Burma. Langfristig ist eine solche Politik zum Scheitern verurteilt. Die traditionelle Außenpolitik, wie sie sich über Jahrhunderte herausgebildet hat, erfährt durch die Globalisierung einen tief greifenden Wandel. Schnell fallende Transport- und Kommunikationskosten haben weltweit zu einem raschen Wachstum von privaten und öffentlichen Netzwerken geführt, und dieser Trend wird sich fortsetzen. Dabei kann man noch nicht absehen, welche Auswirkung dies auf den traditionellen Staat und seine Außenpolitik hat. Jedenfalls werden die Staaten viele Probleme nur gemeinsam lösen können.

In vielen entwickelten Staaten ist die Entwicklungshilfe Teil der Außenpolitik geworden. Sosehr ich davon überzeugt bin, dass es zu unseren Pflichten gehört, den armen Menschen in den Entwicklungsländern zu helfen, sosehr bin ich auch überzeugt, dass die staatliche Entwicklungshilfe der reichen Industriestaaten an die Staaten der Dritten Welt in der heutigen Form meistens nicht nur nutzlos, sondern oft kontraproduktiv ist.

Vor vielen Jahren hat einmal ein Kritiker der staatlichen Entwicklungshilfe sinngemäß Folgendes gesagt: „Die armen Steuerzahler in den Industriestaaten werden gezwungen, mit ihren Steuergeldern die reichen Potentaten in den Entwicklungsländern zu finanzieren, die diese Gelder nehmen, um sie dann entweder auf ihren Privatkonten in den Industriestaaten anzulegen oder sie in vollkommen nutzlose Projekte zu investieren, an denen einige Großkonzerne aus den Industriestaaten viel Geld verdienen." Wer die Geschichte der Entwicklungshilfe seit dem Beginn des Dekolonialisierungsprozesses vor rund 50 Jahren verfolgt hat, wird feststellen, dass die staatliche Entwicklungshilfe in vielen Fällen darüber hinaus dem Machterhalt korrupter und menschenverachtender Diktatoren und Oligarchien gedient hat. Entwicklungshilfe ja, aber nicht von Staat zu Staat, sondern von Privaten zu Privaten oder von Gemeinden zu Gemeinden, und zwar in Staaten, die sich um die Errichtung eines demokratischen Rechtsstaates bemühen sowie eine Marktwirtschaft zulassen, die sich in die globalisierte Weltwirtschaft integriert.

Die staatliche Entwicklungshilfe sollte sich im Wesentlichen darauf beschränken, die Entwicklungsländer beim Aufbau eines demokratischen Rechtsstaates und einer Marktwirtschaft zu unterstützen. Dafür werden keine großen Beträge benötigt, sondern erfahrene Richter, Juristen und Polizisten, die bereit sind, einige Jahre in den Entwicklungsländern tätig zu sein. In solchen Staaten könnte außerdem über die staatliche Entwicklungshilfe ein System von Bildungsgutscheinen finanziert werden, wie in Kapitel 11.3. vorgeschlagen.

# 12. Eine Verfassung für den Staat der Zukunft

Im Kapitel 11 wurde beschrieben, wie der Staat der Zukunft aussehen könnte. In diesem Kapitel soll nun versucht werden, eine Verfassung zu entwerfen. Als Vorlage hat die liechtensteinische Verfassung gedient. Sie ist aus den im Kapitel 9 erwähnten Gründen eine nützliche Vorlage. Ein weiterer Vorteil besteht darin, dass mit einer über Jahrzehnte historisch gewachsenen Verfassung bei den einzelnen Artikeln Erfahrungswerte und höchstgerichtliche Entscheidungen vorliegen, die zur Interpretation des Textes herangezogen werden können. Die Einteilung der liechtensteinischen Verfassung in verschiedene Hauptstücke und der Wortlaut der einzelnen Artikel wurde deshalb, soweit möglich und sinnvoll, beibehalten. Viele Artikel und einige Hauptstücke wurden jedoch gestrichen oder zusammengelegt, da sie seit 1862 beziehungsweise seit 1921 ihre Bedeutung verloren haben oder für den im Kapitel 11 beschriebenen Staat der Zukunft bedeutungslos sind. Im Anhang befindet sich ein ausformulierter Verfassungsentwurf. Die folgenden Ausführungen sind ein Kommentar zu den einzelnen Hauptstücken.

Der Entwurf im Anhang wurde so formuliert, dass er sowohl für eine Erbmonarchie als auch für eine Republik mit einem gewählten Monarchen als Staatsoberhaupt dienen kann. Ob für eine Erbmonarchie oder für eine Republik bestimmt, wird sich ein Verfassungsentwurf, der auf den Prinzipien des Rechtsstaates mit Selbstbestimmungsrecht sowie der direkten und indirekten Demokratie beruht, nicht wesentlich unterscheiden. Als Monarch und weil ich aus den im Buch erwähnten Gründen der Erbmonarchie längerfristig die besseren Überlebenschancen einräume, habe ich beim Entwurf der Erbmonarchie den Vortritt gelassen und die Republik in Klammern erwähnt. Um zu vermeiden, dass beim Leser fälschlicherweise der Eindruck entsteht, der Entwurf wäre für eine bestimmte Monarchie oder Republik geschrieben worden, wurde für die Monarchie die Bezeichnung „Königreich X“ und für die Republik „Republik Y“ gewählt.

Die meisten Verfassungen und viele Staatsverträge besitzen eine umfassende Einleitung oder Präambel, die allgemeine Erklärungen über die Grundsätze oder die Ziele der Verfassung beziehungsweise des Vertrages enthalten. Ob aus diesen Präambeln rechtlich durchsetzbare Pflichten oder Ansprüche abgeleitet werden können, ist unter Juristen umstritten und kann deshalb beim normalen Bürger zu Erwartungen führen, die dann enttäuscht werden. Falls die Erklärungen in der Präambel rechtlich keine Folgen haben, kann man auf diese verzichten. Falls sie rechtliche Folgen haben, so trägt es zum Verständnis und zur Rechtssicherheit bei, diese in den eigentlichen Text der Verfassung aufzunehmen. In der liechtensteinischen Verfassung gab es nie eine Präambel, wodurch der liechtensteinische Bürger sich wahrscheinlich so manchen unnötigen Prozess erspart hat. Aus dieser Erfahrung sowie um die Verfassung kurz, einfach und verständlich zu gestalten, wurde beim Verfassungsentwurf auf eine Präambel verzichtet.

Im Hauptstück I mit den Artikeln 1 bis 4 wird der Staat mit seinen Grundprinzipien, seinem Zweck und seinen Aufgaben definiert. Um nach Möglichkeit zu verhindern, dass der Staat immer mehr Aufgaben übernimmt, wird in Artikel 2 über die Staatsaufgaben ausdrücklich festgehalten, dass der Staat alle anderen Aufgaben den Gemeinden oder privaten Organisationen zu überlassen hat. Eine klare Aufteilung von Aufgaben und politischer Verantwortung zwischen Staat und Gemeinden verlangt nach einer ebenso klaren Aufteilung der Finanzhoheit (Artikel 3), um eine schleichende Erosion der Gemeindeautonomie und des Selbstbestimmungsrechtes auf Gemeindeebene zu verhindern. Das in Artikel 4 geregelte Austrittsrecht der Gemeinden soll sicherstellen, dass der Staat sich von einem ineffizienten Monopolbetrieb in ein effizientes Dienstleistungsunternehmen verwandelt, das den Kunden zu einem bestimmten Preis ein optimales Service bietet.

Solange sich der traditionelle Staat in einer Übergangsphase in Richtung „Staat der Zukunft" befindet, wird es zwischen der austrittswilligen Gemeinde und dem Staat sowie den einzelnen Provinzen, Kantonen, Bundesstaaten oder Bundesländern eine Reihe von Überschneidungen geben, so z. B. im Schul- und Verkehrswesen, bei gemeinsam betriebenen Unternehmen der Energieversorgung, der Telekommunikation etc. Diese Überschneidungen kann man entweder über allgemeine Regeln für austrittswillige Gemeinden per Gesetz regeln oder von Fall zu Fall durch einen Staatsvertrag. Um langwierige Streitigkeiten zu vermeiden, wäre die allgemeine Regel über ein Gesetz vorzuziehen. Grundsätzlich müsste eine einfache Mehrheit der abgegebenen Stimmen über den Austritt oder Verbleib aus dem Staatsverband entscheiden, da auch über andere wichtige Fragen in der Verfassung mit einfacher Mehrheit entschieden wird.

Im Hauptstück II von Artikel 5 bis 12 werden die Stellung, die Rechte, die Pflichten, die Bestellung sowie eine mögliche Absetzung des Staatsoberhauptes geregelt. Über die Absetzung des Staatsoberhauptes (Artikel 12) entscheidet in der Republik der Verfassungsgerichtshof und in der Monarchie, wie in Liechtenstein, das Hausgesetz und das regierende Haus. Bei der Wahl des Präsidenten in der Republik (Artikel 5) wurde das in der liechtensteinischen Verfassung bei der Richterauswahl verankerte Verfahren gewählt (in diesem Verfassungsentwurf in Artikel 47 geregelt), um eine Polarisierung innerhalb des Volkes möglichst zu vermeiden.

Im Hauptstück III mit den Artikeln 13 bis 21 werden die Rechte und Pflichten der Staatsbürger festgehalten. Gegenüber der liechtensteinischen Verfassung wurde die Zahl der Artikel stark gekürzt. Wer die beiden Verfassungen vergleicht, wird feststellen, dass die liechtensteinische Verfassung in diesem Abschnitt noch eine Reihe von Artikeln und Bestimmungen enthält, die historisch begründet sind, aber in einer Verfassung für einen Staat des dritten Jahrtausends nicht mehr benötigt werden.

Im Hauptstück IV über das Parlament mit den Artikeln 22 bis 32 sind 25 Parlamentarier vorgesehen, was wahrscheinlich die untere Grenze darstellt, wenn die Erfahrungen in Liechtenstein berücksichtigt werden. Bei 25 Abgeordneten ergibt sich für Parteien oder einzelne Wählergruppen eine Sperrklausel von mindestens 4%, falls nach dem Verhältniswahlrecht gewählt wird. Das Verhältniswahlrecht dürfte im Staat der Zukunft, der den Gemeinden ein hohes Maß an Autonomie zugesteht, die sinnvollere Lösung darstellen als das Mehrheitswahlrecht, das die Einteilung des Staates in einzelne Wahlkreise voraussetzt. Die Wahlkreise müssen sonst geografisch den sich ändernden Bevölkerungszahlen immer wieder angepasst werden, wenn man verhindern will, dass die einzelne Wählerstimme je nach Wahlkreis ein unterschiedliches Gewicht hat. Was die Höhe der Sperrklausel betrifft, die im Verhältniswahlrecht notwendig ist, so haben sich in den verschiedenen Staaten Prozentzahlen eingebürgert, die zwischen 1 und 10% liegen.

Im Hauptstück V über die Regierung mit den Artikeln 33 bis 37 sind, wie in Kapitel 11.1. ausgeführt, fünf Regierungsmitglieder vorgesehen. Bei den reduzierten Staatsaufgaben sollte dies selbst für einen großen Staat ausreichend sein, in der Hoffung, dass der Staat der Zukunft keinen Verteidigungsminister und keine Armee mehr braucht. Gut ausgerüstete Polizeistreitkräfte, die Überwachung des Luftraumes und der Hoheitsgewässer wären dem Innenminister zu unterstellen. Solche Einheiten könnten darüber hinaus, wie in Kapitel 13 ausgeführt, für Friedensmissionen im Ausland eingesetzt werden.

Zum Hauptstück VI von den Gerichten mit den Artikeln 38 bis 43 ist zu bemerken, dass das neuartige Verfahren der Richterernennungen (Artikel 39) sich seit seiner Einführung in Liechtenstein 2003 bewährt hat. Die Richterernennungen wurden der Politik entzogen und die Kandidaten nach ihren fachlichen Qualitäten ausgewählt. Entgegen manchen Befürchtungen ist es bis jetzt zwischen dem Auswahlgremium für die Richter und dem Parlament zu keinen Meinungsverschiedenheiten gekommen und es musste nicht das Volk die Richter wählen. In einem sehr großen Staat, wo viele Richter zu ernennen sind, wird ein Richterauswahlgremium einen Teil seiner Aufgaben voraussichtlich delegieren müssen.

Hauptstück VII besteht nur aus den Artikeln 44 und 45. Im Artikel 44 werden die Grundprinzipien festgehalten, die in einem Gemeindegesetz zu regeln sind, und in Artikel 45 wird die Haftung der öffentlichen Hand gegenüber Dritten festgehalten, ob auf staatlicher oder Gemeindeebene.

Im Hauptstück VIII ist in den Artikeln 46 und 47 das Verfahren geregelt, wie die Verfassung geändert werden kann. Für die Umwandlung von einer Monarchie in eine Republik und von einer Republik in eine Monarchie ist ein anderes Verfahren notwendig, um das Vetorecht des Monarchen oder des Präsidenten auszuschalten (Artikel 47). So sinnvoll das Vetorecht des Staatsoberhauptes in der direkten Demokratie ist – selbst wenn es nur selten angedroht und noch seltener eingelegt wird –, so darf es weder vom Monarchen noch vom Präsidenten dazu missbraucht werden, die Änderung der Staatsform zu verhindern, falls die Mehrheit des Volkes dies wünscht.

In Artikel 47 Absatz 2 wird ein Abstimmungsverfahren beschrieben für den Fall, dass das Volk zwischen mehr als zwei Varianten wählen muss. Dieses Verfahren ist bereits in der liechtensteinischen Verfassung verankert. Das gleiche Verfahren ist für die Präsidentenwahl in der Republik (Artikel 5) und für die Richterwahl (Artikel 39, Absatz 2) vorgesehen, falls das Volk zwischen mehr als zwei Kandidaten zu wählen hat. Damit soll verhindert werden, dass bei einer Abstimmung über mehr als zwei Varianten oder zwei Kandidaten jene Varianten oder Kandidaten ausscheiden, die für eine Mehrheit des Volkes die zweitbeste Lösung sind, falls die bevorzugte Lösung keine ausreichende Stimmenzahl erhält. Andere Abstimmungsverfahren können bei der Wahl zwischen mehr als zwei Varianten oder Kandidaten dazu führen, dass die Kompromisslösung mit der breitesten Unterstützung im Volk nicht in den zweiten Wahlgang kommt, weil jeder im ersten Wahlgang seine Stimme jener Lösung gibt, die er für die beste hält. In den zweiten Wahlgang gelangen dann oft zwei Extremvarianten zur Abstimmung, die das Volk mehr spalten als der mögliche Kompromiss. Das gleiche Problem stellt sich, wenn es nur einen Wahlgang gibt und die relative Mehrheit ausschlaggebend ist.

Die Schlussbestimmungen sind im Hauptstück IX Artikel 48 enthalten. Sie entsprechen den Bestimmungen der liechtensteinischen Verfassung und geben einem Verfassungsgerichtshof die Möglichkeit, Gesetze, Verordnungen und andere Bestimmungen, die im Widerspruch zur neuen Verfassung stehen, aufzuheben.

Der vorliegende Verfassungsentwurf für den Staat im dritten Jahrtausend könnte die Grundlage für eine Alternative zur viel diskutierten Verfassung der EU sein. Er wäre wesentlich kürzer, für das Volk leichter verständlich und hätte deshalb wahrscheinlich bessere Aussichten, in einer Volksabstimmung angenommen zu werden.

Würde die EU eine derartige Verfassung annehmen, fielen das gesamte Agrarpaket, die vielfältigen Subventionen für Staaten, Regionen und Projekte sowie die einzelnen Rabatte für die Staaten weg. Der finanzielle Ausgleich zwischen wirtschaftlich starken und schwachen Regionen innerhalb der EU würde, wie in Kapitel 11.5. beschrieben, über die Mehrwertsteuer erfolgen, was einfacher, transparenter und gerechter wäre.

Es wäre selbstverständlich eine Reihe von Änderungen beim EU-Verfassungsentwurf notwendig. An die Stelle der Gemeinden würden die Staaten treten. Die Abgrenzung von Aufgaben, die Gesetzgebungskompetenz und die Gerichtsbarkeit wären unter anderem anders zu regeln. Könnten sich die Mitgliedsstaaten der EU darüber hinaus durchringen, im Sinne dieses Verfassungsentwurfes innerhalb ihrer Grenzen das Selbstbestimmungsrecht auf Gemeindeebene und die direkte Demokratie einzuführen, würde ein unglaublich dynamisches Europa entstehen, mit einer Vorbildfunktion für den Rest der Welt.

Die Staatsform der Republik wäre zu wählen, da die Mehrheit der EU-Mitgliedsstaaten Republiken sind. Möglicherweise würde selbst in den Monarchien der EU die Vorstellung auf Widerstand stoßen, dass eines der Herrscherhäuser in der EU gegenüber den anderen bevorzugt wird. Die englische Monarchie hat zwar aufgrund der Geschichte und der Bedeutung Großbritanniens innerhalb und außerhalb der EU eine herausragende Position, es ist aber fraglich, ob selbst die Briten ihrem Königshaus in der EU eine politisch sehr viel stärkere Stellung zugestehen wollen als im eigenen Staat. Idealerweise würden die Bürger der EU über ihre Verfassung abstimmen und entscheiden, ob sie eine Republik oder eine Monarchie wollen. Wenn die Bürger sich für eine Monarchie entscheiden, müssten sie in einer 2. Abstimmung festlegen, welche Familie den Monarchen stellen soll. Entscheiden sie sich für eine Republik, müssen sie alle vier Jahre darüber abstimmen, wer Präsident der EU wird.

# 13. Strategien, mit denen der Staat der Zukunft verwirklicht werden könnte

Es ist ganz unterhaltend und intellektuell befriedigend, bestehende Systeme zu kritisieren und bessere zu entwickeln. Um bessere Systeme zu verwirklichen, braucht es darüber hinaus eine Strategie oder manchmal mehrere Strategien, um vom weniger guten System A zum besseren System B zu kommen. Dabei muss berücksichtigt werden, dass viele Menschen Gefangene des bestehenden Systems sind und sich vor einem Systemwechsel fürchten, da dieser oft mit unvorhersehbaren Risiken verbunden ist.

Wenn ich bis jetzt so manch kritisches Wort über Politiker habe fallen lassen, so sollte der Leser nicht übersehen, dass diese Politiker in noch größerem Ausmaß Gefangene des politischen Systems sind als der normale Bürger. Sie sind in diesem System groß geworden, haben darin politische Karriere gemacht und wenn sie sich gegen das politische System wenden, werden sie üblicherweise aus dem System ausgestoßen. Nur in ganz seltenen Fällen, zumeist in politischen Krisen, gelingt es einem Politiker oder einer Gruppe von Politikern, Grundsätzliches zu ändern. Auch meine Familie war und ist heute noch Teil dieses politischen Systems. Wir stellen den Monarchen im kleinen Fürstentum Liechtenstein, waren Teil der politischen Oligarchie im Heiligen Römischen Reich und blieben danach, in der einen oder anderen Form, Teil des oligarchischen Netzwerkes in Europa.

Es sind mindestens zwei Strategien notwendig, um den Staat der Zukunft zu verwirklichen. Die erste Strategie wäre für die bestehenden demokratischen Rechtsstaaten bestimmt, in denen das Volk zumindest indirekt über die Wahl des Parlamentes einen gewissen Einfluss auf die Zukunft seines Staates hat. Die zweite Strategie wäre für jene Staaten bestimmt, in denen das Volk weder über Wahlen noch über Volksabstimmungen die Möglichkeit hat, die Zukunft seines Staates zu beeinflussen.

Die Strategie in den demokratischen Staaten ist theoretisch einfach. Zuerst muss die Mehrheit des Volkes von der Notwendigkeit überzeugt werden, den Staat grundlegend zu reformieren, worauf die gewählten Politiker die Wünsche des Volkes verwirklichen werden. In der Praxis ist es natürlich nicht so einfach. Das Interesse des Volkes an der Politik ist in vielen Fällen gering und die Bereitschaft der Politiker, die Wünsche des Volkes zu erfüllen, hält sich ebenfalls in Grenzen.

Das heutige System der indirekten Demokratie bietet der politischen Oligarchie Vorteile, die sie mit den hier vorgeschlagenen Verbesserungen ganz oder teilweise verliert. So wie in der alten Adelsherrschaft sorgt die politische Oligarchie in der Regel dafür, dass der politische Oligarch auch nach dem Verlust von Amt und Macht nicht alle Privilegien verliert. Sorgten früher familiäre Netzwerke innerhalb des Adels dafür, so haben heute die Netzwerke der politischen Parteien diese Aufgaben übernommen. Ohne direkte Demokratie und das Selbstbestimmungsrecht auf Gemeindeebene bleibt die indirekte Demokratie eine gelenkte Demokratie, in der die Oligarchie sich anstatt eines religiösen nun ein demokratisches Mäntelchen umgehängt hat. Das Volk entscheidet bei den Wahlen nur mehr, ob das Mäntelchen schwarz, rot, grün oder blau ist. Erhält keine Partei nach den Wahlen die absolute Mehrheit, kann wiederum die Parteienoligarchie über die Farbkombination des Mäntelchens entscheiden. Dies fällt umso leichter, je geringer die ideologischen Unterschiede zwischen den Parteien sind und je pragmatischer die Parteienoligarchie ist. Wie in den Zeiten der alten Adelsherrschaften bleibt es eine der wichtigsten Aufgaben, Macht und Privilegien innerhalb der Parteienoligarchien zu erhalten.

Wer die Menschheitsgeschichte studiert, stellt aber fest, dass es Beispiele gibt, die zeigen, dass ein Volk sich plötzlich intensiv mit politischen Fragen auseinandersetzt und einen Systemwechsel herbeiführt. Dann ist es ein Vorteil, wenn ein neues Staatskonzept bereits vorliegt, das intensiv durchdiskutiert wurde. Mit diesem Buch hoffe ich, dazu einen kleinen Beitrag zu leisten, falls in dem einen oder anderen Staat eine derartige Situation eintritt. Zuerst sollte sich die Diskussion auf die Frage der direkten Demokratie konzentrieren. Wer die direkte Demokratie ablehnt, wird auch das vorgeschlagene Modell für den Staat der Zukunft ablehnen, denn ohne direkte Demokratie wird es kaum möglich sein, den alten Staat in ein Dienstleistungsunternehmen zu verwandeln, das dem Volk dient.

Neben Politikern werden Teile der Bevölkerung die direkte Demokratie ablehnen, oft aus der ehrlichen Überzeugung, dass die Mehrheit des Volkes intellektuell und moralisch unfähig ist, über die Zukunft des Staates zu entscheiden und dies daher am besten einer Oligarchie oder einem Monarchen, ob gewählt oder nicht, zu überlassen sei. Eine solche Meinung ist zu respektieren, aber dann müssten diese Menschen konsequenterweise ebenfalls die indirekte Demokratie ablehnen. Es ist nun einmal einfacher, eine Sachentscheidung zu fällen, als eine Personalentscheidung über einen Politiker, den man kaum kennt, und ein Parteiprogramm, von dem niemand weiß, ob es umgesetzt wird. Wer dem Bürger die Intelligenz abspricht, über eine Steuererhöhung oder Steuersenkung, die ihn direkt betrifft, zu entscheiden, wird den Bürger erst recht nicht mit der indirekten Demokratie belasten dürfen. Als Alternative verbleibt dann nur mehr der aufgeklärte Absolutismus, in dem Monarchen und Oligarchen über das Wohl des Volkes entscheiden. Ob das ein glaubwürdiges Parteiprogramm ist, um auf Dauer in indirekten Demokratien die Wahlen zu gewinnen, ist zu bezweifeln.

Jene Menschen, die von der direkten Demokratie überzeugt sind, werden in den Staaten mit indirekter Demokratie – und das sind im Grunde genommen fast alle demokratischen Staaten mit Ausnahme der Schweiz und Liechtensteins – zuerst versuchen müssen, die Politiker in den Parteien zu überzeugen, sich für eine Verfassungsänderung einzusetzen, die dem Volk die direkte Demokratie ermöglicht. Dies ist nicht einfach. Die Skepsis führender Politiker gegenüber einer Stärkung der direkten Demokratie kann selbst in Staaten mit direkter Demokratie, wie die Schweiz und Liechtenstein, groß sein. Dies ist verständlich, denn besonders in einem oligarchischen Herrschaftssystem bedeutet die direkte Demokratie in erster Linie eine Machtbeschränkung der führenden Politiker.

Falls die Widerstände in den Parteien jedoch allzu groß sind, werden sich die Anhänger der direkten Demokratie die Gründung einer eigenen Partei überlegen müssen. Dies ist in den meisten Staaten ein schwieriges Unterfangen, das Zeit, Geld und viel Geduld braucht. Realistischerweise wird man nicht erwarten können, dass eine neu gegründete Partei in absehbarer Zeit Mehrheitspartei wird. Dies ist auch nicht notwendig. Entscheidend ist, den etablierten Parteien zu beweisen, dass es genügend Wähler gibt, für die mehr Demokratie ein Anliegen ist. Die in vielen Demokratien entstandenen Umweltparteien sind ein gutes Beispiel. Waren Umweltfragen für die alten Parteien lange kein Thema, haben die relativ geringen Wähleranteile der Umweltparteien bei den alten Parteien zu einem Umdenken geführt. Der Einfluss der Umweltparteien, selbst wenn sie klein sind und in der Regierung nicht vertreten, reicht weit über die Parteigrenzen hinaus.

Neben der Arbeit in den politischen Parteien ist die Arbeit mit den Medien wichtig. Die Medien sollten von Natur Anhänger der direkten Demokratie sein. Die direkte Demokratie gibt den Medien die Möglichkeit, politische Themen aufzugreifen, Lösungen für Probleme zu diskutieren und über Volksabstimmungen durchzusetzen.

Vielleicht wird sich der eine oder andere Leser wundern, weshalb die Medien in diesem Buch bis jetzt so gut wie nicht behandelt wurden, obwohl sie im demokratischen Rechtsstaat eine so wichtige Rolle spielen. Das liegt im Wesentlichen darin, dass der Staat in Zukunft im Medienbereich nicht selbst tätig sein sollte, sei es mit einem staatlichen Radio und Fernsehen oder mit Subventionen hier und dort, die den Politikern die Möglichkeit geben, die Medien in ihrem Sinn zu beeinflussen. Der Staat sollte sich darauf beschränken, die gesetzlichen Rahmenbedingungen festzulegen, innerhalb derer die Medien tätig sind. Dazu gehört der Schutz der Privatsphäre des einzelnen Menschen und das Recht, eine Richtigstellung von Falschmeldungen zu verlangen, die innerhalb eines vernünftigen Zeitraumes und in einem vernünftigen Umfang zu publizieren sind.

Die Kritik am niedrigen intellektuellen und moralischen Niveau vieler Medien ist sicher zutreffend, aber die Medien sind das Spiegelbild unserer Gesellschaft. Die Medien berichten im Wesentlichen das, was das Publikum lesen, hören oder sehen will: Sensationen, Unterhaltung, Tratsch, Sex and Crime. Man wird sich wohl mit der Tatsache abfinden müssen, dass die meisten Medien nicht der Information, sondern der Unterhaltung dienen. Leider kommt es dabei immer wieder vor, dass Medien nicht davor zurückschrecken, bewusst Falschmeldungen zu verbreiten. Meistens sind politische oder wirtschaftliche Gründe dafür ausschlaggebend. Wer einen langwierigen Prozess scheut, dem fällt es oft schwer, von diesen Medien eine Richtigstellung zu erreichen, wie ich das als Opfer einiger solcher Falschmeldungen persönlich erlebt habe. Der etwas traurige Zustand der Medienlandschaft ist allerdings immer noch besser als eine vom Staat streng reglementierte Medienwelt. Möglicherweise werden direkte Demokratie und politische Dezentralisation die Medienvielfalt im politischen Bereich erhöhen. Jedenfalls besitzen die Schweiz und das Fürstentum Liechtenstein eine vergleichsweise größere Medienvielfalt als Staaten, die bedeutend größer sind, aber nur die indirekte Demokratie und die politische Zentralisation kennen.

Wer die politische Entwicklung der letzten Jahrzehnte in den demokratischen Staaten verfolgt hat, wird feststellen, dass die direkte Demokratie zwar noch zaghaft, aber doch ständig zugenommen hat. Die Völker wollen offensichtlich mehr Demokratie und die Politiker können sich diesem Trend nicht ganz entziehen, selbst wenn es ihnen häufig gelingt, bei der konkreten Ausgestaltung der direkten Demokratie diese möglichst einzuschränken. Diesen Trend in Richtung mehr direkter Demokratie zu verstärken, wird Aufgabe aller Demokraten sein, in enger Zusammenarbeit mit Politikern, Parteien und den Medien.

Erst wenn diese Schlacht erfolgreich geschlagen wurde, ist es wahrscheinlich sinnvoll, den nächsten Schritt zu tun, um den Staat der Zukunft zu verwirklichen. In diesem Buch kann nur skizziert werden, wie der Staat der Zukunft aussehen sollte. Für jeden Staat, der bereit ist, diesen Schritt zu gehen, wird es notwendig sein, ein Team von Experten aus den verschiedensten Fachrichtungen zusammenzustellen, das unter Berücksichtigung der lokalen Wünsche und Traditionen ein solches Verfassungskonzept ausarbeitet. Staaten und Völker sind verschieden. Was in dem einen Staat gut funktioniert, kann in einem anderen Staat vielleicht nicht so gut funktionieren. In einem Staat wünscht das Volk eine Erbmonarchie, wie im Fürstentum Liechtenstein, im Nachbarstaat Schweiz wünscht sich dagegen das Volk eine Republik. Als ich an der Universität von Princeton im Jahr 2000 das „Liechtenstein Institute on Self-Determination" (LISD) gründete, war bei mir damit die Hoffnung verbunden, dass dieses Institut längerfristig in der Lage sein sollte, beratend bei der Ausarbeitung solcher Konzepte zur Verfügung zu stehen. Das Institut verfügt heute schon unter der Leitung von Prof. Dr. Wolfgang Danspeckgruber über ein internationales Netzwerk von Experten, die aus verschiedenen Kontinenten und Kulturkreisen kommen, die für ein solches Projekt sehr hilfreich wären.

Neben einer Verfassung für den Staat im dritten Jahrtausend müssen Gesetze für die verschiedenen Rechtsbereiche ausgearbeitet werden. Viele Gesetzeswerke, die sich in Staaten bereits bewährt haben, wird man weitgehend unverändert übernehmen können, andere sind jeweils anzupassen. Das LISD beabsichtigt, mit seinen Professoren, Studenten und internationalem Netzwerk von Experten Entwürfe dazu auszuarbeiten. Das Institut ist gerne bereit, Anregungen zum Konzept, das in diesem Buch vorgestellt wurde, sowie zum Verfassungsentwurf entgegenzunehmen (Liechtenstein Institute on Self-Determination, Bendheim Hall, Princeton, New Jersey 08544, USA; E-Mail: lisd@princeton.edu).

Ein demokratischer Rechtsstaat verfügt im Großen und Ganzen über die Spielregeln, wie er sich friedlich und ohne Revolution in ein Dienstleistungsunternehmen verwandeln kann, das dem Volk und nicht den Politikern dient.

Schwieriger ist es in jenen Staaten, in denen es diese Spielregeln nicht gibt oder in denen die Spielregeln das Papier nicht wert sind, auf dem sie geschrieben sind, das heißt jene Staaten, die sich nur als demokratische Rechtsstaaten bezeichnen, weil dies modern ist. Die Deutsche Demokratische Republik (DDR) bezeichnete sich als Demokratie, war aber ein Kerker und als sich die Kerkertür einen Spalt öffnete, begann das Volk aus dem selbst ernannten Paradies der Arbeiter und Bauern zu fliehen.

In der Vergangenheit war das Verhalten der demokratischen Rechtsstaaten gegenüber Diktaturen unterschiedlich und von politischer Zweckmäßigkeit, um nicht zu sagen, von politischem Opportunismus geleitet. In manchen Fällen gab es eine enge Zusammenarbeit mit diesen Staaten, wobei selbst gröbste Menschenrechtsverletzungen nicht störten. Sie wurden, im Gegenteil, oft verschwiegen oder verharmlost. Politiker und Medien aus dem linken politischen Spektrum schwiegen zu den Menschenrechtsverletzungen der linken Diktaturen und solche aus dem rechten politischen Spektrum schwiegen zu den rechten Diktaturen. In einer Reihe dieser Diktaturen haben die demokratischen Rechtsstaaten militärisch interveniert, nachdem diese andere Staaten überfallen haben – wie in den Kriegen gegen das Dritte Reich unter Hitler oder gegen den Irak unter Saddam Hussein. Militärische Interventionen gegen Diktaturen gab es in Fällen schwerer Menschenrechtsverletzungen und der Ermordung oder Vertreibung ganzer Bevölkerungsgruppen, wie zum Beispiel in Jugoslawien. In einer Reihe von anderen Fällen, in denen eine militärische Intervention ohne Weiteres möglich gewesen wäre, schauten die demokratischen Rechtsstaaten einfach zu, besonders in Afrika, oder zögerten so lange, bis eine Rettung von Tausenden unschuldigen Menschen nicht mehr möglich war.

Es sei daran erinnert, dass die USA schon vor und nach dem Zweiten Weltkrieg über Jahrzehnte in Lateinamerika militärisch immer wieder intervenierten, in der Regel, um eine Diktatur zu stürzen und eine indirekte Demokratie nach amerikanischem Muster zu errichten. Fast alle diese Versuche sind kläglich gescheitert und korrupte Oligarchien und Diktaturen übernahmen wieder die Macht.

Die Frage, die sich die demokratischen Rechtsstaaten bei schweren Menschenrechtsverletzungen oder beim Völkermord stellen müssen, ist, wann schaut man zu und wann greift man ein? In einer globalisierten, elektronisch vernetzten Welt mit vielfältigen persönlichen Kontakten im Tourismus, im Handel und auf dem Dienstleistungssektor wird es für die Politiker in den demokratischen Rechtsstaaten schwieriger, nur teilnahmslos zuzuschauen.

Jüdische Flüchtlinge, deren Leben in ihrem Heimatstaat aufs Höchste gefährdet war, konnte man vor rund siebzig Jahren noch zurückschicken. Afrikanische oder asiatische Flüchtlinge kann man heute noch zurückschicken. Die Frage ist, wie lange noch? Auf der einen Seite wird der Druck der öffentlichen Meinung, diese armen Menschen zu retten, immer stärker, und zwar aufgrund der weltweiten medialen Vernetzung und der vielen persönlichen Beziehungen in einer globalisierten Welt. Auf der anderen Seite scheint es noch kein Erfolgsrezept zu geben, wie man eine Diktatur durch eine militärische Intervention in einen wirtschaftlich erfolgreichen, demokratischen Rechtsstaat verwandelt.

Der Erfolg nach dem Zweiten Weltkrieg mit der Umwandlung von Deutschland und Japan in Rechtsstaaten mit indirekter Demokratie und erfolgreicher Marktwirtschaft war im Wesentlichen die berühmte Ausnahme, welche die Regel bestätigt. Dabei wird oft übersehen, dass sowohl Deutschland als auch Japan bereits vor der nationalsozialistischen beziehungsweise nationalistischen Diktatur Rechtsstaaten mit indirekter Demokratie waren und bis zur Weltwirtschaftskrise einigermaßen erfolgreiche Marktwirtschaften. Die Weltwirtschaftskrise von 1929 löste eine nationalistische Welle aus, wobei die wirtschaftliche Vernunft in einem protektionistischen Meer unterging. Die internationalen Märkte brachen zusammen und die Wirtschaftskrise verschärfte sich weiter. Deutschland und Japan waren unter den großen Staaten davon besonders betroffen, da sie über relativ wenig natürliche Rohstoffe verfügten und stärker auf den Handel angewiesen waren als andere große Staaten. Sie hatten keine Kolonialreiche und eine nationalistische Ideologie versprach die Eroberung großer Gebiete, um vom Handel nicht mehr abhängig zu sein.

Nach dem militärischen Sieg stellten die Siegermächte mehr oder weniger wieder den Zustand in Deutschland und Japan her, wie er vor der Errichtung der nationalistischen Diktaturen geherrscht hatte. Die späteren militärischen Interventionen und der ganze Dekolonialisierungsprozess verliefen leider, mit wenigen Ausnahmen, weniger erfolgreich. Früher oder später ergriffen wieder korrupte Diktatoren und Oligarchien die Macht im Staat, zerstörten den demokratischen Rechtsstaat und die Marktwirtschaft und versprachen dem Volk mit nationalistischen und sozialistischen Parolen das Himmelreich auf Erden. Da aber die demokratischen Rechtsstaaten nach dem Zweiten Weltkrieg größtenteils selbst von nationalistischem und sozialistischem Gedankengut angesteckt waren, wurde und wird weiterhin die gleiche Medizin verschrieben: ein Staat mit indirekter Demokratie, der dem Volk das Himmelreich auf Erden bringen soll. Das ist so, als ob ein Arzt seinen

Patienten über Jahrzehnte immer die gleiche Medizin verschreibt, obwohl sie in über neunzig Prozent der Fälle tödlich wirkt und die Heilungschancen unter zehn Prozent liegen. Über einen solchen Arzt wäre nicht nur schon lange ein Berufsverbot verhängt worden, sondern er müsste sich noch mit Strafverfahren und Schadenersatzklagen herumschlagen.

Die demokratischen Rechtsstaaten müssen endlich die Tatsache akzeptieren, dass ihre Medizin seit Jahrzehnten in neunzig Prozent der Fälle tödlich wirkt und dass es Patienten geben wird, bei denen sie nicht einfach tatenlos zuschauen können. Würde die Bevölkerung in den demokratischen Rechtsstaaten am Fernseher den Massenmord an unschuldigen Menschen in einem anderen Staat emotionslos mitverfolgen, ohne zu verlangen, dass dagegen etwas unternommen wird, wäre auch die Lage in den demokratischen Rechtsstaaten bedenklich. Schaut dann die Bevölkerung nicht ebenfalls im eigenen Staat zu, wenn eine vielleicht ungeliebte Minderheit umgebracht wird? In einer globalisierten Welt müssen wir damit rechnen, dass der Druck der Bevölkerung in den demokratischen Rechtsstaaten immer größer wird, gegen menschenverachtende Diktaturen etwas zu unternehmen, welche Teile ihrer Bevölkerung vertreiben, verfolgen oder umbringen. Schöne Worte, einige Gebete und ein paar Sanktionen, die niemanden wehtun, werden auf Dauer nicht genügen. Alle Flüchtlinge einfach aufzunehmen, ist auch keine Lösung.

Idealerweise sollten sich die demokratischen Rechtsstaaten im Rahmen der UNO zusammensetzen und festlegen, unter welchen Voraussetzungen in einem anderen Mitgliedsstaat der UNO militärisch interveniert werden soll und wie sichergestellt werden kann, dass nach der Intervention ein demokratischer Rechtsstaat entsteht, der wirtschaftlich erfolgreich ist. Nur aus einem politisch und wirtschaftlich erfolgreichen Staat werden sich keine politischen und wirtschaftlichen Flüchtlingsströme in die demokratischen Rechtsstaaten ergießen. Vielleicht bin ich zu pessimistisch, aber es sieht nicht danach aus, dass in absehbarer Zeit solche Konzepte im Rahmen der UNO ausgearbeitet und durchgesetzt werden können.

Deshalb möchte ich versuchen, eine Alternative vorzuschlagen, die möglicherweise bessere Erfolgsaussichten hat, wohl wissend, dass diese umstritten ist. Nachdem ich schon als Student und dann als Staatsoberhaupt Vorschläge gemacht habe, die am Anfang umstritten waren, bin ich jetzt, nach meinem Rückzug aus der aktiven Politik, nicht allzu besorgt, eine umstrittene Alternative vorzuschlagen. Meine Erfahrung ist, dass über kontroverse Diskussionen oft bessere Lösungen gefunden werden als über allzu viel

Diplomatie. Sollte jemand eine bessere Lösung für das vorliegende Problem finden, umso besser.

Realistischerweise haben nur mehr die USA als einzige Supermacht das militärische, finanzielle und politische Potential, um weltweit in relativ kurzer Zeit eine größere militärische Intervention durchführen zu können. Die USA haben vor Kurzem im Irak bewiesen, dass sie unter schwierigen Umständen eine militärische Intervention schnell erfolgreich abschließen können. Rein militärisch waren die Verbündeten nicht notwendig, sondern haben die militärische Intervention wahrscheinlich nur komplizierter gemacht. Voraussichtlich wird die Koordination von Truppenteilen aus verschiedenen Staaten durch die rasch voranschreitende technische Entwicklung noch schwieriger. Deshalb spricht vieles dafür, die rein militärische Seite einer solchen Intervention von Anfang an den USA zu überlassen, während sich die anderen demokratischen Rechtsstaaten auf den Aufbau eines wirtschaftlich und politisch erfolgreichen Staates nach der militärischen Intervention konzentrieren sollten.

Dies bedeutet, dass letzten Endes einzig die Regierung der USA über eine größere Intervention entscheidet, aber de facto ist dies heute schon der Fall. Fast alle demokratischen Rechtsstaaten, die zu einer militärischen Intervention in einem anderen Staat in der Lage sind, hängen, was die Militärtechnologie, die Aufklärung und die Transportkapazitäten betrifft, mehr oder weniger stark von den USA ab. Gegen den Willen der USA in einem anderen Staat militärisch zu intervenieren, dürfte immer schwieriger werden. Das haben Großbritannien, Frankreich und Israel schon 1956 erfahren, als sie den Suezkanal und Sinai besetzt haben. Auf Druck der USA mussten sie sich zurückziehen.

Da über das Wann, Wo und Wie einer militärischen Intervention die amerikanische Regierung entscheidet, habe ich darauf verzichtet, in diesem Buch darüber viele Worte zu verlieren. Für die USA ist aber eine militärische Intervention längerfristig nur erfolgreich, wenn es gelingt, einen einigermaßen funktionierenden demokratischen Rechtsstaat aufzubauen. Deshalb sind die USA gut beraten, mit anderen demokratischen Rechtsstaaten vorher einen Konsens zu erzielen, unter welchen Bedingungen eine militärische Intervention erfolgen soll und was unmittelbar danach zu geschehen hat. Für menschenverachtende Diktaturen hätte die Erzielung eines Konsens und dessen Publikation eine abschreckende Wirkung, denn sie müssten bei gröberen Menschenrechtsverletzungen mehr oder weniger automatisch mit einer militärischen Intervention rechnen und mit der Umwandlung ihres Staates in einen demokratischen Rechtsstaat.

Es sprechen gute Gründe dafür, die militärische Intervention in einem Staat wie dem Irak von den anderen Aufgaben zu trennen. Hoch mechanisierte amerikanische Kampfverbände sind von der Ausbildung und der Ausrüstung darauf ausgerichtet, möglichst rasch unter Vermeidung eigener Verluste die gegnerischen Militärverbände auszuschalten, Geländegewinne zu erzielen sowie taktische und strategische Ziele zu erreichen. Selbst wenn so eine Armee zu Beginn von der Bevölkerung als Befreier gefeiert wird, zeigen die historischen Beispiele mit großer Regelmäßigkeit, dass ausländische Armeeverbände überfordert sind mit der Aufrechterhaltung von Ruhe und Ordnung sowie dem Aufbau eines demokratischen Rechtsstaates und einer funktionierenden Wirtschaft, die so rasch wie möglich in die Weltwirtschaft zu integrieren wäre. Darüber hinaus gibt es für die führende Weltmacht USA innen- und außenpolitische Gründe, sich nach einer militärischen Intervention so rasch als möglich zurückzuziehen und diese anderen Aufgaben an einen Partner abzugeben, der sich darauf vorbereitet hat.

Die EU könnte der ideale Partner sein, der nach einer militärischen Intervention der USA den Aufbau eines demokratischen Rechtsstaates übernimmt. Fast alle ehemaligen Kolonialmächte sind heute Mitglieder der EU. Durch sie verfügt die EU über ein enges und vielfältiges Beziehungsnetz in alle Kontinente. Die EU ist weltweit der größte Handelsblock, der Euro neben dem US-Dollar weltweit die wichtigste Währung. Die EU hat für ihre Mitglieder ein umfassendes Wirtschaftsrecht ausgearbeitet, das über den Europäischen Wirtschaftsraum (EWR) auch Nicht-Mitgliedern die Möglichkeit einer weitgehenden wirtschaftlichen Integration gibt. Anstatt in den einzelnen EU-Staaten unter Einsatz erheblicher finanzieller Mittel eine Vielfalt kleinerer Militärverbände aufrechtzuerhalten, die von zweifelhaftem militärischen Wert und von den USA mehr oder weniger abhängig sind, wäre es zweckmäßiger, einen neuartigen Verband zu etablieren, der in der Lage ist, unmittelbar nach einer militärischen Intervention den betroffenen Staat in einen demokratischen Rechtsstaat zu verwandeln.

Wie müsste so ein Verband aussehen? Er sollte über hochmobile Polizeieinheiten verfügen, die unmittelbar nach dem Ende der Kampfhandlungen für Ruhe und Ordnung sorgen. Diese Einheiten benötigen Helikopter und Überwachungsdrohnen, um große Gebiete zu kontrollieren. Ihnen müssen Personen zugeteilt werden, welche die Sprache und die Verhältnisse im Einsatzgebiet kennen. Eine Einheit wäre für die Ausbildung beziehungsweise Umschulung der Polizei in diesem Staat zuständig. Polizisten, die in einer Diktatur ausgebildet und eingesetzt wurden, müssen für den Einsatz in einem demokratischen Rechtsstaat neu ausgebildet werden. Wenn die äußere Sicherheit dieses Staates von den USA und den demokratischen Rechtsstaaten garantiert wird, könnte die Armee aufgelöst werden. Armeen stellen in diesen Staaten einen erheblichen Kostenfaktor dar, sind für eine junge Demokratie innenpolitisch oft eine Gefahr und außenpolitisch eine Bedrohung für die Nachbarn. Den Mitgliedern der aufgelösten Armee sollte es freigestellt sein, nach einer entsprechenden Umschulung in die neu ausgebildeten Polizeieinheiten einzutreten. Damit wird vermieden, dass an Waffen ausgebildete Personen arbeitslos werden und ein Reservoir für terroristische Organisationen aus dem In- und Ausland darstellen.

Um Recht und Ordnung in so einem Staat aufrechtzuerhalten, genügen Polizeieinheiten nicht, sondern es sind Gerichte notwendig, die sich von einer Verfassung und von Gesetzen leiten lassen, die dem Standard eines demokratischen Rechtsstaates entsprechen. Das bedeutet, dass vor einer militärischen Intervention eine neue Verfassung für diesen Staat auszuarbeiten ist und bestehende Gesetze anzupassen sind. Es empfiehlt sich, Juristen, die aus so einem Staat kommen, als Fachleute beizuziehen. Diese werden oft Persönlichkeiten sein, die der politischen Opposition nahestehen und sich im Exil befinden. Da eine Opposition im Exil oft zerstritten und für die Gesamtbevölkerung nicht repräsentativ ist, darf die letzte Entscheidung über Verfassung und Gesetz nicht bei ihr liegen. Darüber müssen die EU oder jene demokratischen Rechtsstaaten entscheiden, welche für die Aufrechterhaltung von Recht und Ordnung sowie für den Aufbau des demokratischen Rechtsstaates die Verantwortung übernommen haben. Nichts spricht dagegen, dass die neue Verfassung und die geänderten Gesetze publiziert werden, lange bevor die Entscheidung zu einer militärischen Intervention gefallen ist. Im Gegenteil, dies erhöht den Druck auf die Diktatur, sich zu reformieren.

In einer Diktatur hat der Staat üblicherweise viele Aufgaben an sich gerissen, die besser auf lokaler Ebene oder von der Privatwirtschaft wahrgenommen werden. Deshalb sollten Verfassung und Gesetze dem hier beschriebenen Staat der Zukunft entsprechen, denn für den neuen demokratischen Rechtsstaat wird es schwer genug sein, diesen aufrechtzuerhalten und wirtschaftlich erfolgreich zu gestalten. Dafür müssen Übergangsregelungen ausgearbeitet werden. Den Menschen, die vom Staat enteignet wurden, ist ihr Eigentum zurückzugeben. Dort, wo dies nicht möglich ist, sind diese aus den Erlösen des zu privatisierenden Staatseigentums zu entschädigen.

Polizei, Verfassung und Gesetze sind nur die eine Seite des Rechtsstaates. Ein Rechtsstaat braucht unabhängige Gerichte mit gut geschulten Richtern. Der EU sollte es aufgrund ihrer kulturellen und sprachlichen Vielfalt möglich sein, ein Team von Juristen zur Verfügung zu stellen, die als unabhängige Richter und als Ausbilder in diesem Staat eine bestimmte Anzahl von Jahren tätig sein können. Besondere Beachtung wird ein solches Juristenteam der EU den Entscheidungen der Höchstgerichte schenken müssen. Gerichte können über Fehlentscheidungen oder einseitige Interpretationen von Verfassung und Gesetz diese teilweise außer Kraft setzen.

Abgesehen von der Lösung der Sicherheits- und Rechtsprobleme könnte die EU bei der wirtschaftlichen Stabilisierung und Entwicklung eines solchen neuen demokratischen Rechtsstaates eine ebenso wichtige Rolle spielen. Eine Möglichkeit wäre die Mitgliedschaft im EWR (Mitglieder: EU-Staaten, Island, Liechtenstein und Norwegen). Dem neuen demokratischen Rechtsstaat würde dies einen ungehinderten Zugang zum europäischen Wirtschaftsraum geben und die Mitgliedschaft würde darüber hinaus die Übernahme der wirtschaftlichen Bestimmungen der EU sowie deren Interpretationen durch Verwaltung und Gerichte garantieren. Experten aus der EU oder dem EWR werden notwendig sein, um die Verwaltung dieses Staates zu beraten und zu schulen, wie die EWR-Vorschriften anzuwenden sind. Wirtschaftlich wäre dies für den betreffenden Staat und für die EU von Interesse. Die EU erhält einen besseren Zugang zu den Märkten dieses Staates, ohne dass sie diesen Staat als Mitglied in die EU aufnehmen muss, was politisch schwieriger wäre und die EU aufgrund ihrer hohen Subventionen für die Landwirtschaft und andere Bereiche sehr viel mehr kosten würde.

Der EWR bietet die Möglichkeit für phantasievolle und flexible Lösungen. So ist das Fürstentum Liechtenstein Mitglied des EWR, die Schweiz aber nicht. Das Fürstentum Liechtenstein bildet dagegen mit der Schweiz eine Zollunion. Im Fürstentum Liechtenstein können Produkte, die den Normen der EU entsprechen, frei verkauft werden, aber wenn sie den schweizerischen Normen nicht entsprechen, dürfen sie nicht aus Liechtenstein in die Schweiz exportiert werden. Andererseits gibt es schweizerische Produkte, die nicht in die EU exportiert werden dürfen, weil sie dort den Normen nicht entsprechen, aber im Fürstentum Liechtenstein frei verkauft werden dürfen. Für einen demokratischen Rechtsstaat außerhalb Europas ist bei einer Mitgliedschaft im EWR die parallele Verkehrsfähigkeit der Produkte und Dienstleistungen noch wichtiger als für das Fürstentum Liechtenstein, da der regionale Handel mit den Nicht-EU-Mitgliedern üblicherweise eine größere Bedeutung hat.

Es stellt sich die Frage, wie groß ein Verband der EU sein müsste, um einen demokratischen Rechtsstaat aufzubauen. Geht man von einem Staat von der Größe und Bevölkerungszahl des Iraks aus, wird ein solcher Verband aus Polizei, Richtern und sonstigen Experten am Anfang voraussichtlich eine Größe von mindestens zweihunderttausend Personen haben müssen, um möglichst rasch Recht und Ordnung herzustellen. Das wären auf tausend Einwohner ungefähr zehn Personen. Es gibt Experten, die sagen, man brauche auf tausend Einwohner bis zu 25 Personen. Die Erfahrung hat gezeigt, dass Friedensmissionen mit weniger als zehn Personen pro tausend Einwohner auch schon erfolgreich waren. Der Erfolg hängt wahrscheinlich weniger von der Größe der Friedensmission ab als von den politischen Zielen einer solchen Intervention, der verfolgten Strategie, der Führung, dem Training und der Ausrüstung der gesamten Mannschaft und natürlich auch vom Gelände. Am Anfang sollte man sich besser für die höhere Zahl entscheiden anstatt einer zu niedrigen wie im Irak.

Zahlenmäßig hätten die Polizeieinheiten weitaus den größten Anteil. Sobald lokale Polizeistreitkräfte zur Verfügung stehen, könnte diese Zahl schnell abgebaut werden. Wie lange die anderen Experten bleiben müssen, hängt davon ab, wie viel Zeit benötigt wird, um einen demokratischen Rechtsstaat aufzubauen, der auch wirtschaftlich erfolgreich ist. Auf die Gerichte wird unter anderem die heikle Aufgabe zukommen, allfällige Verbrechen der alten Diktatur beurteilen zu müssen. Zurückhaltung und viel Fingerspitzengefühl ist in solchen Fällen notwendig, um nicht neue Wunden aufzureißen, einen Rachefeldzug zu verhindern oder aus Verbrechern Märtyrer zu machen. Ausländischen Richtern dürfte die betroffene Bevölkerung in solchen Fällen eine größere Objektivität zutrauen als den Richtern des alten Regimes.

Wer die zweihunderttausend Menschen mit den großen und teuren Militärverbänden der EU-Mitgliedstaaten vergleicht, wird feststellen, dass ein derartiger Verband finanziell und personell eine geringere Belastung darstellt, aber seine Wirkung in der heutigen Welt sehr viel positiver wäre. Die Kosten ließen sich noch weiter reduzieren, wenn dieser Verband im Wesentlichen aus Personen besteht, die in den Entwicklungsländern angeworben wurden. Der weitere Vorteil wäre, dass Personen aus Entwicklungsländern eine gute Ausbildung erhalten, die sie bei ihrer Rückkehr nutzbringend verwenden könnten. Es gäbe diesem Verband eine internationale Zusammensetzung, besonders aus Staaten und Regionen, in denen ein Einsatz am wahrscheinlichsten ist. Arbeitssprache innerhalb dieses Verbandes müsste Englisch sein, nicht zuletzt wegen der Zusammenarbeit mit den USA. Daneben sollte aber auf Mehrsprachigkeit geachtet werden, um den Einsatz in den verschiedensten Weltregionen zu erleichtern. Idealerweise sollte jedes Mitglied dieses Verbandes neben Englisch noch eine andere Sprache sprechen.

Was wäre bei der militärischen Intervention im Irak anders verlaufen, hätte man dieses Konzept dort angewandt? Schon Jahre vorher wäre es möglich gewesen, eine irakische Verfassung auszuarbeiten, die irakischen Gesetze entsprechend anzupassen und zu publizieren. Irakische Flüchtlinge hätte man als Polizisten, Anwälte und Richter anwerben und ausbilden können. In den von den USA eroberten Gebieten hätten diese Verbände der EU unverzüglich die Kontrolle übernommen und für Recht und Ordnung gesorgt. Die Bevölkerung wäre in Flugblättern über ihre Rechte und Pflichten informiert worden, auch gegenüber den Militärverbänden der USA und den Polizeiverbänden der EU. Will die EU einen demokratischen Rechtsstaat aufbauen, wird sie von Anfang an der Bevölkerung in den betreffenden Staaten im Wesentlichen die gleichen Rechte einräumen müssen wie der eigenen Bevölkerung gegenüber Willkürakten der eigenen Polizeieinheiten oder der Interventionsarmee der USA.

In den von den Polizeieinheiten der EU kontrollierten Gebieten könnte man sofort mit der Registrierung der Bevölkerung und der Ausgabe von fälschungssicheren Ausweisen beginnen, in denen neben den üblichen persönlichen Daten der Wohnort vermerkt ist. Nach dem Ende der Kampfhandlungen wären zum frühestmöglichen Zeitpunkt in den einigermaßen sicheren Gebieten Lokalwahlen abzuhalten. Diese Lokalwahlen als erster Schritt sind deshalb wichtig, weil eine funktionierende und stabile Demokratie von der Basis her aufgebaut werden muss, besonders in einem Staat, der noch nie ein funktionierender demokratischer Rechtsstaat war oder in dem die Diktatur diese Strukturen weitestgehend zerstört hat. Über die Lokalwahlen erhält die EU außerdem Ansprechpersonen, die das Vertrauen der Bevölkerung besitzen. Versucht man dagegen, zuerst Parlamentswahlen oder Wahlen zu einer Verfassung gebenden Versammlung durchzuführen, gibt man den alten oder den neuen Oligarchen die Möglichkeit, die Macht an sich zu reißen. Der Staat wird dann nicht dem Volk dienen, sondern irgendeiner Oligarchie und im schlimmsten Fall verwandelt sich der Staat nach dem Rückzug der EU wieder in eine Diktatur.

Im Irak hätte durch eine solche Vorgangsweise unmittelbar nach dem Ende der Kampfhandlungen in weiten Teilen des Staatsgebietes eine demokratisch legitimierte Lokalverwaltung entstehen können. Das wäre in den Gebieten der Kurden, der Schiiten und teilweise im sunnitischen Gebiet möglich gewesen. Bekanntlich wurde eine andere Lösung gewählt – so haben Militärverbände, die für die Kriegsführung und nicht für Polizeiaufgaben ausgebildet wurden, unmittelbar nach Ende der Kampfhandlungen versucht, einigermaßen Recht und Ordnung aufrechtzuerhalten, und dies in einem Staat, der seit Jahrzehnten kein Rechtsstaat mehr war. In einer solchen Situation verwandelt sich die

Armee des Befreiers sehr schnell in die Armee des Besetzers. Das hat es den Anhängern der alten Diktatur im Irak zweifellos erleichtert, zusammen mit anderen Extremisten den bewaffneten Widerstand zu organisieren.

Ein weiterer Grund für den raschen Verlust an Sympathie und Glaubwürdigkeit war – neben dem totalen Zusammenbruch von Recht und Ordnung unmittelbar nach der Befreiung des Iraks – die Unfähigkeit der Koalitionsstreitkräfte, wenigstens die wichtigsten Teile der zerstörten Infrastruktur wieder instandzusetzen. Schon bei der Einsatzplanung müsste die EU in enger Absprache mit den USA eine umfangreiche Studie erarbeiten über den Zustand der Infrastruktur des Landes, über zu erwartende Kriegsschäden und inwieweit die Infrastruktur verbessert werden kann. Oft lassen sich mit relativ geringem Aufwand nicht nur die Kriegsschäden beseitigen, sondern die Infrastruktur verbessern, wie zum Beispiel die Transport- und Kommunikationsnetze, die Versorgung mit Wasser und Elektrizität und so manches mehr. Auch die Betreuung und Unterbringung von allfälligen Flüchtlingen muss rechtzeitig eingeplant werden.

Bei der Planung all dieser Maßnahmen ist zu untersuchen, inwieweit lokale Firmen und Arbeitskräfte herangezogen werden können. Je schneller die lokale Wirtschaft wieder in Gang kommt, desto geringer ist die Gefahr, dass Terroristennetzwerke entstehen oder ein Guerillakrieg ausbricht. Eine hohe Arbeitslosigkeit, besonders wenn sich unter den Arbeitslosen viele Personen befinden, welche über eine militärische Ausbildung verfügen, wie im Irak, erleichtert es Extremisten aus dem In- und Ausland, den Aufbau eines demokratischen, wirtschaftlich erfolgreichen Rechtsstaates zu verzögern oder zu unterbinden. Entscheidend für den Erfolg einer solchen militärischen Intervention ist, dass die Menschen gegenüber den Zuständen in der alten Diktatur schnelle Fortschritte erkennen können. Die wird es aber nur geben, wenn von Anfang an die Rahmenbedingungen in diesem Staat so gestaltet werden wie in den Kapiteln 11 und 12 beschrieben.

Die EU wird noch vor der Abhaltung von landesweiten Parlamentswahlen und der Bildung einer Regierung die in weiten Kreisen der Bevölkerung unpopuläre Entscheidung treffen müssen, staatliche Betriebe zu privatisieren. Für diesen Fall sollten die Erlöse aus der Privatisierung ausschließlich, wie in Kapitel 11.2. beschrieben, dem Pensionsfonds zufließen und nicht zur Rückzahlung von Krediten verwendet werden. Wer mit einer menschenverachtenden Diktatur Geschäfte abwickelt und ihr Kredite einräumt, muss wissen, dass dies mit gewissen Risiken verbunden ist und Kredite möglicherweise nicht zurückgezahlt werden.

Die rasche Privatisierung der staatlichen Betriebe, insbesondere auch der Infrastruktur, ist noch aus einem anderen Grund wichtig. In einer Diktatur, aber leider nicht nur dort, sind staatliche Betriebe allzu oft Versorgungsanstalten für politische Freunde und Anhänger der Diktatur. Darüber hinaus sind sie selten moderne, effizient geführte Unternehmen und würden einen wirtschaftlichen Aufschwung erschweren oder gar verhindern. Wartet man die Parlamentswahlen und die Bildung einer neuen Regierung ab, besteht die Gefahr, dass die Anhänger der alten Diktatur aus den staatlichen Betrieben entlassen werden, selbst wenn sie anständig und fähig waren, um sie durch Anhänger der neuen Regierung zu ersetzen, die möglicherweise weder anständig noch fähig sind.

Erst nachdem Lokalwahlen durchgeführt wurden und die lokale Verwaltung die Möglichkeit hatte, sich in ihre neuen Aufgaben einzuarbeiten, und nachdem frisch geschulte lokale Polizeiverbände und Richter ihre Arbeit aufgenommen haben, macht es einen Sinn, Parlamentswahlen abzuhalten und eine ordentliche Regierung zu wählen. Bis zu diesem Zeitpunkt wäre eine Übergangsregierung tätig, welche eng mit den Vertretern der EU zusammenarbeiten müsste.

Selbst bei dem vorgeschlagenen Konzept wäre es denkbar gewesen, dass es den Polizeiverbänden der EU in einigen Teilen des sunnitischen Dreiecks nicht gelungen wäre, innerhalb eines vernünftigen Zeitraums zu vernünftigen Kosten Recht und Ordnung herzustellen. Erfahrungsgemäß ist es in Städten oder schwer zugänglichen Gebieten relativ leicht, Guerillaaktionen und terroristische Anschläge durchzuführen, wenn Teile der Bevölkerung diese unterstützen. Die beste Strategie dürfte es in solchen Fällen sein, die Region abzusperren und zu isolieren, um ein Übergreifen terroristischer Aktivitäten auf andere Regionen zu verhindern. Flüchtlinge müssten selbstverständlich die Region verlassen dürfen und humanitäre Hilfe müsste hineingelassen werden. Hochmobilen Polizeieinheiten, die mit Helikoptern, Überwachungsdrohnen und den modernsten technischen Geräten ausgerüstet sind, sollte es möglich sein, gemeinsam mit den Militärstreitkräften der USA solche Regionen weitestgehend abzuriegeln. Schrittweise können dann einzelne Landstriche besetzt werden, die leichter zu kontrollieren sind, mit dem Ziel, die Zentren des Terrorismus voneinander zu isolieren und den Flüchtlingen die Möglichkeit zu geben, wieder zurückzukehren. Bis es gelingt, in solchen Regionen Recht und Ordnung herzustellen sowie Lokalwahlen durchzuführen, braucht es viel Zeit und Geduld.

Deshalb wäre es falsch, wenn die sehr viel langsamere Entwicklung in

Richtung demokratischer Rechtsstaat in einer Region die Verwirklichung des demokratischen Rechtsstaates in den anderen Regionen behindert oder aufhält. Wäre es zum Beispiel in einigen Teilen des sunnitischen Dreiecks innerhalb eines beschränkten Zeitraums nicht gelungen, Recht und Ordnung herzustellen, müsste dieser Teil vom Rest des Irak getrennt werden. Im übrigen Teil des Irak könnten dann Parlamentswahlen durchgeführt werden, eine demokratische Regierung gewählt sowie schrittweise der Staat der Zukunft verwirklicht werden, der sich auf die Außenpolitik und die Aufrechterhaltung des demokratischen Rechtsstaates beschränkt. Erst wenn dieser Teil des Prozesses abgeschlossen ist, sollte sich die EU mit den letzten Polizeieinheiten und den Richtern zurückziehen sowie den einzelnen Gemeinden das Recht einräumen, aus dem Staatsverband auszutreten. Selbst für die kurdischen Gemeinden des Irak dürfte es im Staat der Zukunft keinen Grund geben, auszutreten, umso mehr, als die Kurden untereinander politisch immer zerstritten waren und sich gegenseitig nicht nur politisch bekämpft haben. Das Misstrauen vieler Kurden, sich plötzlich als Gefangene eines nationalistischen und sozialistischen Kurdenstaates wieder zu finden, dürfte groß sein.

Ein politisch und wirtschaftlich erfolgreicher Irak, der in die Weltwirtschaft integriert und Mitglied des EWR ist, wird mit der Zeit für jene Regionen des sunnitischen Dreiecks immer attraktiver werden, in denen es nicht möglich war, einen demokratischen Rechtsstaat aufzubauen. Die Unterstützung für die Terroristen wird abnehmen, da diese nie in der Lage sein werden, der Bevölkerung eine Zukunftsperspektive zu bieten, welche ausschließlich auf humanitäre Hilfe von außen angewiesen ist.

Vieles spricht dafür, schon vor der Intervention den maximalen Zeitrahmen festzulegen, innerhalb dessen so ein Konzept zu verwirklichen ist. Das grundsätzliche Problem besteht darin, dass einerseits Jahre benötigt werden, um einen modernen, demokratischen, wirtschaftlich erfolgreichen Rechtsstaat aufzubauen, wie er in den Kapiteln 11 und 12 beschrieben ist. Andererseits darf der Zeitrahmen nicht zu weit gesteckt werden, denn sonst entsteht eine Reihe von neuen Problemen, auf die ich kurz eingehen möchte:

Eine lang andauernde Intervention schwächt die Reformkräfte in diesem Staat und verwandelt ihn de facto in eine Kolonie der EU.

Ohne einen klar definierten Zeitrahmen, der selbst im Falle eines Scheiterns einzuhalten ist, werden die antidemokratischen Kräfte gestärkt. Eine Anzahl von Mitgliedsstaaten der EU waren Kolonialmächte und der Vorwurf des Kolonialismus könnte schnell erhoben werden, selbst wenn er nicht berechtigt ist. Die antidemokratischen Kräfte würden dann versuchen, sich mit einer Religion oder einer Ideologie, wie dem Nationalismus, zu legitimieren.

Eine zeitliche Begrenzung zwingt jene politischen Kräfte, die an einer Erhaltung des Staates interessiert sind, mit der EU am Aufbau eines demokratischen Rechtsstaates mitzuwirken, denn sonst zerfällt der Staat aufgrund des Selbstbestimmungsrechtes.

Eine Intervention, welche auch nach Jahren nicht den erwünschten Erfolg zeigt, bindet wertvolle Ressourcen der EU, die an anderer Stelle mit größerem Erfolg eingesetzt werden können. Außerdem wird in den Mitgliedsstaaten der EU die politische Unterstützung für zukünftige Interventionen untergraben.

Selbst eine gescheiterte Intervention, die aber innerhalb des gesetzten Zeitrahmens abgeschlossen wurde, gibt Gelegenheit, Fehler zu analysieren, das Konzept zu überprüfen und Verbesserungsvorschläge einzubauen.

Unter der Voraussetzung, dass seitens der USA und der EU von Anfang an genügend personelle und materielle Ressourcen zur Verfügung gestellt werden, könnte eine erste Phase der Intervention innerhalb von vier Jahren abgeschlossen werden. Um auf das Beispiel des Irak zurückzukommen, konnten rund 200.000 Soldaten den rein militärischen Teil der Intervention erfolgreich beenden. Weitere rund 200.000 Personen würde dann die EU zur Verfügung stellen, um Ruhe und Ordnung herzustellen sowie die lokalen Polizeistreitkräfte und Richter zu schulen. In den friedlichen Regionen könnten die Truppen der USA nach der Durchführung von Lokalwahlen abgezogen und in jene Gebiete verlegt werden, in denen aufgrund mangelnder Sicherheit keine Lokalwahlen abgehalten wurden. Innerhalb dieser vier Jahre sollte die zerstörte Infrastruktur wieder aufgebaut bzw. verbessert werden, mit dem Ziel, diese am Ende der Vierjahresperiode zusammen mit anderen verstaatlichten Betrieben zu privatisieren.

Ist diese erste Phase erfolgreich abgeschlossen, könnten auch die letzten Truppen der USA abgezogen und landesweite Parlamentswahlen durchgeführt werden. In dieser zweiten Phase wird eine demokratisch legitimierte Regierung mit Unterstützung der EU versuchen, der Bevölkerung zu beweisen, dass der Staat, wie in den Kapiteln 11 und 12 beschrieben, für die gesamte Bevölkerung von Vorteil ist. Gegen Ende dieser zweiten Phase muss der Bevölkerung die Möglichkeit gegeben werden, das Selbstbestimmungsrecht auf Gemeindeebene auszuüben und damit auch die Möglichkeit, aus dem Staatsverband auszuscheiden. Wird dieses Recht innerhalb einer Periode von ein paar Monaten nicht ausgeübt, könnte die EU mit dem Rückzug ihrer Polizeieinheiten und Richter beginnen und schrittweise die Verantwortung für Recht und Ordnung der neuen, demokratisch legitimierten Regierung übertragen.

Stimmt die Bevölkerung in einzelnen Gemeinden oder Regionen während dieser zweiten Phase für ein Ausscheiden aus dem Staatsverband, so ist diese Entscheidung zu respektieren. Möglicherweise wird es außerdem Gemeinden und Regionen geben, welche die Grundprinzipien des demokratischen Rechtsstaates und der Marktwirtschaft ablehnen. Auch dieser Wunsch wäre zu respektieren, aber eine Mitgliedschaft im EWR wäre unter solchen Umständen selbstverständlich nicht mehr möglich. Auch eventuelle Hilfsprogramme der EU sowie anderer Organisationen und Staaten wären in einem solchen Fall einzustellen und die beschränkten Ressourcen auf jene Regionen zu konzentrieren, die sich für die Grundprinzipien des demokratischen Rechtsstaates und der Marktwirtschaft entschieden haben.

Die zweite Phase der Intervention wäre wie die erste Phase spätestens nach vier Jahren abzuschließen. Nach einer erfolgreichen Intervention sollte es einen oder mehrere demokratische Staaten geben, die wirtschaftlich im EWR integriert sind und die für ihre innere Sicherheit selbst verantwortlich sind. Die äußere Sicherheit wäre von den USA bzw. der EU zu garantieren. Diese Garantie wäre für einen Staat wie den Irak besonders dann wichtig, wenn er in drei Teile zerfällt: einen kurdischen, einen schiitischen und einen sunnitischen Teil.

Es wäre zu begrüßen, wenn die EU sich in den nächsten Jahren dazu durchringen könnte, ein solches Konzept zu verwirklichen. In einem kleineren Rahmen, geografisch näher der EU und noch nicht erfolgreich, ist Bosnien-Herzegowina ein Beispiel, wie Militär- und Polizeiverbände zusammenarbeiten könnten, mit der Möglichkeit einer späteren Integration Bosnien-Herzegowinas in die EU. Die Völker der betroffenen Staaten wären glücklich, die USA wären glücklich und die EU hätte wirtschaftlich und politisch einen Erfolg vorzuweisen, der weltweit beispielhaft wäre.

Möglicherweise würden sich danach andere Wirtschaftsblöcke, wie NAFTA (North American Free Trade Agreement) oder ASEAN (Association of Southeast Asian Nations) am Aufbau dieser Staaten beteiligen und ihnen eine direkte oder indirekte Mitgliedschaft in ihren Wirtschaftsblöcken anbieten. Über den EWR, mit der parallelen Verkehrsfähigkeit für Produkte und Dienstleistungen, wäre dies möglich, wie das Beispiel des Fürstentums Liechtenstein zeigt.

Trotzdem wird es noch lange Staaten mit schwersten Menschenrechtsverletzungen geben, in denen eine militärische Intervention aus verschiedenen Gründen nicht möglich ist. So wie bei der ehemaligen Sowjetunion werden sich die demokratischen Rechtsstaaten darauf beschränken müssen, zuzuschauen und das weitere Ausbreiten einer solchen menschenverachtenden Diktatur zu verhindern.

Es bleibt die Hoffnung, dass früher oder später, wie in der Sowjetunion, eine Führung an die Macht kommt, welche zu grundlegenden Reformen bereit ist. Das hier beschriebene Modell vom Staat der Zukunft bietet der politischen Führung bessere Voraussetzungen, den Staat zu reformieren, ohne den Staat zu zerstören, wie dies mit den Reformen von Gorbatschow geschehen ist.

Vielleicht lässt sich dieses neue Staatsmodell in den Entwicklungsländern der Dritten Welt leichter verwirklichen als in den sogenannten hoch entwickelten Staaten des Westens. Die Übertragung der europäischen und amerikanischen Staatsmodelle auf die Entwicklungsländer war, von wenigen Ausnahmen abgesehen, nicht sehr erfolgreich. Die Entwicklungsländer haben wenig zu verlieren, aber viel zu gewinnen.

Es wäre nicht das erste Mal in der Menschheitsgeschichte, dass Staaten in weniger entwickelten Weltregionen durch grundlegende Reformen und neue Staatsmodelle die Staaten in den hoch entwickelten Weltregionen in ihrer Bedeutung abgelöst haben. Denken wir nur an Persien, das antike Griechenland, das Römische Reich, das Europa des zweiten Jahrtausends, die USA und Japan im 19. und 20. Jahrhundert. In der globalisierten Welt des dritten Jahrtausends werden solche Prozesse voraussichtlich sehr viel schneller und hoffentlich friedlicher ablaufen als in der Vergangenheit – vergleichbar mit dem Wettbewerb zwischen Unternehmen in der freien globalisierten Marktwirtschaft.

# 14. Ein Ausblick auf das dritte Jahrtausend

Mit dem ersten Menschen hat ein seltsames Wesen diesen Planeten betreten. Ein Wesen, das zwar eine gewisse genetische Verwandtschaft zu den Affen und den anderen Tieren dieses Planeten aufweist, aber sich in einigen Bereichen doch grundsätzlich von allen Tieren unterscheidet, die in den vergangenen rund fünfhundert Millionen Jahren die Erde bevölkert haben. Der Mensch musste sich genetisch und in seinem Verhalten kaum der Umwelt anpassen und trotzdem hat er sich sehr rasch über alle Kontinente und Klimazonen ausgebreitet, mit Ausnahme der Antarktis. Dort, wo er genetisch nicht angepasst war, hat es der Mensch schnell verstanden, die engere Umwelt seinen Bedürfnissen anzupassen, sei es durch den Bau von Häusern, Booten, wetterfester Kleidung usw. Die unterschiedlichen Hautfarben dürfen nicht darüber hinwegtäuschen, dass sich der Mensch unter dieser Haut von Australien bis nach Grönland genetisch kaum unterscheidet. Der genetische Unterschied zwischen zwei benachbarten Schimpansengruppen aus dem gleichen Urwald Afrikas scheint größer zu sein als zwischen einem Eskimo und einem australischen Ureinwohner.

Daran sollten alle nationalistischen Ideologen sowie Globalisierungsgegner denken, wenn sie die Menschheit in verschiedene Rassen und in einzelne Reservate einteilen wollen, zwischen denen es dann so gut wie keinen Austausch von Genen, Gütern und Dienstleistungen mehr geben soll. Globalisierungsgegner, die im Jet über den ganzen Globus von Demonstration zu Demonstration eilen, sind besonders unglaubwürdig. Sicher sind viele Globalisierungsgegner Idealisten mit besten Absichten, aber ähnlich den jungen Idealisten, die sich im 20. Jahrhundert für menschenverachtende Ideologien begeistert haben, erreichen sie mit ihren Aktionen das genaue Gegenteil. Anstatt die Unterschiede zwischen den Menschen herauszustreichen und so Konflikte zu schüren, sollten die Gemeinsamkeiten betont und Lösungen gesucht werden, die es allen Menschen ermöglichen, in Frieden, Freiheit und Wohlstand zu leben.

Ob es uns passt oder nicht, wir Menschen sind nun einmal eine große Familie, die sich zwar oft streitet, aber ebenso oft lieben kann. Meinungsverschiedenheiten und Streitereien wird es immer geben, aber sie sollten nicht gleich in Mord und Totschlag enden. Der Buddhismus, das Christentum und andere große Religionen lehren seit Langem, dass wir uns selbst gegenüber unseren Feinden so verhalten sollten, als wären sie unsere Nächsten oder ein Teil unserer Familie. Was bedeutende Persönlichkeiten der Menschheitsgeschichte vor Jahrhunderten oder gar Jahrtausenden als richtig erkannt haben, trifft in unserer heutigen Zeit der Globalisierung und des raschen technischen Fortschrittes erst recht zu. Mord und Totschlag mögen die Menschheitsgeschichte weitgehend geprägt haben, aber wir können uns dieses Verhalten immer weniger leisten. Durch die modernen Verkehrs- und Kommunikationsmittel ist die Menschheit einerseits eng zusammengerückt, andererseits gibt die moderne Technologie immer kleineren Gruppen den Zugang zu schrecklichen Waffen.

Das Rad der Geschichte lässt sich nicht zurückdrehen. Je schneller die Menschheit erkennt, dass die verschiedenen Ideologien des 19. und 20. Jahrhunderts gefährliche Sackgassen der Evolution waren, umso besser. Aus diesen Sackgassen muss die Menschheit ausbrechen, will sie auf Dauer überleben. Vielleicht zum ersten Mal in der Menschheitsgeschichte besteht die Möglichkeit, die Staaten in friedliche Dienstleistungsunternehmen zu verwandeln, die nicht nur Monarchen und Oligarchen dienen, seien diese gewählt oder nicht, sondern auch dem Volk.

Damit dieser Umwandlungsprozess gelingt, genügt es nicht, die Staaten in traditionelle Rechtsstaaten mit indirekter Demokratie und einem Monopol auf das Staatsgebiet zu verwandeln. Dieses Modell ist im Lauf der letzten zweihundert Jahre gescheitert und selbst dort, wo es einigermaßen funktioniert, sieht es so aus, als ob die Menschen in erster Linie dem Staat dienen und nicht umgekehrt. Der Umwandlungsprozess des Staates vom Halbgott in ein Dienstleistungsunternehmen wird nur möglich sein, wenn man von der indirekten auf die direkte Demokratie übergeht und mit dem Selbstbestimmungsrecht auf Gemeindeebene das Monopol des Staates aufbricht.

Vielen Menschen mag dies alles wie eine utopische Vision erscheinen, besonders jenen, die in Staaten leben, welche noch weit davon entfernt sind, demokratische Rechtsstaaten zu sein. Sind aber nicht viele Visionen der vergangenen Jahrhunderte Realität geworden? Soll der Mensch sich an ein Staatsmodell festklammern, das aus dem Agrarzeitalter stammt? Eines scheint ziemlich sicher: Das Staatsmodell aus dem Agrarzeitalter wird im dritten Jahrtausend irgendwann untergehen, genauso wie das Staatsmodell der Jäger und Sammler untergegangen ist. Die Frage ist nur, wird es friedlich untergehen oder in einem Weltkrieg mit Massenvernichtungswaffen?

Benötigte der Mensch als Jäger und Sammler ein großes Territorium, um sich zu ernähren, ist dieses Territorium im Agrarzeitalter drastisch geschrumpft. Waren vor dem Agrarzeitalter fast alle Menschen mit der Nahrungssuche beschäftigt, um zu überleben, kann heute am Ende des Agrarzeitalters ein Landwirt neunundneunzig andere Menschen ernähren, wobei die benötigte Fläche wegen der höheren Erträge ständig kleiner wird. Diese Entwicklung ist noch lange nicht zu Ende. Dieser Planet kann sehr viel mehr Menschen ernähren, wenn die wissenschaftlichen Erkenntnisse vernünftig angewendet und die Umwelt geschont wird. Die Zahl der Landwirte wird weltweit weiterhin drastisch abnehmen, wobei die moderne Landwirtschaft mit der traditionellen Landwirtschaft nur mehr wenige Gemeinsamkeiten besitzt.

Der Globalisierungsprozess schreitet rasch voran und Staaten, die glauben, sie können sich diesem Prozess entziehen, werden auf Dauer kaum überleben, weil sie einfach nicht mehr konkurrenzfähig sind. Der Globalisierungsprozess macht aus uns die große Familie, die wir im Grunde genommen immer schon waren. Die Menschheit steht heute vor der Wahl, ob sie diesen Umwandlungsprozess einigermaßen friedlich gestalten will, oder ob sie so weitermacht wie in der Vergangenheit, allerdings mit Waffen, die stets gefährlicher werden und mit denen eines Tages die Menschen vielleicht sich selbst und ihre Umwelt vernichten werden.

Wer die Menschheitsgeschichte studiert, wird feststellen, dass Staaten ihre Lebenszyklen haben, ähnlich den Menschen, die sie geschaffen haben. Sie kommen und gehen, sie werden geboren, sie wachsen, ihre Grenzen ändern sich, sie zerfallen und lösen sich wieder auf. Dies ist ein ganz natürlicher Prozess, den der Mensch mit mehr Gelassenheit betrachten und friedlich gestalten sollte.

Kaum ein Staat hat bereits vor zweihundert Jahren innerhalb seiner heutigen Grenzen existiert. Staaten wie Frankreich, Spanien, Portugal oder England waren mit ihren Kolonialreichen größer als heute, andere, wie die USA, kleiner. Die USA sind erst im Lauf des 19. Jahrhunderts im Süden, Westen und Norden durch Kauf und Eroberung großer Gebiete auf ein Vielfaches ihrer ursprünglichen Größe gewachsen. Selbst die Schweiz hat in der Mitte des 19. Jahrhunderts ihr Staatsgebiet noch einmal erweitert. Das Fürstentum

Liechtenstein ist eines der ganz wenigen Ausnahmen, dessen Staatsgebiet sich in den letzten dreihundert Jahren nicht verändert hat.

Das Kommen und Gehen, das Wachsen und Zerfallen der Staaten waren leider selten friedliche Prozesse: Es gab Revolutionen, Bürger- und Eroberungskriege, wenn die Staaten geboren wurden und wenn sie untergingen. Wahrscheinlich war schon der Homo erectus vor zwei Millionen Jahren kein friedliebender Mensch, sondern er dürfte territoriale Auseinandersetzungen mit der Waffe in der Hand auf dem Schlachtfeld entschieden haben. Ob wir uns diesen „Luxus" im dritten Jahrtausend noch leisten können, bezweifle ich. Anstatt den Lebenszyklus eines Staates mit der Waffe in der Hand auf dem Schlachtfeld zu entscheiden, sollte diese Frage mit dem Stimmzettel in der Hand, nach den Spielregeln des demokratischen Rechtsstaates an der Wahlurne entschieden werden.

Genetisch steht der Mensch mit seinem Körper und seinem Sozialverhalten noch im Zeitalter der Jäger und Sammler, intellektuell mit seinem Kopf und den staatlichen Strukturen im Agrarzeitalter, aber in der Realität hat bereits das Zeitalter der Raumfahrt begonnen. Jetzt am Beginn des Zeitalters der Raumfahrt zeigt es sich, dass sich der Menschheit ganz neue Dimensionen eröffnen. Wir müssen sie nur ergreifen, anstatt uns zu streiten. Am Ende des 20. Jahrhunderts haben einzelne Staaten in einem nationalen Wettbewerb mit hohem finanziellen und technischen Aufwand das Tor zum Zeitalter der Raumfahrt aufgestoßen. Am Beginn des 21. Jahrhunderts übernimmt schrittweise die Privatwirtschaft in der Raumfahrt die Rolle des Staates. Den meisten Menschen fällt es noch schwer, sich vorzustellen, dass die Zukunft der Menschen im Weltraum liegen wird. Auch den ersten Menschen in Afrika dürfte es unmöglich gewesen sein, sich vorzustellen, dass die Menschheit aus Afrika kommend in rund hunderttausend Jahren den ganzen Planeten besiedeln wird, mit Ausnahme der Antarktis.

Voraussichtlich wird die Menschheit in einem sehr viel kürzeren Zeitraum die Grenzen unseres Sonnensystems überwinden und sich über die Galaxis ausbreiten, als sie für die Besiedlung unseres Planeten benötigt hat. Der oft gehörte Einwand der großen Distanzen mit der Annahme, dass kein Raumschiff schneller als das Licht fliegen kann, scheint bei genauerer Analyse der Einstein'schen und anderer Theorien vielleicht doch nicht jene unüberwindliche Hürde zu sein, wie oft behauptet wird. Es würde den Rahmen dieses Buches sprengen, darauf näher einzugehen, aber es gibt physikalische Theorien, welche die Überwindung dieser großen Distanzen in relativ kurzer Zeit als möglich erscheinen lassen. Seit mehreren Jahren treffen sich regelmäßig bedeutende Wissenschaftler auf privaten Tagungen, um solche Theorien zu diskutieren. Auch die amerikanische Raumfahrtbehörde NASA hat schon Tagungen organisiert, um sich darüber zu informieren, welche Technologien eines Tages die konventionelle Raketentechnik ablösen könnten, um die bemannte Raumfahrt über unser Sonnensystem hinaus zu ermöglichen.

Im 19. Jahrhundert war die Vorstellung, dass Menschen eines Tages zum Mond fliegen werden, eine reine Utopie. Die Wissenschaftler verfügten damals über keine Theorien, welche dies ermöglicht hätten. In der zweiten Hälfte des 20. Jahrhunderts ist der Mensch bekanntlich zum Mond geflogen und dort gelandet. Zwar verfügt der Mensch am Beginn des 21. Jahrhunderts über Theorien, welche die bemannte interstellare Raumfahrt mit kurzen Reisezeiten ermöglichen, aber es werden voraussichtlich noch Jahrzehnte vergehen, bevor die Wissenschaft mit Sicherheit beweisen kann, dass diese Theorien sich auch in der Praxis umsetzen lassen, und vielleicht Jahrhunderte, bevor der Mensch beginnt, unsere Galaxis zu besiedeln. Allerdings gibt es in der Wissenschaft immer wieder Überraschungen. Ein Wissenschaftler des 19. Jahrhunderts, der die Prognose gewagt hätte, dass es vor dem Ende des Jahrtausends den Menschen technisch möglich sein wird, auf dem Mond zu landen, wäre damals zu Recht als Phantast bezeichnet worden. Ein Wissenschaftler, der jetzt, am Beginn des dritten Jahrtausends, die Prognose wagt, dass der Mensch technisch in der Lage sein wird, am Ende des dritten Jahrtausends die Galaxis zu besiedeln, könnte sich als übervorsichtig herausstellen.

Die neuesten Forschungsergebnisse zeigen, dass das Leben auf dem Planeten Erde in den letzten 800 Millionen Jahren durch extreme Klimaschwankungen immer wieder weitgehend ausgelöscht wurde. Wir wissen nicht mit Sicherheit, wodurch diese extremen Klimaschwankungen ausgelöst wurden. Berechnungen zeigen aber, dass die Kollision der Erde mit einem Himmelskörper von wenigen Kilometern Durchmesser bereits katastrophale Auswirkungen haben kann. In unserem Sonnensystem gibt es tausende von solchen Himmelskörpern, deren Umlaufbahnen erheblichen Schwankungen unterliegen und die sich deshalb über längere Zeiträume nicht genau berechnen lassen. Wir Menschen sitzen hier auf dem Planeten Erde alle im gleichen Boot. Anstatt uns gegenseitig zu bekriegen, sollten wir uns erstens darum bemühen, dass sich dieses Boot in einem tadellosen Zustand befindet, damit auch zukünftige Generationen darauf leben können, und zweitens, dass uns Menschen eines Tages weitere Boote zur Verfügung stehen.

Für die Menschheit wäre die Besiedlung unserer Galaxis ein sehr großer Schritt. Allerdings ein Schritt, der aus heutiger Sicht weniger groß ist als die Besiedlung der polaren Regionen durch ein Wesen, das in den heißen Regionen Afrikas entstanden ist. Der menschliche Geist hat es verstanden, alle diese Hindernisse zu überwinden. Nicht die großen Distanzen sind das Hindernis, sondern unser Intellekt, der noch stark von den Verhaltens- und Denkkategorien des Agrarzeitalters geprägt ist. Wir müssen diese engen Fesseln ablegen, um der Menschheit die Freiheit zu geben, sich neue Dimensionen zu erschließen.

# Anhang: Verfassungsentwurf für den Staat im dritten Jahrtausend

## Verfassung des Königreichs X [der Republik Y]

### I. Hauptstück

### Das Königreich X [Die Republik Y]

Art. 1

1) Das Königreich X [die Republik Y] ist ein Staatsverband auf demokratischer und parlamentarischer Grundlage, der innerhalb seiner Grenzen den Menschen dazu dient, in Freiheit, Frieden und Wohlstand miteinander zu leben.

2) Die Staatsgewalt ist im König [Präsidenten] und im Volk verankert. Sie wird von beiden nach Maßgabe der Bestimmungen dieser Verfassung ausgeübt.

Art. 2

1) Der Staat vertritt die Interessen des Volkes und des Staates gegenüber anderen Staaten, Staatenverbänden und internationalen Organisationen.

2) Der Staat erlässt Gesetze und Verordnungen, damit die Menschen in Freiheit, Frieden und Wohlstand leben können. Dazu gehören insbesondere gesetzliche Regelungen für den Bildungsbereich, für das Sozial-, Gesundheits- und Verkehrswesen, für den Umweltschutz sowie über die Autonomie und Aufgaben der Gemeinden.

3) Der Staat trägt dafür Sorge, dass Verfassung, Gesetze und Verordnungen eingehalten werden. Zu diesem Zweck unterhält und finanziert der Staat das Gerichtswesen, die Untersuchungsbehörden und die Polizei.

4) Der Staat besitzt und betreibt keine Einrichtungen, insbesonders im Bildungsbereich, im Sozialwesen, Gesundheits- und Verkehrswesen. Diese Aufgabe ist den Gemeinden, den Gemeindeverbänden, der Privatwirtschaft oder privaten Organisationen überlassen.

Art. 3

1) Zur Finanzierung seiner Aufgaben stehen dem Staat die Einnahmen aus den indirekten Steuern zu, wie insbesondere die Mehrwertsteuer, allfällige Zolleinnahmen oder Abgaben. Die Steuerhoheit über die direkten Steuern auf natürliche und juristische Personen steht den Gemeinden zu. Der Staat legt Grundregeln fest für die Steuerhoheit der direkten Steuern, um Missbräuche und Konflikte zwischen den Gemeinden zu vermeiden.

2) Der Staat arbeitet nach den Grundsätzen der Sparsamkeit, Wirtschaftlichkeit und Zweckmäßigkeit. Jährliche Überschüsse aus seinen Einnahmen schüttet er entsprechend ihrer Einwohnerzahl an die Gemeinden aus. Einen Teil der Überschüsse kann der Staat im Rahmen einer gesetzlichen Regelung in Form von Bildungsgutscheinen schulpflichtigen Kindern zukommen lassen.

3) Dem Staat ist es untersagt, Haftungen zu übernehmen oder jede Art von Krediten aufzunehmen. Ausnahmen davon werden durch Gesetz geregelt. Diese Gesetze unterliegen dem Referendum gemäß Art. 31. Spätestens nach zehn Jahren sind Kredite aus den Überschüssen des Staates zurückzuzahlen und Haftungen aufzulösen.

Art. 4

1) Die Änderung der Grenzen des Königreichs [der Republik] erfolgt durch Gesetz. Den einzelnen Gemeinden steht das Recht zu, aus dem Staatsverband auszutreten. Über die Einleitung des Austrittsverfahrens entscheidet die einfache Mehrheit der in der Gemeinde ansässigen stimmberechtigten Staatsangehörigen. Die Regelung des Austritts erfolgt durch Gesetz oder durch einen Staatsvertrag. Im Fall einer staatsvertraglichen Regelung ist nach Abschluss der Vertragsverhandlungen in der Gemeinde eine zweite Abstimmung abzuhalten.

2) Grenzänderungen zwischen Gemeinden, die Schaffung neuer und die Zusammenlegung bestehender Gemeinden bedürfen überdies eines Mehrheitsbeschlusses der in diesen Gemeinden ansässigen stimmberechtigten Staatsangehörigen.

## II. Hauptstück

### Vom König [Vom Präsidenten]

Art. 5

Die im Königshaus erbliche Thronfolge, die Volljährigkeit des Königs und des Kronprinzen sowie die Vormundschaft werden durch das Königshaus in der Form eines Hausgesetzes geordnet.

[1) Der Präsident wird von den stimmberechtigten Staatsbürgern in einer geheimen und freien Wahl für eine Amtszeit von vier Jahren gewählt. Eine Wiederwahl ist möglich. Die Präsidentenwahl ist sechs Wochen vor Ablauf der vierjährigen Amtszeit anzusetzen bzw. sechs Wochen nachdem der Präsident vorzeitig aus dem Amt ausgeschieden ist.

2) Wenn der Präsident durch Tod, Rücktritt oder durch Amtsenthebung (Art. 12) vorzeitig aus seinem Amt ausscheidet, so übernimmt bis zur Wahl eines neuen Präsidenten der Parlamentspräsident die Funktion des Präsidenten.

3) Bewerben sich mehr als zwei Kandidaten für die Präsidentenwahl, haben die stimmberechtigten Staatsbürger in der ersten Abstimmung jeweils zwei Stimmen. Die beiden Kandidaten mit den meisten Stimmen kommen in die zweite Abstimmung. Die zweite Abstimmung ist 14 Tage nach der ersten Abstimmung durchzuführen. In der zweiten Abstimmung haben die stimmberechtigten Staatsbürger jeweils eine Stimme. Der Kandidat mit der absoluten Mehrheit der abgegebenen Stimmen gilt als gewählt.]

Art. 6

1) Der König [Präsident] ist das Oberhaupt des Staates und übt seine Rechte gemäß den Bestimmungen dieser Verfassung und der übrigen Gesetze aus.

2) Der König [Präsident] untersteht nicht der Gerichtsbarkeit und ist rechtlich nicht verantwortlich. Dasselbe gilt für jenes Mitglied des Königshauses [für den Parlamentspräsidenten], welches [welcher] gemäß Art. 11 für den König [Präsidenten] die Funktion des Staatsoberhaupts ausübt.

Art. 7

1) Der König [Präsident] vertritt, unbeschadet der Mitwirkung der Regierung, den Staat in seinen Beziehungen zu anderen Staaten und zu internationalen Organisationen.

2) Staatsverträge, durch die

a) Staatsgebiet abgetreten oder Staatseigentum veräußert,

b) über Hoheitsrechte oder Staatsregale verfügt,

c) eine neue Belastung auf das Königreich [die Republik] oder seine [ihre] Angehörigen übernommen oder

d) eine Verpflichtung eingegangen wird, durch welche die Rechte der Staatsbürger geschmälert werden,

bedürfen zu ihrer Gültigkeit der Zustimmung des Parlaments.

Art. 8

1) Jedes Gesetz, das Budget, Kredite, Steuern und Abgaben des Staates (Art. 3) betrifft, benötigt für seine Gültigkeit die Zustimmung des Königs [Präsidenten].

2) In dringenden Fällen kann der König [Präsident] durch Notverordnungen Maßnahmen zur Sicherheit und zur Wohlfahrt des Staates erlassen. Notverordnungen dürfen weder die Verfassung als Ganzes noch einzelne Bestimmungen aufheben, sondern nur die Anwendbarkeit einzelner Bestimmungen der Verfassung einschränken. Notverordnungen können weder das Recht eines jeden Menschen auf Leben, das Verbot der Folter und der unmenschlichen Behandlung, das Verbot der Sklaverei und der Zwangsarbeit noch die Bestimmung „Keine Strafe ohne Gesetz" beschränken. Überdies können die Art. 5, 8, 12 und 47 sowie das Hausgesetz durch Notverordnungen nicht eingeschränkt werden. Notverordnungen treten spätestens sechs Monate nach ihrem Erlass außer Kraft.

Art. 9

1) Dem König [Präsidenten] steht das Recht der Begnadigung, der Milderung und Umwandlung rechtskräftiger Strafen und der Niederschlagung eingeleiteter Untersuchungen zu.

2) Zugunsten eines wegen seiner Amtshandlungen verurteilten Mitglieds der Regierung darf der König [Präsident] das Recht der Begnadigung oder Strafmilderung nur auf Antrag des Parlaments ausüben.

3) Der König [Präsident] ernennt die Richter unter Beachtung der Verfassung (Art. 39).

Art. 10

Jeder Thronfolger [designierte Präsident] spricht noch vor Empfangnahme der Erbhuldigung [Amtsantritt] in einer schriftlichen Urkunde aus, dass er das Königreich [die Republik] gemäß der Verfassung und der übrigen Gesetze regieren wird.

Art. 11

Der König kann den nächsten erbfolgeberechtigten volljährigen Prinzen seines Hauses wegen vorübergehender Verhinderung oder zur Vorbereitung für die Thronfolge als seinen Stellvertreter mit der Ausübung der dem König zustehenden Hoheitsrechte betrauen. [Der Präsident kann den Parlamentspräsidenten wegen vorübergehender Verhinderung als seinen Stellvertreter mit der Ausübung der dem Präsidenten zustehenden Hoheitsrechte betrauen.]

Art. 12

Mindestens 5 Prozent der stimmberechtigten Staatsbürger steht das Recht zu, gegen den König einen begründeten Misstrauensantrag einzubringen. Über diesen hat das Parlament in der nächsten Sitzung eine Empfehlung abzugeben und eine Volksabstimmung (Art. 30) anzuordnen. Wird bei der Volksabstimmung der Misstrauensantrag angenommen, ist das dem König zur Behandlung nach dem Hausgesetz mitzuteilen. Die gemäß dem Hausgesetz getroffene Entscheidung wird dem Parlament durch den König innerhalb von 6 Monaten bekannt gegeben.

[Mindestens 5 Prozent der stimmberechtigten Staatsbürger steht das Recht zu, gegen den Präsidenten einen begründeten Misstrauensantrag einzubringen. Über diesen hat das Parlament in der nächsten Sitzung eine Empfehlung abzugeben und eine Volksabstimmung (Art. 30) anzuordnen. Wird bei der Volksabstimmung der Misstrauensantrag angenommen, entscheidet der Verfassungsgerichtshof (Art. 43) innerhalb von 6 Monaten, ob der Präsident seines Amtes enthoben wird.]

## III. Hauptstück

### Von den allgemeinen Rechten und Pflichten der Staatsbürger

Art. 13

1) Alle Staatsbürger sind vor dem Gesetz gleich. Die öffentlichen Ämter sind allen Staatsbürgern unter Einhaltung der gesetzlichen Bestimmungen gleich zugänglich.

2) Mann und Frau sind gleichberechtigt.

3) Über Erwerb und Verlust der Staatsbürgerschaft bestimmen die Gesetze.

4) Die Rechte der Ausländer werden durch Staatsverträge und in Ermangelung solcher durch das Recht auf Gegenseitigkeit bestimmt.

Art. 14

1) Jeder Staatsbürger hat das Recht, sich unter Beachtung der Gesetze an jedem Ort des Staatsgebiets frei niederzulassen und Vermögen jeder Art zu erwerben.

2) Der Aufenthalt innerhalb der Grenzen des Staates verpflichtet zur Beachtung der Gesetze und begründet den Schutz nach der Verfassung und den Gesetzen.

Art. 15

1) Die staatsbürgerlichen Rechte stehen jedem Staatsangehörigen nach den Bestimmungen dieser Verfassung zu.

2) In den Staats- und Gemeindeangelegenheiten stehen die politischen Rechte allen Staatsbürgern zu, die das 18. Lebensjahr vollendet, im Staat ordentlichen Wohnsitz haben und denen nicht das Wahl- und Stimmrecht entzogen wurde.

Art. 16

1) Die Freiheit der Person, das Hausrecht und das Briefgeheimnis sind gewährleistet.

2) Außer in den vom Gesetz bestimmten Fällen und der durch das Gesetz bestimmten Art und Weise darf weder jemand verhaftet oder in Haft behalten

noch eine Hausdurchsuchung oder Durchsuchung von Personen, Briefen oder Schriften oder eine Beschlagnahme von Briefen oder Schriften vorgenommen werden.

3) Ungesetzlich oder erwiesenermaßen unschuldig Verhaftete und unschuldig Verurteilte haben Anspruch auf volle, vom Staat zu leistende, gerichtlich zu bestimmende Entschädigung. Ob und inwieweit dem Staat ein Rückgriffsrecht gegen Dritte zusteht, bestimmen die Gesetze.

Art. 17

1) Niemand darf seinem ordentlichen Richter entzogen werden. Außerordentliche Gerichte dürfen nicht eingeführt werden.

2) Strafen dürfen nur gemäß den Gesetzen angedroht oder verhängt werden.

3) In allen Strafsachen ist dem Beschuldigten das Recht auf Verteidigung zu gewährleisten.

Art. 18

1) Die Unverletzlichkeit des Privateigentums ist gewährleistet.

2) Wo es das öffentliche Interesse erfordert, kann die Abtretung oder Belastung jeder Art von Vermögen gegen angemessene, im Streitfall durch die Gerichte festzusetzende Entschädigung verfügt werden.

3) Das Verfahren wird durch das Gesetz bestimmt.

Art. 19

Handel und Gewerbe sind innerhalb der gesetzlichen Schranken frei. Die Zulässigkeit ausschließlicher Handels- und Gewerbeprivilegien für eine bestimmte Zeit wird durch das Gesetz geregelt.

Art. 20

Die Glaubens- und Gewissensfreiheit ist jedermann gewährleistet. Den Angehörigen jeder Konfession steht die Betätigung ihres Bekenntnisses und die Abhaltung ihrer Gottesdienste innerhalb der Schranken der Sittlichkeit und der öffentlichen Ordnung frei.

Art. 21

1) Jedermann hat das Recht, durch Wort, Schrift, Druck oder bildliche Darstellung innerhalb der gesetzlichen Schranken und der Sittlichkeit seine Meinung frei zu äußern und seine Gedanken mitzuteilen.

2) Das freie Vereins- und Versammlungsrecht ist innerhalb der gesetzlichen Schranken gewährleistet.

## IV. Hauptstück

### Vom Parlament

Art. 22

Das Parlament vertritt das Volk in allen Fällen, in denen das Volk gemäß der Verfassung nicht selbst entscheidet. Dabei verfügt das Parlament über folgende Rechte:

a) Die Mitwirkung bei der Gesetzgebung und beim Abschluss von Staatsverträgen.

b) Das Recht, dem König [Präsidenten] die Mitglieder der Regierung vorzuschlagen und ihnen das Vertrauen zu entziehen.

c) Die Mitwirkung bei den Richterernennungen.

d) Die Bewilligung des staatlichen Budgets, von Krediten, Steuern und Abgaben (Art. 3).

e) Das Recht der Kontrolle über die gesamte Staatsverwaltung. Das Kontrollrecht des Parlaments erstreckt sich weder auf die Rechtsprechung der Gerichte noch auf die dem König [Präsidenten] zugewiesenen Tätigkeiten.

Art. 23

1) Das Parlament besteht aus 25 Abgeordneten, die vom Volk im Weg des allgemeinen, gleichen, geheimen und direkten Stimmrechts gewählt werden. Die Mandatszuteilung erfolgt unter den Wählergruppen, die mindestens 4 Prozent der im ganzen Staat abgegebenen gültigen Stimmen erreicht haben.

2) Jede Wählergruppe hat das Recht, für jeden ihrer Abgeordneten einen Ersatzabgeordneten zu nominieren, der den Abgeordneten vertritt, falls dieser verhindert ist, an einer Sitzung des Parlaments teilzunehmen.

3) Die Mitglieder der Regierung und der Gerichte können nicht gleichzeitig Mitglieder des Parlaments sein.

4) Die Durchführung der Wahl wird durch Gesetz geregelt.

Art. 24

Spätestens vier Wochen nach der Parlamentswahl wird das Parlament vom König [Präsidenten] zu seiner konstituierenden Sitzung einberufen und eröffnet. In dieser Sitzung wählt das Parlament seinen Präsidenten und dessen Stellvertreter. Die weiteren Sitzungen des Parlaments werden vom Parlamentspräsidenten bzw. seinem Stellvertreter einberufen. Das Recht, das Parlament einzuberufen, steht dem König [Präsidenten], dem Parlamentspräsidenten bzw. seinem Stellvertreter sowie mindestens acht Abgeordneten zu.

Art. 25

Die Mandatsdauer des Parlaments beträgt vier Jahre. Der König [Präsident] beziehungsweise das Volk haben das Recht, das Parlament aufzulösen und Neuwahlen anzusetzen. Die Neuwahlen haben spätestens zwei Monate nach der Auflösung zu erfolgen. 5 Prozent der stimmberechtigten Staatsbürger steht das Recht zu, eine Volksabstimmung über die Auflösung des Parlaments zu verlangen.

Art. 26

1) Kein Abgeordneter darf während der Dauer des Mandats ohne Einwilligung des Parlaments verhaftet werden, ausgenommen bei Ergreifung auf frischer Tat.

2) Die Verhaftung ist unter Angabe des Grundes unverzüglich dem Parlament zur Kenntnis zu bringen, das über die Aufrechterhaltung der Haft entscheidet. Die den Fall betreffenden Akten sind dem Parlament auf sein Verlangen sofort zur Verfügung zu stellen.

3) Erfolgt die Verhaftung eines Abgeordneten zu einer Zeit, während der das Parlament nicht versammelt ist, so ist davon unverzüglich der Parlamentspräsident mit Angabe des Grundes zu informieren.

Art. 27

1) Sämtliche Mitglieder des Parlaments legen bei der konstituierenden Sitzung (Art. 24) folgenden Eid in die Hände des Königs [Präsidenten] ab:

„Ich gelobe, die Staatsverfassung und die bestehenden Gesetze einzuhalten und im Parlament das Wohl des Staates ohne Nebenabsichten nach bestem Wissen und Gewissen zu fördern."

2) Die Mitglieder des Parlaments stimmen einzig nach ihrem Eid und ihrer Überzeugung. Sie sind für ihre Abstimmungen, für ihre in den Sitzungen

des Parlaments oder seiner Kommissionen gemachten Äußerungen nur dem Parlament verantwortlich und können dafür niemals gerichtlich belangt werden. Die Regelung der Disziplinargewalt bleibt der Geschäftsordnung vorbehalten.

3) Das Parlament setzt unter Beachtung der Verfassung seine Geschäftsordnung fest. Diese regelt unter anderem die Bildung der Parlamentskommissionen, der Disziplinargewalt, die Wahlen und Abstimmungen im Parlament sowie die Entschädigung der Abgeordneten.

Art. 28

Das Parlament prüft die Gültigkeit der Wahl seiner Mitglieder und der Wahl als solcher auf Grund der Wahlprotokolle und etwaiger Entscheidungen des Verfassungsgerichtshofs. Über Wahlbeschwerden entscheidet der Verfassungsgerichtshof (Art. 43).

Art. 29

1) Das Recht der Initiative zur Einbringung von Gesetzesvorschlägen steht zu:

a) dem König [Präsidenten],

b) dem Parlament,

c) der Regierung und

d) den stimmberechtigten Staatsbürgern, wenn mindestens 5 Prozent von ihnen eine Initiative einreichen.

2) Eine Initiative mit einer einmaligen oder länger anhaltenden finanziellen Belastung des Staates ist nur dann vom Parlament zu behandeln, wenn sie mit einem Vorschlag für die Finanzierung verbunden ist.

3) Wenn Initiativen den Bestimmungen dieser Verfassung entsprechen, sind sie vom Parlament in seiner nächsten Sitzung, spätestens aber nach sechs Wochen, zu behandeln.

Art. 30

1) Die vom Parlament beschlossenen Gesetze, Staatsverträge (Art. 7), Kredite, Steuern und Abgaben (Art. 3) unterliegen einer Volksabstimmung, wenn das Parlament eine solche beschließt oder wenn innerhalb von sechs Wochen nach amtlicher Verlautbarung des Parlamentsbeschlusses mindestens 5 Prozent der stimmberechtigten Staatsbürger dies verlangen.

2) Dem Referendum unterliegende Beschlüsse des Parlaments werden erst nach Durchführung der Volksabstimmung bzw. nach erfolglosem Ablauf der sechswöchigen Frist dem König [Präsidenten] zur Zustimmung vorgelegt.

3) Hat das Parlament einen im Weg einer Volksinitiative (Art. 29, Abs. 1 Buchstabe d) zugegangenen Gesetzesentwurf abgelehnt, so ist die Volksinitiative innerhalb von sechs Wochen einer Volksabstimmung zu unterziehen. Dem Parlament steht das Recht zu, dem Volk einen Gegenvorschlag zu unterbreiten. Die Volksabstimmung ersetzt den sonst erforderlichen Beschluss des Parlaments. Die absolute Mehrheit der abgegebenen Stimmen entscheidet über Annahme oder Ablehnung des Gesetzesbeschlusses.

4) Die näheren Bestimmungen über Volksinitiative und Referendum werden durch Gesetz geregelt.

Art. 31

1) In Bezug auf die Staatsverwaltung ist dem Parlament für das nächstfolgende Verwaltungsjahr von der Regierung ein Budget über sämtliche Ausgaben und Einnahmen zur Prüfung und Zustimmung zu übergeben. Damit ist der Antrag auf die zu erhebenden Abgaben zu verbinden.

2) Für jedes abgelaufene Verwaltungsjahr hat die Regierung in der ersten Hälfte des folgenden Verwaltungsjahrs dem Parlament einen genauen Nachweis über die nach Maßgabe des Voranschlags geschehene Verwendung der bewilligten und erhobenen Einnahmen zu erbringen.

3) Die Regierung ist berechtigt, im Voranschlag nicht vorgesehene dringliche Ausgaben zu machen, über welche das Parlament unverzüglich zu unterrichten ist und dessen nachträgliche Genehmigung einzuholen ist.

4) Ersparnisse in den einzelnen Positionen des Voranschlags dürfen nicht zur Deckung des Mehraufwands in anderen Positionen verwendet werden.

Art. 32

1) Wenn in einem Gesetz nichts anderes bestimmt ist, wird es nach Ablauf von acht Tagen nach erfolgter Kundmachung im staatlichen Gesetzesblatt wirksam.

2) Die Art und der Umfang der Kundmachung von Gesetzen, Finanzbeschlüssen (Art. 31), Staatsverträgen, Verordnungen, Beschlüssen internationaler Organisationen und die auf Grund von Staatsverträgen anwendbaren Rechtsvorschriften werden durch Gesetz geregelt. Für die im Königreich [in der Republik] auf Grund von Staatsverträgen anwendbaren Rechtsvorschriften kann eine Kundmachung in vereinfachter Form, wie insbesondere ein Verweis auf die Publikation ausländischer Kundmachungen, erfolgen.

## V. Hauptstück

## Von der Regierung

Art. 33

1) Die dem König [Präsidenten] und dem Parlament verantwortliche Regierung besorgt unter Vorbehalt des Abs. 2 die gesamte Staatsverwaltung gemäß den Bestimmungen der Verfassung und der Gesetze.

2) Durch Gesetz oder kraft gesetzlicher Ermächtigung können bestimmte Geschäfte einzelnen Amtspersonen, Amtsstellen oder besonderen Kommissionen, unter Vorbehalt des Rechtszuges an die Regierung, zur selbstständigen Erledigung übertragen werden.

Art. 34

1) Die Regierung besteht aus dem Regierungschef und vier Ministern.

2) Der Regierungschef und die Minister werden vom König [Präsidenten] einvernehmlich mit dem Parlament auf Vorschlag des Königs [Präsidenten] ernannt. In gleicher Weise ist für den Regierungschef und die Minister je ein Stellvertreter zu ernennen, der im Fall der Verhinderung das betreffende Regierungsmitglied bei seinen Amtsgeschäften vertritt.

3) Der Regierungschef und die übrigen Mitglieder der Regierung legen folgenden Eid in die Hände des Königs [Präsidenten] ab:

„Ich gelobe, die Staatsverfassung und die bestehenden Gesetze einzuhalten und das Wohl des Staates ohne Nebenabsichten nach bestem Wissen und Gewissen zu fördern."

4) Die Amtsperiode der Regierung beträgt vier Jahre. Ausnahmen davon bestimmt Art. 37.

Art. 35

1) Der Regierung obliegt der Vollzug aller Gesetze und Aufträge des Königs [Präsidenten] oder des Parlaments.

2) Die Regierung erlässt die zur Durchführung der Gesetze und der direkt anwendbaren Staatsverträge erforderlichen Verordnungen. Verordnungen dürfen nur im Rahmen der Gesetze und der direkt anwendbaren Staatsverträge erlassen werden.

3) Zur Umsetzung anderer staatsvertraglicher Verpflichtungen kann die Regierung die erforderlichen Verordnungen erlassen, soweit nicht die Erlassung von Gesetzen nötig ist.

4) Die gesamte Verwaltung hat sich innerhalb der Schranken der Verfassung, der Gesetze und staatsvertraglichen Regelungen zu halten, auch in jenen Angelegenheiten, in welchen das Gesetz der Verwaltung ein freies Ermessen einräumt.

Art. 36

Die Aufgaben der Regierung sind insbesondere:

a) die Beaufsichtigung der Staatsverwaltung;

b) die Ernennung und Entlassung der Staatsbeamten, soweit es sich nicht um Richter oder um Beamte des Parlaments handelt;

c) die Erstellung des jährlichen Staatsbudgets und eines Rechenschaftsberichts über das abgelaufene Jahr an den König [Präsidenten] und das Parlament;

d) die Erstellung einer Geschäftsordnung, welche zu veröffentlichen ist.

Art. 37

1) Wenn die Regierung das Vertrauen des Königs [Präsidenten] oder des Parlaments verliert, erlischt ihre Befugnis zur Ausübung des Amtes. Bis zum Antritt der neuen Regierung bestellt der König [Präsident] eine Übergangsregierung zur interimistischen Besorgung der gesamten Staatsverwaltung. Der König [Präsident] kann auch Mitglieder der alten Regierung in die Übergangsregierung berufen. Vor Ablauf von vier Monaten hat sich die Übergangsregierung im Parlament einer Vertrauensabstimmung zu stellen, sofern nicht vorher vom König [Präsidenten] einvernehmlich mit dem Parlament auf Vorschlag des Königs [Präsidenten] eine neue Regierung ernannt wurde (Art. 34).

2) Wenn ein einzelnes Regierungsmitglied das Vertrauen des Königs [Präsidenten] oder des Parlaments verliert, wird die Entscheidung über den Verlust der Befugnis zur Ausübung des Amtes zwischen König [Präsident] und Parlament einvernehmlich getroffen. Bis zur Ernennung des neuen Regierungsmitglieds hat der Stellvertreter die Amtsgeschäfte fortzuführen.

## VI. Hauptstück

## Von den Gerichten

### A. Allgemeine Bestimmungen

Art. 38

1) Die gesamte Gerichtsbarkeit wird im Namen des Königs [Präsidenten] und des Volkes durch Richter ausgeübt, die vom König [Präsidenten] ernannt werden (Art. 9 Abs. 3). Die Entscheidungen der Richter in Urteilsform werden „im Namen von König [Präsident] und Volk" erlassen.

2) Die Richter sind in der Ausübung ihres richterlichen Amtes innerhalb der gesetzlichen Grenzen und im gerichtlichen Verfahren unabhängig. Sie haben ihren Entscheidungen und Urteilen Gründe beizufügen. Einwirkungen durch nichtrichterliche Organe auf die Rechtsprechung sind nur soweit zulässig, als sie die Verfassung ausdrücklich vorsieht (Art. 9 Abs. 1 und 2).

3) Richter im Sinne dieses Artikels sind die Richter aller ordentlichen Gerichte (Art. 40 und 41), die Richter des Verwaltungsgerichtshofs (Art. 42) sowie des Verfassungsgerichtshofs (Art. 43).

Art. 39

1) Über die Auswahl der Richter entscheiden der König [Präsident], die Regierung und das Parlament in einem gemeinsamen Gremium. In diesem Gremium hat der König [Präsident] den Vorsitz und den Stichentscheid. Er kann ebenso viele Mitglieder in das Gremium berufen, wie das Parlament Vertreter entsendet. Das Parlament entsendet je einen Abgeordneten jeder im Parlament vertretenen Wählergruppe. Die Regierung entsendet das für Justiz zuständige Regierungsmitglied. Kandidaten können nur mit Zustimmung des Königs [Präsidenten] vom Gremium dem Parlament empfohlen werden. Wenn das Parlament den empfohlenen Kandidaten wählt, wird er vom König [Präsidenten] zum Richter ernannt.

2) Wenn das Parlament den vom Gremium empfohlenen Kandidaten ablehnt und sich innerhalb von vier Wochen keine Einigung über einen neuen Kandidaten erzielen lässt, muss das Parlament einen Gegenkandidaten vorschlagen und eine Volksabstimmung anberaumen. Im Fall einer Volksabstimmung sind auch die stimmberechtigten Staatsbürger berechtigt, unter den Bedingungen einer Volksinitiative (Art. 29 Abs. 1 Buchstabe d) Kandidaten zu nominieren. Wird über mehr als zwei Kandidaten abgestimmt, dann

erfolgt die Abstimmung in zwei Wahlgängen gemäß Art. 47. Der Kandidat mit der absoluten Mehrheit der Stimmen wird vom König [Präsidenten] zum Richter ernannt.

3) Die Beratungen des Gremiums sind vertraulich.

4) Ein auf Zeit ernannter Richter bleibt bis zur Vereidigung seines Nachfolgers im Amt. Die Bestimmungen über das Verfahren, über die Ausstandspflicht, über die Entlohnung und über die von den Parteien zu entrichtenden Gebühren werden durch Gesetz getroffen.

## B. Die ordentlichen Gerichte

Art. 40

1) In erster Instanz wird die ordentliche Gerichtsbarkeit durch die Landgerichte, in zweiter Instanz durch die Obergerichte, in dritter Instanz durch den Obersten Gerichtshof ausgeübt.

2) Durch Gesetz kann die Besorgung einzelner, genau zu bezeichnender Arten von Geschäften der Gerichtsbarkeit erster Instanz besonders ausgebildeten und weisungsgebundenen nichtrichterlichen Beamten der Landgerichte (Rechtspflegern) übertragen werden.

Art. 41

Der Oberste Gerichtshof übt die Disziplinargewalt über die Mitglieder der ordentlichen Gerichte und über die nichtrichterlichen Beamten aus.

## C. Der Verwaltungsgerichtshof

Art. 42

1) Der Verwaltungsgerichtshof besteht aus fünf Richtern und fünf Ersatzrichtern, die vom König [Präsidenten] ernannt werden (Art. 39). Die Mehrheit der Richter müssen Staatsbürger sein.

2) Die Amtsdauer der Richter und Ersatzrichter des Verwaltungsgerichtshofs beträgt fünf Jahre. Die Amtsdauer ist so zu gestalten, dass jedes Jahr ein anderer Richter und ein Ersatzrichter ausscheiden. Bei der ersten Ernennung entscheidet das Los über die Länge der Amtsdauer der fünf Richter und fünf Ersatzrichter. Scheidet ein Richter beziehungsweise ein Ersatzrichter

vorzeitig aus dem Amt, dann wird der Nachfolger für die restliche Amtsdauer des ausscheidenden Richters ernannt. Eine Wiederwahl ist zulässig.

3) Die fünf Richter wählen aus ihrer Reihe jährlich einen Vorsitzenden und einen stellvertretenden Vorsitzenden.

4) Ist ein Richter verhindert, dann wird er durch einen Ersatzrichter vertreten. Bei der Vertretung ist von Fall zu Fall nach dem Rotationsprinzip vorzugehen.

5) Soweit das Gesetz nichts anderes bestimmt, unterliegen sämtliche Entscheidungen und Verfügungen der Regierung und der anstelle der Regierung eingesetzten besonderen Kommissionen (Art. 33) dem Rechtsmittel der Beschwerde an den Verwaltungsgerichtshof.

## D. Der Verfassungsgerichtshof

Art. 43

1) Der Verfassungsgerichtshof entscheidet über den Schutz der verfassungsmäßig gewährleisteten Rechte sowie über Kompetenzkonflikte zwischen den Gerichten und zwischen den Verwaltungsbehörden.

2) In seine Kompetenz fallen weiter die Prüfung der Verfassungsmäßigkeit von Gesetzen und Staatsverträgen sowie der Gesetzmäßigkeit der Regierungsverordnungen (Art. 35 Abs. 2); in diesen Angelegenheiten urteilt er kassatorisch. Der Verfassungsgerichtshof ist auch Wahlgerichtshof (Art. 28).

3) Im Übrigen finden die Bestimmungen des Art. 42 sinngemäß Anwendung.

## VII. Hauptstück

## Von den Gemeinden und Behörden

Art. 44

Über Bestand, Organisation und Aufgaben der Gemeinden im eigenen und übertragenen Wirkungskreis bestimmen die Gesetze. Im Gemeindegesetz sind folgende Grundzüge festzuhalten:

a) die freie Wahl des Bürgermeisters und des Gemeinderats durch die Gemeindebürger;

b) das Recht der Gemeinde zur Aufnahme von Bürgern und die Freiheit der Niederlassung der Staatsbürger in jeder Gemeinde;

c) die Erhebung der Gemeindesteuern (Art. 3) und die Verwaltung des Gemeindevermögens;

d) die Handhabung der Ortspolizei unter Aufsicht der Regierung.

Art. 45

1) Der Staat, die Gemeinden und die sonstigen Körperschaften, Anstalten und Stiftungen des öffentlichen Rechts haften für den Schaden, den ihre Organe in Ausübung ihrer amtlichen Tätigkeit Dritten widerrechtlich zufügen.

2) Die als Organe handelnden Personen haften dem Staat, der Gemeinde oder sonstigen Körperschaften, Anstalten oder Stiftungen des öffentlichen Rechts, in deren Dienst sie stehen, für den Schaden, den sie ihnen durch vorsätzliche oder grob fahrlässige Verletzung der Amtspflichten unmittelbar zufügen.

3) Die näheren Bestimmungen, insbesondere über die Zuständigkeit, werden durch Gesetz getroffen.

## VIII. Hauptstück

### Bestand der Verfassung

Art. 46

Abänderungen oder allgemein verbindliche Erläuterungen der Verfassung kann der König [Präsident], das Parlament, die Regierung oder das Volk im Wege der Volksinitiative (Art. 29 Buchstabe d) beantragen. Abänderungen oder allgemein verbindliche Erläuterungen der Verfassung erfordern die Stimmeneinhelligkeit der anwesenden Mitglieder des Parlaments oder eine Stimmenmehrheit von drei Vierteln in zwei nacheinander folgenden Parlamentssitzungen, allenfalls eine Volksabstimmung (Art. 30) und jedenfalls die nachfolgende Zustimmung des Königs [Präsidenten]. Ausgenommen davon ist das Verfahren zur Abschaffung der Monarchie [Republik] (Art. 47).

Art. 47

1) Mindestens 5 Prozent der stimmberechtigten Staatsbürger steht das Recht zu, eine Initiative auf Abschaffung der Monarchie [Republik] einzubringen. Im Falle der Annahme der Initiative durch das Volk hat das Parlament eine neue Verfassung auf republikanischer [monarchischer] Grundlage auszuarbeiten und diese frühestens nach einem Jahr und spätestens nach zwei Jahren einer Volksabstimmung zu unterziehen. Dem König [Präsidenten] steht das Recht zu, für diese Volksabstimmung ebenfalls eine neue Verfassung vorzulegen.

2) Liegt nur ein Entwurf vor, genügt für die Annahme die absolute Mehrheit (Art. 30).

3) Liegen zwei Entwürfe vor, haben die stimmberechtigten Staatsbürger die Möglichkeit, zwischen der bestehenden Verfassung und den beiden Entwürfen zu wählen. Die stimmberechtigten Staatsbürger haben in der ersten Abstimmung zwei Stimmen. Diese teilen sie jenen beiden Verfassungsvarianten zu, von denen sie wünschen, dass sie in die zweite Abstimmung gelangen. Jene zwei Verfassungen mit den meisten Stimmen kommen in die zweite Abstimmung. Die zweite Abstimmung ist 14 Tage nach der ersten Abstimmung durchzuführen. In der zweiten Abstimmung haben die stimmberechtigten Staatsbürger eine Stimme. Die Verfassung mit der absoluten Mehrheit der Stimmen gilt als gewählt (Art. 30).

## IX. Hauptstück

### Schlussbestimmungen

Art. 48

Alle Gesetze und Verordnungen, die mit einer ausdrücklichen Bestimmung der gegenwärtigen Verfassungsurkunde im Widerspruch stehen, sind hiermit aufgehoben. Jene gesetzlichen Bestimmungen, die mit dem Geist dieser Verfassung nicht im Einklang sind, werden einer verfassungsmäßigen Revision unterzogen.

Vaduz, am 30. November 2007

# Index

Die Abkürzung SdZ steht für: Staat der Zukunft

## S

## Z

„Der Staat im dritten Jahrtausend“ ist auch in diesen Sprachen erschienen:

Englisch

Französisch

Italienisch

Spanisch

Niederländisch

Portugiesisch (BRA)

Russisch

Ukrainisch

Armenisch

Tschechisch

Ungarisch

Polnisch

Kroatisch

Arabisch

Japanisch